INCLUSIÓN SOCIAL
Y DERECHOS HUMANOS

ACCESO GRATIS *a la Lectura en la Nube*

Para visualizar el libro electrónico en la nube de lectura envíe junto a su nombre y apellidos una fotografía del código de barras situado en la contraportada del libro y otra del ticket de compra a la dirección:

ebooktirant@tirant.com

En un máximo de 72 horas laborales le enviaremos el código de acceso con sus instrucciones.

INCLUSIÓN SOCIAL
Y DERECHOS HUMANOS

VERA JUDITH VILLA GUARDIOLA
JOSÉ ANTONIO SOTO SOTELO
JUAN MANUEL ÁVILA SILVA
Coordinadores

Editor
DR. JAVIER SALDAÑA ALMAZÁN

tirant lo blanch
Ciudad de México, 2023

En caso de erratas y actualizaciones, la Editorial Tirant Humanidades publicará la pertinente corrección en la página web www.tirant.com.

Esta obra fue dictaminada bajo la modalidad de pares doble ciego, con base en las normas editoriales y metodológicas de la Universidad Autónoma de Guerrero.

EDITA: TIRANT LO BLANCH
DISTRIBUYE: TIRANT LO BLANCH MÉXICO
Av. Tamaulipas 150, Oficina 502
Hipódromo, Cuauhtémoc
CP 06100, Ciudad de México
Telf: +52 1 55 65502317
infomex@tirant.com
www.tirant.com/mex/
www.tirant.es
ISBN: 978-84-1056-340-7
MAQUETA: Disset Ediciones

Si tiene alguna queja o sugerencia, envíenos un mail a: atencioncliente@tirant.com. En caso de no ser atendida su sugerencia, por favor, lea en *www.tirant.net/index.php/empresa/politicas-de-empresa* nuestro Procedimiento de quejas.

Responsabilidad Social Corporativa:
http://www.tirant.net/Docs/RSCTirant.pdf

Autores

Jesús Aguilera Durán
Víctor Manuel Arcos Vélez
Noemí Ascencio López
Juan Manuel Avila Silva
Zuly Dayan Brito Marban
José Armando Castillo Montufar
Leonel Cásares García
Eduardo De La Cruz Díaz
Jairo Enamorado Estrada
Jazmín A. Flores-Montes
Miguel Ángel Hernández Gómez
Esmeralda Hernández Hernández
Arturo Hurtado Peña
Omar David Jiménez Ojeda
Daniel Mora Magallón
Bárbara Mancera Amezcua
Gabriela Mendizábal Bermúdez
María José Oseguera Narváez
Carlos Alberto Pedroza Jiménez
Juan Pablo Ramírez Navarrete
Valentina Roa González
Margarita Rosa Rodelo García
Inés Rodríguez Lara
Jessica Cristina Romero Michel
José Antonio Soto Sotelo
Samuel Torres Bustos
Vera Judith Villa Guardiola
Sandra Villa Villa

Índice

Prólogo

Me siento muy honrada al redactar el prólogo de una obra coordinada por los doctores Vera Judith Villa Guardiola, José Antonio Soto Sotelo y Juan Manuel Ávila Silva, que resulta de una investigación que tendrá gran impacto social, pues se ha enfocado en una temática poco explorada como la inclusión social y los derechos humanos, y que se centra en los PRONACES de CONAHCYT.

Explorar el tema de la inclusión social adquiere una significativa relevancia en el entorno contemporáneo, ya que aborda aspectos esenciales relacionados con la equidad, la diversidad y los derechos humanos. La inclusión social implica la configuración de sociedades donde cada individuo, sin importar sus diferencias, disfrute de igualdad de oportunidades y acceso a los recursos y servicios esenciales para participar plenamente en la vida social, económica y cultural. Esta perspectiva se encuentra intrínsecamente ligada a la defensa de los derechos humanos, ya que escribir sobre este tema implica abogar por el respeto y la salvaguarda de los derechos fundamentales de todas las personas, independientemente de su origen o condición.

En ese sentido, es de reconocer la excelente labor de coordinación que conjuga los esfuerzos del núcleo académico y estudiantes del Doctorado en Derecho de la Universidad Autónoma de Guerrero con destacados investigadores e investigadoras de otras universidades del país para ofrecer propuestas de atención y solución, identificando distintas problemáticas relacionadas con la inclusión y los derechos humanos.

Este libro tiene la virtud de presentar los resultados de la investigación del tema central, a través de las diversas problemáticas que se presentan en torno a la inclusión y los derechos humanos, desde una perspectiva local, nacional e internacional. Local en Guerrero: con el análisis jurídico crítico del comercio informal sobre la inclusión laboral: en Chilpancingo, Guerrero, México; nacional, con una amplia gama de temáticas, tales como: la inclusión de los pueblos indígenas y la conservación del medio ambiente; inclusión social de las niñas, niños y adolescentes en los procesos familiares en México; la garantía de los derechos humanos y la inclusión social de las personas con discapacidad; inclusión social y derechos digitales; inclusión social y derechos humanos de niñas, niños y adolescentes; la convención de los derechos de los niños y su efecto en la inclusión social en México; Retos del reconocimiento y la inclusión social de las y los trabajadores informales en la economía circular; retos y avances para la inclusión social y la cultura de paz en los juzgados familiares: etnografía mexicana; inclusión social y derecho penal desde el conflicto de la reinserción penal; y también abarca temas de carácter internacional como: las perspectivas de las relaciones laborales a partir de la epistemología de la inclusión de poblaciones minoritarias en Colombia; y la inclusión social para la protección de los derechos humanos de las mujeres afrodescendientes en Colombia.

Como es evidente, se abordan temas de considerable importancia social. Cada capítulo se dedica al análisis de diversas problemáticas relacionadas con la inclusión social y los derechos humanos, contribuyendo así a la generación de conocimiento de vanguardia entrelazándose para generar conocimiento en una obra escrita por diversos autores en una temática común.

Estoy cierta de que este libro se convertirá en un punto de referencia fundamental para aquellos estudiosos del derecho que busquen ampliar sus conocimientos en el ámbito de la inclusión social y los derechos humanos, pues su análisis profundo permite ofrecer propuestas concretas, lo cual la distingue y la hace destacar en este campo de estudio.

Felicidades a los coordinadores y autores del libro.

DRA. GABRIELA MENDIZÁBAL BERMÚDEZ

Profesora Investigadora de Tiempo Completo de la Universidad Autónoma del Estado de Morelos SNII II

INTRODUCCIÓN

La inclusión social, como conjunto de etapas de progreso socio-jurídico, implica el despliegue de acciones tendientes a ofrecer oportunidades de participación, normas, respeto y garantías a la dignidad y demás derechos humanos, a personas en condiciones de desventaja y riesgo de exclusión por causa de su identidad o condición diferente, procurando brindarles mejores oportunidades de participación activa en sociedad.

Vista desde la esfera del derecho y garantías sociales, la inclusión social sensiblemente representa un sueño épico, una metáfora inalcanzable, aún en el contexto contemporáneo.

La presente obra tiene como objetivo evidenciar la complejidad esencial de la inclusión como categoría conceptual e investigativa, al mostrar como segmentos teóricos y pragmáticos, de diferentes facetas del fenómeno social, vistas desde distintas e integradoras perspectivas disciplinares, pero también advierte los avances y falencias encontrados en paralelos campos de la ciencia jurídica, con la intención de aportar elementos teóricos y prácticos que faciliten la real incorporación socio-jurídica de los diferentes grupos vulnerables desde cada una de las esferas disciplinares pertinentes.

Es responsabilidad de la academia, sin fronteras ideológicas ni físicas, procurar la solución de problemas del contexto y de la ciencia del derecho misma; en ese orden de ideas, el encuentro académico que se presenta pretende la orientación del encausamiento de esfuerzos conjuntos de expertos hacia las diferentes aristas temáticas, exhibidas desde el derecho como eje transversal de los conocimientos expuestos.

Los autores dejan en manos del lector este aporte, que se espera sea valioso para el robustecimiento de una red de trabajo interdisciplinario naciente en el Estado de Guerrero, México, así como para el encauzamiento de líneas, proyectos y productos de investigación hacia la reflexión conjunta y satisfacción de necesidades contextuales, con miras a la visión compleja de los fenómenos planteados desde la esfera del derecho como disciplina de convergencia común.

LOS COORDINADORES

La inclusión social de los pueblos indígenas y la conservación del medio ambiente en México

JOSÉ ANTONIO SOTO SOTELO*
JOSÉ ARMANDO CASTILLO MONTUFAR**
LEONEL CÁSARES GARCÍA***

SUMARIO: I. Introducción. II. La conceptualización en materia indígena y medio ambiente. III. Análisis comparativo internacional de los pueblos indígenas y la conservación del medio ambiente. IV. El impacto ambiental del Tren Maya y el derecho a la inclusión social de los pueblos indígenas en México. V. Conclusiones. VI. Propuestas. VII. Fuentes de investigación.

I. INTRODUCCIÓN

Enmarcado el estudio de la inclusión social el objetivo del presente trabajo es analizar cómo ha evolucionado el reconocimiento y protección de los derechos de los pueblos indígenas

* Docente Investigador de la Licenciatura y el Posgrado de la Facultad de Derecho de la Universidad Autónoma de Guerrero, correo electrónico: 11461@uagro.mx. ORCID: 000-0001-9898-5482

** Estudiante de la Maestría en Derecho de la Facultad de Derecho de la Universidad Autónoma de Guerrero, correo electrónico: 12337743@uagro.mx

*** Profesor de la Facultad de Derecho de la Universidad Autónoma de Guerrero, correo electrónico: 18805@uagro.mx

en México y a nivel internacional, principalmente el derecho a la inclusión social y el aseguramiento del derecho humano a un medio ambiente sano, con relación a la defensa, protección, conservación y restauración del medio ambiente.

Asimismo, haciendo hincapié en los mecanismos que se han implementado para asegurar la protección de los derechos de los pueblos indígenas, se expone y destaca que existen importantes instrumentos jurídicos nacionales e internacionales que procuran su implementación, como el Convenio Núm. 169 de la OIT, que establece protocolos para facilitar la cooperación, participación y la toma de decisiones de los pueblos indígenas en asuntos políticos, económicos, culturales, ambientales y sociales.

Por otro lado, en el segundo acápite de este documento se llevó a cabo el análisis de la conceptualización establecida por los textos jurídicos mexicanos y los instrumentos internacionales en materia indígena, que contienen la inclusión social como un proceso transformador. En la lucha del reconocimiento de los pueblos indígenas, surgen otras cuestiones individuales y sociales, estas incluyen la reflexión sobre cómo deben ser reconocidos o llamados el derecho a la igualdad y no discriminación, el respeto de sus costumbres, el respeto cultural, religioso y espiritual.

En el tercer punto se analizaron los diversos textos jurídicos internacionales que los Estados han adoptado para garantizar los derechos de los pueblos indígenas, ya que estos se han transformado en la base fundamental regional e internacional de la promoción y protección de los derechos humanos. Recientemente se ha llevado a cabo el estudio para que los pueblos indígenas, puedan cooperar en los asuntos de Estado, políticos, económicos y sociales, donde se establecerán los mecanismos suficientes que faciliten su participación.

A partir del cuarto segmento se analizó el derecho de los pueblos indígenas al acceso y uso de los recursos naturales que se encuentran en las zonas donde habitan, esto genera un principio de conservación, protección y aseguramiento del medio ambiente, ya que en todo el planeta estos constituyen la mayor parte de la biodiversidad y pluralidad cultural. Otro aspecto importante objeto de análisis, es la explotación de sus territorios y recursos por parte de empresas privadas y proyectos del Estado, que amenazan con su desaparición, por lo que asegurar los derechos ambientales y el derecho al territorio pretende garantizar un desarrollo pleno a los pueblos indígenas.

Respecto a la problemática central planteada, se presentan para su comprensión, los distintos textos internacionales adoptados por los países latinoamericanos, así como los sistemas constitucionales que hacen un estudio profundo acerca del reconocimiento de los derechos de los pueblos indígenas; en ese sentido, el método comparativo condujo a los investigadores al estudio de los instrumentos jurídicos que están empleando países como México, Perú, Ecuador y Bolivia, para analizar los avances y retrocesos que existen en México respecto a los pueblos indígenas; asimismo, se destaca que la aplicación del método analítico-deductivo contribuyó a la comprensión de la evolución del problema visto desde otras investigaciones, para construir un razonamiento lógico, así como para plantear propuestas y soluciones.

II. LA CONCEPTUALIZACIÓN EN MATERIA INDÍGENA Y MEDIO AMBIENTE

Uno de los principales problemas que dificultan la aplicabilidad de las normas en materia indígena es la falta de conceptualización del propio término de designación, pues sus características sociales y culturales han originado establecer una estructura entre sus elementos esenciales que reúnen la visión que se tiene a nivel local, nacional e internacional.

En ese sentido, la Constitución de México en su artículo 2° párrafo cuarto establece un concepto de lo que es indígena y refiere que:

> "Son comunidades integrantes de un pueblo indígena, aquellas que formen una unidad social, económica y cultural, asentadas en un territorio y que reconocen autoridades propias de acuerdo con sus usos y costumbres",[1] al mismo tenor señala:
>
> "En la búsqueda de la definición más adecuada que pueda responder al concepto de quienes son personas, grupos, comunidades o pueblos indígenas, se ha encontrado que no existe acuerdo, incluso en foros internacionales ha suscitado controversias políticas. Así, cada país ha planteado el problema de la definición de distinta manera".[2]

Lo anterior ha originado incontables debates, se habla de una autoidentificación o autoafirmación, es decir, que están relacionados ampliamente con un tema de identidad cultural, etnias, uso de la lengua, la tierra, los derechos, la participación política y social; bajo la perspectiva que presenta Fredrik Barth, existe un grupo determinado de humanos que está conformado de manera distinta a los demás por lo tanto sostiene que "la identidad étnica no se define por la posesión compartida de un conjunto estable de rasgos objetivos sino por una dinámica de interrelaciones y correlaciones donde en última instancia sólo la conciencia subjetiva de ser diferente es un elemento insustituible". [3]

---

1 Constitución Política de los Estados Unidos Mexicanos 1917, artículo 2, párrafo 4.

2 Cámara de Diputados, *La definición de indígena en el ámbito internacional,* Cámara de Diputados Servicio de investigación y análisis, México, s. f., https://www.diputados.gob.mx/bibliot/publica/inveyana/polisoc/derindi/3ladefin.htm

3 Barth, Fredrik. *Los Grupos Étnicos y sus Fronteras.* México, Fondo de Cultura Económica, 1976.

Para otros autores el término indígena engloba solo una etnia, lo que implica que comparten una misma cultura, usos y costumbres, así como creencias, lo que facilita obtener solo una definición. La Suprema Corte de Justicia de la Nación define de la siguiente manera:

> Persona indígena: La que tiene conciencia de pertenecer a una comunidad o pueblo indígena. Pueblos indígenas u originarios: Colectividades que descienden de poblaciones que habitaban en el territorio actual del país al iniciar la colonización y que conservan sus propias instituciones sociales, económicas, culturales y políticas, o parte de ellas. Territorio indígena: Porción del territorio nacional constituida por espacios continuos y discontinuos ocupados, poseídos o usados de alguna manera por los pueblos y comunidades indígenas, y que comprenden la totalidad de hábitat que permite su reproducción y continuidad material, social, cultural y espiritual. Instituciones indígenas: Aquellas que los pueblos y comunidades indígenas reconocen como tales, con base en sus sistemas normativos internos, las cuales pueden o no coincidir con otras instituciones del Estado mexicano como el municipio, las agencias o delegaciones municipales, ejidos o comunidades agrarias. Lenguas indígenas: Son aquellas que proceden de los pueblos existentes en el territorio nacional antes del establecimiento del Estado mexicano, además de aquellas provenientes de otros pueblos indoamericanos, igualmente preexistentes que se han arraigado en el territorio nacional con posterioridad y que se reconocen por poseer un conjunto or-

> denado y sistemático de formas orales funcionales y simbólicas de comunicación.[4]

El término indígena es empleado desde tiempos remotos, pero obtuvo una gran propagación en el siglo XIX, pues comenzó a originar pensamientos prejuiciosos y estigmatizados, "en México se aplica el concepto indígena a una enorme variedad de identidades étnicas. Agrupamos un gran mosaico de identidades culturales distintas, algunas con mayores diferencias entre sí que las que tienen respecto a sus vecinos no indígenas".[5]

Se puede destacar que la conceptualización de lo indígena está basada en la cultura y especialmente en la lengua como un rasgo distintivo; así mismo se estudia a los pueblos y comunidades como estructuras colectivas con costumbres únicas, con características sociales y culturas que son propias. En el marco internacional, la definición de pueblos o comunidades indígenas dice:

> Son comunidades, pueblos y naciones indígenas los que, teniendo una continuidad histórica con las sociedades anteriores a la invasión y pre coloniales que se desarrollaron en sus territorios, se consideran distintos de otros sectores de las sociedades que ahora prevalecen en esos territorios o en partes de ellos. Constituyen ahora sectores no dominantes de la sociedad y tienen la determina-

---

4 Suprema Corte de Justicia de la Nación. *Protocolo de Actuación para Quienes Imparten Justicia en Casos que Involucren Derechos de Personas, Comunidades y Pueblos Indígenas*, México, 2020. https://www. scjn.gob.mx/registro/sites/default/files/page/2020-02/protocolo_indigenas.pdf

5 Warman, Arturo. *Los Campesinos. Hijos Predilectos del Régimen*, México, Nuestro Tiempo, 1976.

> ción de preservar, desarrollar y transmitir a futuras generaciones sus territorios ancestrales y su identidad étnica como base de su existencia continuada como pueblo, de acuerdo con sus propios patrones culturales, sus instituciones sociales y sus sistemas legales.[6]

De acuerdo con lo anterior, la conciencia de la identidad indígena representa un papel fundamental para establecer quienes serán las personas a las que se les apliquen las disposiciones sobre los pueblos indígenas, las que conforman un colectivo social, económico y cultural, haciendo uso de un territorio y que se reconocen por sus usos y costumbres.

En la definición de los pueblos indígenas se agrega el precepto cultural, un rasgo importante de identificación, pues a nivel mundial constituyen la mayor expresión de diversidad; el territorio ocupado por estos pueblos posee una gran biodiversidad, a pesar de la lucha por la protección de los ecosistemas, con el paso de los años han ido perdiendo su territorio, en el marco internacional se ha intentado crear una forma específica que guarde la relación entre los pueblos indígenas, la naturaleza y sociedad.

---

6 Martínez Cobo, José R., *Estudio del Problema de la Discriminación Contra las Poblaciones Indígenas,* Naciones Unidas 1987. https://idcar.com.ar/wp-content/uploads/2021/09/CONCI-Cobo-Discrimi nación -contra-poblaciones-indigenas.pdf

III. ANÁLISIS COMPARATIVO INTERNACIONAL DE LOS PUEBLOS INDÍGENAS Y LA CONSERVACIÓN DEL MEDIO AMBIENTE

Es de considerar que "el planeta alberga a más de 476 millones de indígenas en 90 países. Juntos, poseen, administran y ocupan aproximadamente una cuarta parte de la tierra del mundo. En términos ambientales, a este territorio le ha ido mucho mejor que a la mayor parte del resto de la Tierra".[7] En la posmodernidad existe una preocupación internacional por el reconocimiento de los derechos de los pueblos indígenas, sobre todo por sus territorios y la riqueza de su biodiversidad, por ello distintos países, sistemas internacionales han introducido el derecho a vivir en un medio ambiente sano como un derecho que contiene la facultad de toda persona a exigir la amplia protección del medio ambiente en el que se desarrolla.

> "En México habitan 68 pueblos indígenas, cada uno hablante de una lengua originaria propia, que juntas reúnen 364 variantes",[8] destacándose que según el Instituto Nacional de Estadística y Geografía (INEGI), "el censo 2020 indicó que en México habitan 11.8 millones de personas en hogares indígenas, siendo 5.7 millones hombres y 6.1 millones mujeres".[9] Como consecuencia de los factores de marginación, discriminación, violencia, desplazamiento de territorio y la complicación del acceso a los servicios públicos fundamentales, la población en indígena es la más vulnerable en México.

---

7 Organización de la Naciones Unidas. *Programa Para el Medio Ambiente*. 9 de agosto de 2021. https ://www.unep.org/es/noticias-y-reportajes/reportajes/como-el-conocimiento-indigena-puedeayudarnos-pre venir-las-crisis

8 IWGIA. *Pueblos Indígenas en México*. 12 de mayo de 2022. https://iwgia.org/es/mexico/4792-mi-2022 mexico.html#edn1

9 INEGI. *Censo de Población y Vivienda 2020*. Marzo de 2020. https://www.inegi.org.mx/ programas/ ccpv /2020/

De ese modo, la Constitución mexicana reconoce una composición pluricultural principalmente a sus pueblos indígenas. "En su inciso A fracción V y VI, establece que:

> V. Conservar y mejorar el hábitat y preservar la integridad de sus tierras en los términos establecidos en esta Constitución. VI. Acceder, con respeto a las formas y modalidades de propiedad y tenencia de la tierra establecidas en esta Constitución y a las leyes de la materia, así como a los derechos adquiridos por terceros o por integrantes de la comunidad, al uso y disfrute preferente de los recursos naturales de los lugares que habitan y ocupan las comunidades, salvo aquellos que corresponden a las áreas estratégicas, en términos de esta Constitución. Para estos efectos las comunidades podrán asociarse en términos de ley.[10]

En ese sentido, otras constituciones contemplan derechos a los pueblos indígenas, tal es el caso de Ecuador que, en su Constitución Política, artículo 57 establece que:

> Se reconoce y garantizará a las comunas, comunidades, pueblos y nacionalidades indígenas, de conformidad con la Constitución y con los pactos, convenios, declaraciones y demás instrumentos internacionales de derechos humanos, los siguientes derechos colectivos: punto 8.- Conservar y promover sus prácticas de manejo de la biodiversidad y de su entorno natural. El Estado establecerá y ejecutará programas, con la participación de la comu-

---

10 *Op. Cit.;2*

> nidad, para asegurar la conservación y utilización sustentable de la biodiversidad.[11]

La Constitución de Perú en su artículo 89, contempla "las comunidades campesinas y nativas, reconoce que poseen existencia legal y como personas jurídicas. Así mismo, menciona que son autónomas en su organización, en la libre disposición de sus tierras". [12]

Por otro lado, la Constitución de Bolivia en su artículo 30, contempla las características de los pueblos indígenas, cultural, idioma, tradición, territorios y la visión. De esa manera establece que:

> II. En el marco de la unidad del Estado y de acuerdo con esta Constitución las naciones y pueblos indígena originarios campesinos gozan de los siguientes derechos: punto 6. A la titulación colectiva de tierras y territorios. Punto 10. A vivir en un medio ambiente sano, con manejo y aprovechamiento adecuado de los ecosistemas.[13]

También en el caso de la Constitución Política de la República Federativa de Brasil, reconoce los derechos de los indios sobre el medio ambiente y sobre sus territorios, mencionando que:

---

[11] Constitución de la República del Ecuador 2008, artículo 57, punto 8 del reconocimiento de los derechos colectivos de los pueblos indígenas.

[12] Constitución Política del Perú 1993, artículo 89, párrafo 1 y 2, reconocimiento de las comunidades y pueblos indígenas y su derecho al territorio.

[13] Constitución Política del Estado de Bolivia 2009, artículo 30, fracción II, punto 6 y 10 de los derechos territoriales y ambientales de los pueblos indígenas.

> Artículo 231. Se reconoce a los indios su organización social, costumbres, lenguas creencias, tradicionales y los derechos originarios sobre las tierras que tradicionalmente ocupan, correspondiendo a la Unión demarcarlas, protegerlas y hacer que se respeten todos sus bienes. 1. Son tierras tradicionalmente ocupadas por los indios las habitadas por ellos con carácter permanente, las utilizadas para sus actividades productivas, las imprescindibles para la preservación de los recursos ambientales necesarios para su bienestar y las necesarias para su reproducción física y cultural, según sus usos, costumbres y tradiciones. 2. Las tierras tradicionalmente ocupadas por los indios se destinan a su posesión permanente, correspondiéndoles el usufructo exclusivo de las riquezas del suelo, de los ríos y de los lagos existentes en ellas.[14]

Es posible observar entonces que en la legislación de Latinoamérica se reconocen los derechos de los pueblos indígenas, pero no existe un derecho generalizado, hay países que reconocen la población indígena pero no les asegura el derecho a sus terrarios, otros omiten que existen grupos indígenas u otros que reconocen que sí existen, pero no lo plantean en su legislación.

> "En la mayoría de los países donde existen territorios compartidos con pueblos indígenas, existen antecedentes históricos de violaciones, en el caso de la colonización española, llegaban a territorios en los que no existía presencia europea, se apropiaron de las tierras y de sus pobladores, a quienes sometían a la soberanía de la corona para posteriormente desposeer a los

---

[14] Constitución Política de la República Federativa del Brasil 1988.

> pueblos indígenas de territorios a través de figuras tales como la encomienda".[15]

Paralelamente, "otro aspecto importante recae en el valor conferido a los territorios por los pueblos indígenas, quienes les otorgan un valor espiritual y material."[16] Por lo anterior se reconoce la autonomía de los pueblos indígenas para preservar sus tierras y tener acceso al uso y disfrute de los recursos naturales disponibles en las zonas ocupadas y donde se desarrollan adecuadamente, como lo establece la Constitución de México en su artículo 27, al mencionar que:

> La propiedad de las tierras y aguas comprendidas dentro de los límites del territorio nacional, corresponde originariamente a la Nación, la cual ha tenido y tiene el derecho de transmitir el dominio de ellas a los particulares, constituyendo la propiedad privada. Párrafo 9: La capacidad para adquirir el dominio de las tierras y aguas de la Nación, se regirá por las siguientes prescripciones: VII. Se reconoce la personalidad jurídica de los núcleos de población ejidales y comunales y se protege su propiedad sobre la tierra, tanto para el asentamiento humano como para actividades productivas. La ley protegerá la integridad de las tierras de los grupos indígenas.[17]

A nivel internacional, diversos textos constitucionales han incorporado esta normatividad de gran importancia para los

---

15 Anaya, James. *Los Pueblos Indígenas en el Derecho Internacional.* 495. Madrid, Trotta, 2005.

16 Asamblea General de las Naciones Unidas. Resolución 46/218. Año Internacional de las Poblaciones Indígenas del Mundo. 17 de diciembre de 1991.

17 *Op. Cit.;2*

pueblos indígenas, sobre sus tierras, los recursos naturales de los que disponen, así como de la biodiversidad que es una de las principales composiciones de las zonas que habitan. En ese sentido, surgió la importancia por la conservación, protección y restauración del medio ambiente, esta cuestión es novedosa en el marco internacional; en consecuencia, han surgido textos nacionales e internacionales.

Tal es el caso de la Declaración de la Naciones Unidas sobre los Derechos de los Pueblos Indígenas en su artículo 29, que establece los derechos de los pueblos indígenas a los recursos naturales y al medio ambiente, así como también dispone:

> 1. Los pueblos indígenas tienen derecho a la conservación y protección del medio ambiente y de la capacidad productiva de sus tierras o territorios y recursos. Los Estados deberán establecer y ejecutar programas de asistencia a los pueblos indígenas para asegurar esa conservación y protección, sin discriminación. 2. Los Estados adoptarán medidas eficaces para asegurar que no se almacenen ni eliminen materiales peligrosos en las tierras o territorios de los pueblos indígenas sin su consentimiento libre, previo e informado. 3. Los Estados también adoptarán medidas eficaces para asegurar, según sea necesario, que se apliquen debidamente programas de control, mantenimiento y restablecimiento de la salud de los pueblos indígenas afectados por esos materiales, programas que serán elaborados y ejecutados por esos pueblos.[18]

---

18 Comisión Nacional de Derechos Humanos. *Declaración de las Naciones Unidas Sobre los Derechos de los Pueblos Indígenas.* México, CNDH, 2018.

Asimismo, en su artículo 32, la declaración en comento establece el derecho a la consulta de los pueblos indígenas, sobre los proyectos de explotación de recursos, que pudieran afectar su territorio o la biodiversidad, de tal manera que expresa:

> 1. Los pueblos indígenas tienen derecho a determinar y elaborar las prioridades y estrategias para el desarrollo o la utilización de sus tierras o territorios y otros recursos. 2. Los Estados celebrarán consultas y cooperarán de buena fe con los pueblos indígenas interesados por conducto de sus propias instituciones representativas a fin de obtener su consentimiento libre e informado antes de aprobar cualquier proyecto que afecte a sus tierras o territorios y otros recursos, particularmente en relación con el desarrollo, la utilización o la explotación de recursos minerales, hídricos o de otro tipo. 3. Los Estados proveerán mecanismos eficaces para la reparación justa y equitativa por cualquiera de esas actividades, y se adoptarán medidas adecuadas para mitigar las consecuencias nocivas de orden ambiental, económico, social, cultural o espiritual.[19]

La declaración establece el derecho de reparación, otorgándole la obligación a los Estados a otorgar indemnizaciones por las afectaciones causadas, también la aplicación de medidas adecuadas para minimizar los perjuicios que puedan provocarse en el futuro, así como también la aplicación de medidas legislativas o administrativas.

Por otro lado, el Convenio Núm. 169 de la OIT sobre Pueblos Indígenas y Tribales, también establece preceptos con el

---

[19] *Ibidem*

objetivo de reconocer la contribución de la diversidad cultural, la armonía y ecología de la sociedad; los artículos 7° y 32 regulan la materia ambiental imponiendo obligaciones a los Estados, mencionando que:

> Artículo 7. Punto 3: Los gobiernos deberán velar por que, siempre que haya lugar, se efectúen estudios, en cooperación con los pueblos interesados, a fin de evaluar la incidencia social, espiritual y cultural y sobre el medio ambiente que las actividades de desarrollo previstas puedan tener sobre esos pueblos. Los resultados de estos estudios deberán ser considerados como criterios fundamentales para la ejecución de las actividades mencionadas. Punto 4. Los gobiernos deberán tomar medidas, en cooperación con los pueblos interesados, para proteger y preservar el medio ambiente de los territorios que habitan. Así mismo en el Artículo 32 establece que: Los gobiernos deberán tomar medidas apropiadas, incluso por medio de acuerdos internacionales, para facilitar los contactos y la cooperación entre pueblos indígenas y tribales a través de las fronteras, incluidas las actividades en las esferas económica, social, cultural, espiritual y del medio ambiente.[20]

Otro aspecto importante que surge en el movimiento del reconocimiento de los derechos en los grupos indígenas es la inclusión en la participación en los asuntos políticos dentro del país, en el caso del convenio 169 de la OIT, que reconoce el derecho de los pueblos indígenas a la participación política y

---

[20] Convenio Núm. 169 de la OIT sobre Pueblos Indígenas y Tribales, artículo 7; punto 3 y 4. Artículo 32; Naciones Unidas.

confiere a los gobiernos la obligación de crear los mecanismos que faciliten su cooperación o intervención.

IV. EL IMPACTO AMBIENTAL DEL TREN MAYA Y EL DERECHO A LA INCLUSIÓN SOCIAL DE LOS PUEBLOS INDÍGENAS EN MÉXICO

En México se ha llevado a cabo el estudio para entender la forma en la que los pueblos indígenas conciben a las distintas autoridades a lo largo del tiempo. Se percibe un problema en la inclusión política y unos de los sectores más discriminados son los grupos indígenas, y la representación política, los órganos legislativos presentan un déficit también en América latina.

Por el alto índice de población indígena que se presenta en México existe la necesidad de aumentar la participación política de los pueblos indígenas en los tres poderes del Estado, los distintos proyectos aparecen cuando se trata de formular propuestas destinadas a disminuir la discriminación en la participación en los congresos, para que exista una democracia armónica y buenas prácticas de cooperación.

Los pueblos indígenas en México atraviesan un proceso que ha tenido un avance superficial en el reconocimiento de sus derechos políticos y ciudadanos; en los últimos años se ha llevado a cabo un consenso social sobre la urgencia, no solo de reconocer sino de hacer un análisis profundo acerca de los alcances que pueden llegar a tener dichos derechos, alejados de toda discriminación.

> "Las comunidades indígenas en México se han caracterizado por ejercer formas propias de autogobierno, rigiéndose por sistemas normativos y prácticas colectivas a las que suele denominarse usos y costumbres, que han evolucionado a lo largo del tiempo y que han sido capaces de coexistir con el Esta-

do moderno".[21] Sin embargo, la noción de usos y costumbres puede resultar vaga, ambigua y controversial, si en el proceso de participación adquieren valor jurídico y forman parte de una identidad propia de los pueblos indígenas.

"Mediante los usos y costumbres, los grupos indígenas designan a las autoridades comunitarias con las cuales tienen una relación directa y con las que resuelven sus problemas cotidianos". [22] De esta manera ha influido el proceso que se ha tenido en la acción directa, en el movimiento del "estado de derecho", al cambio que tiene que surtir efectos en la participación ciudadana en conjunto con los pueblos indígenas.

Tal como lo menciona la Ley de los Derechos de los Pueblos y Comunidades Indígenas del Estado de Oaxaca:

> Artículo 32.- A fin de garantizar el efectivo acceso de los pueblos y comunidades indígenas a la jurisdicción del Estado, en los procesos penales, civiles, agrarios, administrativos o cualquier procedimiento que se desarrolle en forma de juicio, que sea competencia de las autoridades del Estado y en el que intervenga un miembro de algún pueblo indígena que ignore el español, éste contará con un traductor bilingüe ya sea oficial o particular. Los jueces, procuradores y demás autoridades administrativas que conozcan del asunto, bajo su responsabilidad se asegurarán del cumplimiento de esta disposición. En todas las etapas procesales y al dictar resolución, los jueces, procuradores y demás autoridades administrativas que conozcan del asunto, deberán tomar en consideración la condición, prácticas, tradiciones y costumbres del o de los miembros de los pueblos y comunidades

---

21 Aguirre Beltrán, Gonzalo. *Formas de Gobierno Indígena.* México, Imprenta Universitaria, 1953.

22 *Ibidem*

> indígenas. El Estado, por conducto de la Secretaría de Asuntos Indígenas, en coordinación con el Ministerio Público, vigilará la eficaz protección de los derechos de los pueblos y comunidades indígenas, desde el inicio de las averiguaciones previas hasta la consignación de los casos, cerciorándose que aquéllos cuenten oportunamente con la asistencia de traductores bilingües y de defensores de oficio. En los casos en que se omita dicha asistencia, la Secretaría de Asuntos Indígenas o los interesados, solicitarán a la Representación Social que, de nueva cuenta, se desahoguen las diligencias subsanando dichas omisiones a efecto de ejercitar acción penal correspondiente. En los casos en que los indígenas o sus pueblos o comunidades sean parte o partes, se abrirá de oficio la segunda instancia a efecto de verificar que los derechos individuales y sociales de aquéllos efectivamente hayan sido reconocidos y respetados. Los Magistrados revisarán las actuaciones de los jueces que conocieron en primera instancia. Artículo 39.- Para determinar la competencia de las autoridades indígenas, se observarán las siguientes reglas: a) Es competente la autoridad indígena del lugar en donde se cometió el delito o la infracción; b) Tratándose de bienes o cosas, la del lugar en donde se ubiquen los bienes o cosas materia de la controversia.[23]

Si bien los grupos indígenas poseen características propias, en muchos casos no pueden practicar su propiedad cultural, económica y el principal reto es hacer que los grupos, comunidades y pueblos indígenas, se integren a los procesos de inno-

---

[23] Ley de los Derechos de los Pueblos y Comunidades Indígenas del Estado de Oaxaca, 1998

vación, mejoramiento y que dichos grupos se beneficien, mejorando su capacidad de desarrollo social, tal como lo establece la carta de OEA en su artículo XVI. Derecho indígena:

> 1. El derecho indígena deberá ser reconocido como parte del orden jurídico y del marco de desenvolvimiento social y económico de los Estados. 2. Los pueblos indígenas tienen el derecho de mantener y reforzar sus sistemas jurídicos, y de aplicarlos en los asuntos internos en sus comunidades, incluyendo los sistemas relacionados con asuntos como la resolución de conflictos, en la prevención del crimen y en el mantenimiento de la paz y armonía. 3. En la jurisdicción de cada Estado, los asuntos referidos a personas indígenas o a sus intereses, serán conducidos de manera tal de proveer el derecho a los indígenas de plena representación con dignidad e igualdad frente a la ley. Ello incluirá la observancia del derecho y costumbre indígena y, de ser necesario, el uso de su lengua. [24]

Otro de los efectos que suponen una participación profunda de los grupos indígenas y la sociedad, "es el vínculo entre la cultura y el medio ambiente, es evidente para los pueblos indígenas. Todos los pueblos indígenas comparten una relación espiritual, cultural, social y económica con sus tierras tradicionales".[25] Las leyes internas, usos y costumbres reflejan tanto, que hacen una distinción única para los pueblos indígenas.

---

[24] Comisión Interamericana de Derechos Humanos. Organización de los Estados Americanos. Artículo XVI. De los derechos indígenas.

[25] Oficina del Alto Comisionado de las Naciones Unidas para los Derechos Humanos. OHCHR. Folleto N.° 10: *Los pueblos indígenas y el medio ambiente.* abril de 2019. https://www.ohchr.org/sites/default/files/Documents/Publications/GuideIPleaflet10sp.pdf

A lo largo del tiempo, la importante relación que existe entre los pueblos indígenas y el medio ambiente, ha sido perjudicada por causa de la desposesión, desplazamiento forzado por mega proyectos incluso del Estado, que menoscaban sus territorios, tradiciones y lugares sagrados. Los derechos que poseen los pueblos indígenas sobre las tierras y el aprovechamiento por parte de empresas privadas, siguen siendo cuestionados incluso a nivel mundial.

> "Los proyectos de desarrollo, las actividades mineras y forestales y los programas agrícolas siguen desplazando a los pueblos indígenas. Los daños medioambientales han sido considerables: varias especies de la fauna y la flora han quedado extinguidas o amenazadas".[26]

Tal es el caso del megaproyecto "El Tren Maya", donde se estableció que las líneas del tren atravesarán los estados de Quintana Roo, Yucatán, Tabasco, Campeche y Chiapas, lugares donde se ubican un gran número de personas indígenas y un alto índice de diversidad biológica y cultural, es una zona de gran cantidad de especies de flora y fauna, la mayoría con calidad de riesgo de extinción.

"El proyecto Tren Maya pretende implementarse en el sureste mexicano, trastocando a su paso las siguientes áreas naturales protegidas:

> Áreas Naturales Protegidas (federal): Reserva de la Biosfera Calakmul; Área de Protección de Flora y Fauna Uaymil; Reserva de la Biosfera Sian Ka'an; Reserva de la Biosfera Caribe Mexicano; Reserva de la Biosfera Arrecifes de Sian Ka'an; Parque Nacional Arrecifes de Cozumel; Área de Protección de Flora y Fauna la Porción Norte y la fran-

[26] *Ibidem*, p.2.

> ja costera oriental, terrestres y marinas de la Isla de Cozumel; Parque Nacional Arrecife de Puerto Morelos; Parque Nacional Costa Occidental de la Isla Mujeres, Punta Cancún y Punta Nizuc; Área de Protección de Flora; Fauna Manglares de Nichupté; Reserva de la Biosfera Ría Celestún; Reserva de la Biosfera Ría Los Petenes; Reserva de la Biosfera Ría Lagartos. Áreas Naturales Estatales: Zona sujeta a Conservación Especial Balam – Ku; Zona sujeta a Conservación Especial Balam – Kin; Santuario del Manatí, Bahía de Chetumal; Reserva estatal Geohidrológica del Anillo de Cenotes; Reserva de Dzilam; Ciénagas y Manglares de la Costa Norte de Yucatán; Reserva Estatal El Palmar; Los Petenes; Reserva Estatal Biocultural del Puuc. Áreas Naturales Municipales: Zona Sujeta a la Conservación Reserva Cuxtal, Mérida, Yucatán.[27]

Como se mencionó anteriormente, son de gran importancia las consultas a los pueblos indígenas cuando se presente un proyecto que lleve consigo un riesgo hacia las zonas que habitan, en este caso no se implementaron los protocolos que establecen los tratados internacionales, se menoscabó ese derecho y la protección sobre sus territorios sagrados, las principales comunidades indígenas que se ven afectadas son, *mayas, tsotsiles, tzeltales y choles.*

Otra situación grave que podemos sumar a los problemas que sufren las comunidades indígenas es la expansión industrial y de las empresas que extraen minerales, las cuales ame-

---

27 Centro Mexicano de Derecho Ambiental, A.C. *Todo lo que tienes que saber sobre el Tren Maya.* 2020. https://www.google.com/search?q=tren+maya&rlz=1C1UUXU_esMX977MX977&oq=tren+maya&aqs=chrome.69i57j0i131i433i512l2j0i512j0i131i433i512j69i6013.1432j0j7&sourceid=chrome&ie=UTF-8

nazan sus territorios con riesgo de desaparecer, pierden así sus fuentes de alimentación, obligándolos a desplazarse; además dañan el valor que representan para las comunidades, su identidad cultural y valor espiritual.

V. CONCLUSIONES

El derecho de la inclusión de los pueblos indígenas, no se tiene que limitar al acceso de los bienes y servicios, se debe ver desde la perspectiva de la diversidad cultural, y evidenciarse en la participación de los asuntos del Estado, así como políticos, económicos y sociales.

El Estado, de acuerdo con lo establecido por los tratados internacionales deberá implementar los protocolos necesarios para facilitar la participación, cooperación y la toma de decisiones de los pueblos indígenas.

Los pueblos indígenas tienen derecho a la inclusión social en términos de equidad, así como a la protección, conservación y restauración de sus territorios.

VI. PROPUESTAS

La problemática ambiental ha sido creciente en los últimos años, diversos sectores han llevado a cabo el análisis, incluido la relación que guardan los pueblos indígenas con la biodiversidad que se encuentra en los territorios que habitan, por lo que surge la preocupación de conservarlos, protegerlos desde el ámbito internacional, mediante los mecanismos jurídicos existentes.

En México existe una población indígena muy numerosa, por lo que el Estado además de reconocer sus derechos, tiene que llevar a cabo acciones que aseguren su cumplimiento mediante las instituciones, para mantener una sociedad más incluyente.

La población indígena es uno de los sectores más discriminados por la sociedad, se omite la importancia que estos guardan y el vasto conocimiento cultural que poseen, por lo que se debe generar educación sobre el valor que estos representan, debe haber equidad de empleo, que se promueva el desarrollo social, económico igualitario y asegurar el acceso oportuno a los servicios de salud por parte de las personas indígenas, por justicia social.

Los pueblos indígenas poseen el derecho a la consulta, es fundamental para expresar su consentimiento, lo que ayudará a lograr acuerdos y es obligación del Estado el consultarles sobre los proyectos en los que se puedan ver afectados sus territorios, lo cual está ampliamente relacionado con su derecho de autonomía y libre determinación.

Los pueblos indígenas tienen una relación importante con la biodiversidad y tienen el derecho a poseer la tierra en forma comunitaria, con la finalidad de tener acceso a los recursos naturales y protegerlos de acuerdo con sus tradiciones.

VII. FUENTES DE INVESTIGACIÓN

Aguirre Beltrán, Gonzalo. *Formas de Gobierno Indígena.* México, Imprenta Universitaria, 1953.

Anaya, James. *Los Pueblos Indígenas en el Derecho Internacional.* 495. Madrid: Trotta, 2005.

Asamblea General de las Naciones Unidas. Resolución 46/218. Año Internacional de las Poblaciones Indígenas del Mundo. 17 de diciembre de 1991.

Barth, Fredrik. *Los Grupos Étnicos y sus Fronteras.* México, Fondo de Cultura Económica, 1976.

Cámara de Diputados, *La definición de indígena en el ámbito internacional*, Cámara de Diputados. Servicio de Investigación y Análisis, México, s. f., https://www.diputados.gob.mx/bibliot/publica/inveyana/polisoc/derindi/3ladefin.htm

Centro Mexicano de Derecho Ambiental, A.C. *Todo lo que tienes que saber sobre el Tren Maya.* 2020.https://www.google.com/search?q=tren+maya&rlz=1C1UUXU_esMX977MX977&oq=tren+maya&aqs=chrome.69i57j0i131i433i512l2j0i512j0i131i433i512j69i60l3.1432j0j7&sourceid=chrome&ie=UTF-8

Comisión Nacional de Derechos Humanos. *Declaración de las Naciones Unidas Sobre los Derechos de los Pueblos Indígenas.* México, CNDH, Julio de 2018.

Censo *de Población y Vivienda 2020.* Marzo de 2020. https://www.inegi.org.mx/programas/ccpv /2020/.

Pueblos *Indígenas en México.* 12 de mayo de 2022. https://iwgia.org/es/mexico/4792-mi-2022 mexico.html#_edn1.

Martínez Cobo, José R. *Estudio del Problema de la Discriminación Contra las Poblaciones Indígenas.* Naciones Unidas, 1987. https://idcar.com.ar/wp-content/uploads/2021/09/ CONCI-Cobo-Discriminación -contra-poblaciones-indigenas.pdf

Oficina del Alto Comisionado de las Naciones Unidas para los Derechos Humanos. OHCHR. Folleto Nº 10: *Los pueblos indígenas y el medio ambiente.* abril de 2019. https://www.ohchr.org/sites/default/files/ Documents/Publications/GuideIPleaflet10sp.pdf

Organización de la Naciones Unidas. *Programa Para el Medio Ambiente.* 9 de agosto de 2021. https://www.unep.org/es/noticias-y-reportajes/reportajes/como-el-conocimiento-indigena-puede ayudarnos-prevenir-las-crisis.

Suprema Corte de Justicia de la Nación. *Protocolo de Actuación para Quienes Imparten Justicia en Casos que Involucren Derechos de Personas, Comunidades y Pueblos Indígenas.* México 2020. https://www. scjn.gob.mx/registro/sites/default/files/page/2020-02/protocolo_indigenas.pdf

Warman, Arturo. *Los Campesinos. Hijos Predilectos del Régimen.* México, Nuestro Tiempo, 1976.

Legislación

Constitución de la República del Ecuador.

Constitución Política de la República Federativa del Brasil.

Constitución Política de los Estados Unidos Mexicanos.

Constitución Política del Estado de Bolivia.

Constitución Política del Perú.

Ley de los Derechos de los Pueblos y Comunidades Indígenas del Estado de Oaxaca.

Comisión Interamericana de Derechos Humanos. Organización de los Estados Americanos.

Convenio Núm. 169 de la OIT sobre Pueblos Indígenas y Tribales, artículo 7; punto 3 y 4. Artículo 32; Naciones Unidas.

Inclusión social de las niñas, niños y adolescentes en los procesos familiares en México

NOEMÍ ASCENCIO LÓPEZ*
ARTURO HURTADO PEÑA**

Sumario: I. Introducción. II. Dimensiones conceptuales de la inclusión social de niñas, niños y adolescentes. III. Marco jurídico de la protección e inclusión social de las niñas, niños y adolescentes en los procesos familiares. IV. Criterios relevantes de la Suprema Corte de Justicia de la Nación de la protección e inclusión social de las niñas, niños y adolescentes en los procesos familiares. V. Conclusiones. VI. Fuentes de investigación.

* Profesora Investigadora de Tiempo Completo de la Facultad de Derecho Acapulco de la Universidad Autónoma de Guerrero (UAGro) de la Licenciatura y el Posgrado en Derecho, programa inscrito en el PNPC-CONAHCYT. Integrante del Sistema Nacional de Investigadores de México (SNI-C), CONAHCYT, México. Doctora en Derecho por el Instituto Internacional del Derecho y del Estado (IIDE), Correo electrónico: nascenciol@uagrovirtual.mx ORCID: 0000-0002-1499-8276

** Licenciado en derecho, Maestro en Derecho, Candidato a Doctor en Ciencias Políticas y Sociales, estudiante del Doctorado en Derecho de la Universidad Autónoma de Guerrero (UAGro), programa inscrito en el PNPC-CONAHCYT. correo electrónico: arturohurtadomaster@gmail.com ORCID: 0000-0001-9196-2800.

I. INTRODUCCIÓN

El presente capítulo describe y analiza las condiciones de inclusión de niñas, niños y adolescentes en el México contemporáneo, exaltando las prioridades que a manera de preceptos y principios convergen desde el ámbito transnacional hacia el contexto en estudio, así como las necesidades socio-jurídicas de protección.

Para el logro expuesto, se exhiben anacrónicamente las dimensiones conceptuales de la inclusión social de niñas, niños y adolescentes, exponiendo el marco jurídico que regula los procesos familiares en los que intervienen los sujetos en estudio y criterios relevantes de la Suprema Corte de Justicia.

Mediante un análisis complexivo, finalmente se aportan conclusiones sobre el tema donde se vislumbran inquietudes académicas de las que se espera partan nuevos estudios que amplíen, profundicen, dinamicen y por ende, impulsen la línea de investigación social a la que se incorpora.

II. DIMENSIONES CONCEPTUALES DE LA INCLUSIÓN SOCIAL DE LAS NIÑAS, NIÑOS Y ADOLESCENTES

La inclusión social se constituye en un proceso para garantizar la dignidad y el ejercicio de los derechos de las personas que se encuentran en desventaja debido a su condición con la finalidad de que puedan participar en el entorno social.

En ese orden de ideas, como dimensión o eje cognitivo, se observa que la inclusión social asegura que todas las personas sin distinción puedan ejercer sus derechos y garantías, aprovechar sus habilidades y beneficiarse de las oportunidades que se encuentran en su entorno.[28]

La inclusión social se encuentra ligada a la equidad y es definida por la CEPAL como "el proceso por el cual se alcanza la igualdad, y como un proceso para cerrar las brechas en cuanto a la productividad, a las capacidades (educación) y el empleo, la segmentación laboral, y la informalidad, que resultan ser las principales causas de la inequidad".[29] En efecto, la dimensión en estudio representa un proceso de consideración vital para mejorar las condiciones de las personas que se encuentran en desventaja social con el propósito de que tengan las oportunidades y recursos para acceder entre otros rubros a educación, salud, trabajo digno y vivienda.

Según la opinión de Molina: "la inclusión social es el proceso de mejorar la habilidad, la oportunidad y la dignidad de las personas que se encuentran en desventaja debido a su identidad, para que puedan participar en la sociedad; sin embargo, no es lo mismo que igualdad".[30]

Es evidente que no se debe confundir la idea de igualdad con la de inclusión, ya que, con la segunda, se pretende dignificar a las personas que se encuentran en desventaja social mediante la mejora de habilidades y oportunidades.

De acuerdo con el Diccionario Panhispánico del español jurídico, la inclusión social es un "principio en virtud del cual la sociedad promueve valores compartidos orientados al bien co-

---

28 CEPAL. Naciones Unidas, *Inclusión social, económica y política de las personas mayores,* 11 de diciembre de 2018. En: https://www.cepal.org/es/enfoques/inclusion-social-economica-politica-personas-mayores

29 Ídem.

30 Molina, Carlota, "*La inclusión social, un compromiso a largo plazo", Banco Mundial 4 de febrero de 2021.* En: https://blogs.worldbank.org/es/latinamerica/la-inclusion-social-un-compromiso-largo-plazo

mún y a la cohesión social, permitiendo que todas las personas con discapacidad tengan las oportunidades y recursos necesarios para participar plenamente en la vida política, económica, social, educativa, laboral y cultural, y para disfrutar de unas condiciones de vida en igualdad con los demás".[31]

Como puede colegirse de lo expuesto, es incuestionable que la inclusión social representa el fundamento para que la sociedad promueva valores orientados al bien común y que todas las personas puedan disfrutar de condiciones óptimas de vida, y por ello debe promoverse desde las primeras etapas vitales y mantenerse como eje transversal, social, jurídico-político y moral; al respecto es preciso reconocer que,

> "La primera infancia es una etapa clave en el desarrollo de los seres humanos. Comprende el periodo que va desde el nacimiento a los seis años, dentro del cual se pueden identificar dos ciclos con similitudes y especificidades: un primer ciclo que va desde el nacimiento a los 36 meses de edad; un segundo ciclo que va desde los 3 a los 6 años de edad".[32]

Es clara la importancia de la primera infancia en el desarrollo de las personas y que desde ese momento se incluya socialmente a las niñas y niños para garantizar el ejercicio de sus derechos, tutelando en todo momento el interés superior de la niñez.

> "El paso de la exclusión a la inclusión no se da de un día para otro, sino que es gradual y exige un compromiso a largo plazo. Empieza con el reconocimiento de los grupos excluidos e "in-

---

31 Diccionario panhispánico del español jurídico, Inclusión social. En: https://dpej.rae.es/lema/inclusi%C3%B3n-social

32 CCEPI. *Sistema de cuidados, Educación inclusiva en la primera infancia*, enero 2020. En: https://www.gub.uy/ministerio-educacion-cultura/sites/ministerio-educacion-cultura/files/documentos/publicaciones/Educaci%C3%B3n%20Inclusiva%20en%20Primera%20Infancia.pdf

visibles", superando las creencias y los estereotipos negativos para crear las condiciones necesarias para que haya igualdad de oportunidades y movilidad social".[33]

Asimismo, algunos autores plantean que los grandes cambios sociales, devienen de las conductas humanas, efectuadas dentro de ciertos grupos sociales poco aceptados dentro de la sociedad. Lo que conlleva efectivamente no solo a un proceso de inclusión, sino también, de modificación dentro de las instituciones jurídicas más significativas dentro de una sociedad, como lo es la familia. De conformidad a lo anterior, los autores Villa, Gallego & Soto[34], plantean que:

"Es evidente que las grandes transformaciones sociales que devienen de la sexualidad, las formas de procrear, las formas de convivir y la forma de ver la vida, han llevado a cambios significativos, que hacen cuestionar la existencia de una familia. Lo que, para muchos, desde una perspectiva conservadora, se considera como una crisis, para otros sería la apertura a nuevos cambios, en tan importante institución. Cabe resaltarse que los cambios en la estructura de conformación de la familia no deben considerarse como una crisis, ni alerta de desaparición familiar, estos; por el contrario, deben ser los precursores a la adaptación de nuevas herramientas que permitan la creación de una familia incluyente de los fenómenos y diversidad desde la que se estudia en la posmodernidad."

---

33 Banco mundial, La inclusión social, un compromiso a largo plazo, 4 de febrero de 2021. En: https://www.gub.uy/ministerio-educacion-cultura/sites/ministerio-educacion-cultura/files/documentos/publicaciones/Educaci%C3%B3n%20Inclusiva%20en%20Primera%20Infancia.pdf

34 Villa, Vera, Gallego, Angela, & Soto, José, "La adopción en familias monoparentales en Guerrero", *Revista de investigación en ciencias jurídicas LEX*, México, Vol. 5 (Núm.18), 2022. [p-p 473-485]. Recuperado de: https://revistalex.org/index.php/revistalex/article/view/176/433

Es necesario que la sociedad reconozca a las niñas, niños y adolescentes como un grupo vulnerable, pues, se encuentran en una posición de desventaja para poder hacer efectivos sus derechos y libertades.

La primera etapa de la niñez "constituye una ventana de oportunidades dado que comienza a desplegarse el potencial de desarrollo y la construcción subjetiva del niño y la niña. La educación en primera infancia supone generar las condiciones para que este proceso pueda potenciarse en un contexto interactivo con pares y referentes educativos que permitan experiencias subjetivantes. Implica un abordaje integral del niño, que busca un desarrollo armónico de las diversas áreas (motriz, cognitiva, socioafectiva y lenguaje), a partir de propuestas respetuosas de las iniciativas de los niños, que son dinámicas, flexibles y contextualizadas al entorno e interés infantil".[35]

Para el Comité de los Derechos del Niño, la primera infancia "abarca desde el nacimiento y primer año de vida, pasando por el periodo preescolar hasta la transición al periodo escolar, por lo que, en atención a la diversidad entre países, dicha fase inicia con el nacimiento y continúa hasta los ocho años".[36]

Es importante precisar que en algunos ordenamientos normativos como en la Ley General de Niños, Niñas y Adolescentes se menciona que al hablar de niñas y niños se hace alusión a personas que no rebasan los once años, en tanto que los adolescentes, son aquellas que tienen entre 12 y menos de 18 años.

---

[35] CCEPI. Sistema de cuidados. *Educación inclusiva en la primera infancia,* enero 2020. En: https://www.gub.uy/ministerio-educacion-cultura/sites/ministerio-educacion-cultura/files/documentos/publicaciones/Educaci%C3%B3n%20Inclusiva%20en%20Primera%20Infancia.pdf

[36] Comité de los Derechos del Niño, Observación General No. 7, *Realización de los derechos del niño en la primera infancia,* 1 de septiembre de 2006, p. 3.

Es responsabilidad del Estado y la sociedad garantizar y tutelar el ejercicio de los derechos de niñas, niños y adolescentes y que tengan la oportunidad de formarse física, mental, emocional, social y moralmente en condiciones de igualdad.

De acuerdo con la Comisión Nacional de Derechos Humanos: "el cumplimiento efectivo de los derechos de niñas, niños y adolescentes, es un requisito esencial para lograr su desarrollo integral, y para impulsar la evolución de la sociedad mexicana a una donde se garantice un clima de civilidad, paz, comprensión, respeto y bienestar".[37]

Se coincide con el informe de actividades rendido por la Comisión Nacional de Derechos Humanos en el 2022, ya que el desarrollo integral de los niños, niñas y adolescentes, así como la evolución de nuestra sociedad, tiene como requisito fundamental, el cumplimiento de sus derechos fundamentales, reconociendo su condición de vulnerabilidad.

III. MARCO JURÍDICO DE LA PROTECCIÓN E INCLUSIÓN SOCIAL DE LAS NIÑAS, NIÑOS Y ADOLESCENTES EN LOS PROCESOS FAMILIARES

La protección de los derechos de niñas, niños y adolescentes tienen como marco jurídico internacional, la Declaración Universal de los Derechos Humanos, particularmente en el segundo punto, del artículo 25, que a la letra dispone: "La maternidad y la infancia tienen derecho a cuidados y asistencia especiales. Todos los niños, nacidos de matrimonio o fuera de matrimonio, tienen derecho a igual protección social".[38]

---

[37] Comisión Nacional de Derechos Humanos, Informe de actividades 2022. En: http://informe.cndh.org.mx/menu.aspx?id=40071

[38] Declaración Universal de los Derechos Humanos, artículo 25.

Desde la Declaración Universal de los Derechos Humanos, se han adoptado diversos instrumentos internacionales sobre derechos fundamentales que en la posmodernidad conforman el Sistema Universal de Protección de Derechos Humanos.

Al respecto, dentro de los tratados internacionales en materia de derechos humanos se destacan: la Declaración de los Derechos del Niño; el Pacto Internacional de Derechos Civiles y Políticos; el Pacto Internacional de Derechos Económicos, Sociales y Culturales; la Convención sobre los Derechos del Niño; la Convención contra la Tortura y otros Tratos o Penas Crueles, Inhumanos o Degradantes; la Convención Internacional sobre la Eliminación de todas las Formas de Discriminación Racial; y la Convención sobre la Eliminación de todas las Formas de Discriminación contra la Mujer.

Es en la Declaración de los Derechos del Niño, adoptada por las Naciones Unidas en 1959, que se reconocen los derechos de la infancia y adolescencia y su codificación posteriormente se materializa en la Convención sobre los Derechos del Niño.

Se observa en el Pacto Internacional sobre Derechos Civiles y Políticos, en forma clara que: "Todo niño tiene derecho, sin discriminación alguna por motivos de raza, color, sexo, idioma, religión, origen nacional o social, posición económica o nacimiento, a las medidas de protección que su condición de menor requiere, tanto por parte de su familia como de la sociedad y del Estado".[39]

De igual manera, el instrumento internacional referido en el párrafo anterior, sostiene que: "Todas las personas son iguales ante los tribunales y cortes de justicia. Toda persona tendrá derecho a ser oída públicamente y con las debidas garantías por un tribunal competente, independiente e imparcial, esta-

---

[39] Pacto Internacional de Derechos Civiles y Políticos, artículo 24.

blecido por la ley, en la substanciación de cualquier acusación de carácter penal formulada contra ella o para la determinación de sus derechos u obligaciones de carácter civil".[40]

De lo anterior se advierte que las niñas, niños y adolescentes tienen derecho a medidas de protección por su edad, tanto por parte de su familia, la sociedad y el Estado, además de considerarse iguales ante los tribunales y cortes de justicia para efectos de ser oídos públicamente.

Dentro de las medidas de protección a los menores, en procura del interés superior que a estos les asiste, se contempla el derecho al seno familiar, el cual, en compañía del Estado, se encargan conjuntamente de prodigar al niño (a), una protección especial, no solo para quienes nacen en un hogar, sino también, para los niños carentes de una familia, esto, a través de la institución de la adopción como medio de prohijamiento y resguardo a los niños (a) desamparados.

En ese orden de ideas, autores que han realizado estudios comparativos entre ordenamientos jurídicos de diferentes países, han recomendado a través de investigación científica que la inclusión de nuevos modelos familiares en la adopción debe ser tomada en cuenta como, medidas de protección a los menores carentes de hogar que requieren con urgencia hacer efectivo su derecho. Villa, Gallego & Soto[41], puntualizan que:

> *"Se recomienda, se efectúe en encuadramiento de carácter normativo en los estados rezagados al reconocimiento e inclusión de nuevas formas de familia para la procedencia de la*

---

40 Ibidem, artículo 14.

41 Villa, Vera, Gallego, Angela, & Soto, José, "La adopción por familias monoparentales en las legislaciones de Colombia y México", *Advocatus,* Volumen 18, (Núm. 38), 2022. [p-p 177-189]. Recuperado de: https://revistas.unilibre.edu.co/index.php/advocatus/article/view/9753/8762

adopción, bajo un esquema de agilidad e inclusión con miras a garantizar el cumplimiento del interés superior del menor."

Por su parte, el Pacto Internacional de Derechos Económicos, Sociales y Culturales, dispone que:

> Se deben adoptar medidas especiales de protección y asistencia en favor de todos los niños y adolescentes, sin discriminación alguna por razón de filiación o cualquier otra condición. Debe protegerse a los niños y adolescentes contra la explotación económica y social. Su empleo en trabajos nocivos para su moral y salud, o en los cuales peligre su vida o se corra el riesgo de perjudicar su desarrollo normal, será sancionado por la ley. Los Estados deben establecer también límites de edad por debajo de los cuales quede prohibido y sancionado por la ley el empleo a sueldo de mano de obra infantil".[42]

Los derechos de la infancia y adolescencia se encuentran plenamente reconocidos en la Convención sobre los Derechos del Niño, instrumento donde se reconoce que los niños (seres humanos menores de 18 años) son personas con derecho a un desarrollo físico, mental y social pleno y que son libres para expresar sus opiniones.

De conformidad con lo dispuesto por el artículo tercero de la Convención sobre los Derechos del Niño:

> "1. En todas las medidas concernientes a los niños que tomen las instituciones públicas o privadas de bienestar social, los tribunales, las autoridades administrativas o los órganos legis-

---

42 Pacto Internacional de Derechos Económicos, Sociales y Culturales, artículo 10.

> lativos, una consideración primordial a que se atenderá será el interés superior del niño. 2. Los Estados Partes se comprometen a asegurar al niño la protección y el cuidado que sean necesarios para su bienestar, teniendo en cuenta los derechos y deberes de sus padres, tutores u otras personas responsables de él ante la ley y, con ese fin, tomarán todas las medidas legislativas y administrativas adecuadas. 3. Los Estados Partes se asegurarán de que las instituciones, servicios y establecimientos encargados del cuidado o la protección de los niños cumplan las normas establecidas por las autoridades competentes, especialmente en materia de seguridad, sanidad, número y competencia de su personal, así como en relación con la existencia de una supervisión adecuada".[43]

Del análisis del precepto mencionado con antelación, se destaca el principio del interés superior de la niñez, para garantizarle un desarrollo integral y una vida digna mediante el ejercicio de sus derechos fundamentales.

De acuerdo con Cantoral y López: "el interés superior del menor es el eje principal y obligación primordial de cada proceso y actuación donde se ve involucrado un niño, establecido de manera fundamental en el derecho internacional en el cual se encuentran sus orígenes".[44]

Sin lugar a duda, el principio del interés superior de la niñez se erige como principio rector de la actuación de todas las autoridades en el ámbito de sus competencias, es una directriz para formular políticas públicas; para la creación de normas jurídicas en el contexto nacional, así como para la interpretación y resolución de conflictos jurídicos para la protección de la niñez y adolescencia.

---

43 Convención sobre los Derechos del Niño, artículo 3.

44 Domínguez, Cantoral, Karla y López Muñoz, Zuleima del Carmen, "El interés superior del niño como principio rector de las políticas públicas en México: función justificativa y directiva", *Revista Latinoamericana de Derechos Humanos,* Vol. 29, Núm. 1, enero-junio de 2018, pp. 51-67. En: https://doi.org/10.15359/rldh.29-1.3

Dentro del Sistema de Naciones Unidas, se encuentran entre otros los siguientes instrumentos para la protección y salvaguarda de la infancia y adolescencia:

1. Protocolo facultativo de la Convención sobre los Derechos de la Niñez relativo a la venta, la prostitución infantil y la utilización de niños en la pornografía.
2. Protocolo facultativo de la Convención sobre los Derechos de la Niñez relativo a la participación de niños en los conflictos armados.
3. Convenio 138 de la Organización Internacional del Trabajo (OIT) sobre Edad Mínima Laboral.
4. Convenio 182 Organización Internacional del Trabajo (OIT) sobre las Peores Formas de Trabajo Infantil.
5. Observaciones finales emitidas por el Comité de los Derechos del Niño de la Organización de las Naciones Unidas respecto al III Informe de México sobre Niñez.

De otro lado, en el Sistema Interamericano, se observan los siguientes instrumentos de protección de niñas, niños y adolescentes:

- Convención Americana sobre Derechos Humanos.
- Convención Interamericana sobre obligaciones alimentarias.
- Convención Interamericana sobre Restitución Internacional de Menores.
- Convención Interamericana sobre conflicto de leyes en materia de adopción internacional de menores.
- Convención Interamericana sobre el Tráfico Internacional de menores.

Se destaca la protección de la infancia y adolescencia en la Convención Americana de Derechos Humanos en el punto cuatro, del artículo 17, al disponer que:

> "Los Estados Partes deben tomar medidas apropiadas para asegurar la igualdad de derechos y la adecuada equivalencia de responsabilidades de los cónyuges en cuanto al matrimonio, durante el matrimonio y en caso de disolución del mismo. En caso de disolución, se adoptarán disposiciones que aseguren la protección necesaria de los hijos, sobre la base única del interés y conveniencia de ellos".[45]

Del anterior precepto se advierte que se deben tomar medidas para tutelar a los hijos, atendiendo a su interés superior y que redunde en su desarrollo integral como persona sujeta de derechos.

Asimismo, el mismo artículo, en su punto cinco, establece que se deben reconocer los mismos derechos a los hijos nacidos fuera del matrimonio.

Es importante mencionar que la Convención de San José también reconoce en el punto 1, del artículo 8, que: "Toda persona tiene derecho a ser oída, con las debidas garantías y dentro de un plazo razonable, por un juez o tribunal competente, independiente e imparcial, establecido con anterioridad por la ley, en la sustanciación de cualquier acusación penal formulada contra ella, o para la determinación de sus derechos y obligaciones de orden civil, laboral, fiscal o de cualquier otro carácter".[46]

Es evidente que las niñas, niños y adolescentes tienen el derecho a ser oídos en los procesos jurisdiccionales en los que se vean involucrados para garantizar su interés superior y lograr un pleno desarrollo físico, emocional y psicológico.

---

45 Convención Americana sobre Derechos Humanos, artículo 17.

46 Ibidem, artículo 8.

Se presenta a continuación un cuadro que permite identificar el marco jurídico nacional existente para la protección de niñas, niños y adolescentes:

NIVEL FEDERAL	– **Constitución Política de los Estados Unidos Mexicanos.** – Artículo 4 de la Constitución Política de los Estados Unidos Mexicanos que en su parte conducente dispone: "En todas las decisiones y actuaciones del Estado se velará y cumplirá con el principio del interés superior de la niñez, garantizando de manera plena sus derechos. Los niños y las niñas tienen derecho a la satisfacción de sus necesidades de alimentación, salud, educación y sano esparcimiento para su desarrollo integral. Este principio deberá guiar el diseño, ejecución, seguimiento y evaluación de las políticas públicas dirigidas a la niñez".[47]
NIVEL FEDERAL	– **Ley General de los Derechos de Niñas, Niños y Adolescentes.** – El artículo primero de la Ley General de los Derechos de Niñas y Adolescentes dispone en su parte conducente que la ley tiene por objeto: "I. Reconocer a niñas, niños y adolescentes como titulares de derechos, con capacidad de goce de los mismos, de conformidad con los principios de universalidad, interdependencia, indivisibilidad y progresividad; en los términos que establece el artículo 1o. de la Constitución Política de los Estados Unidos Mexicanos". II. Garantizar el pleno ejercicio, respeto, protección y promoción de los derechos humanos de niñas, niños y adolescentes conforme a lo establecido en la Constitución Política de los Estados Unidos Mexicanos y en los tratados internacionales de los que el Estado mexicano forma parte".[48]
NIVEL FEDERAL	– **Ley Nacional del Sistema Integral de Justicia Penal para Adolescentes** que tiene por objeto establecer el Sistema Integral de Justicia Penal para Adolescentes en la República Mexicana.

[47] Constitución Política de los Estados Unidos Mexicanos, artículo 4.

[48] Ley General de los Derechos de Niñas, Niños y Adolescentes, artículo 1.

NIVEL LOCAL AGUSCALIENTES	– Ley de los Derechos de las Niñas, Niños y Adolescentes para el Estado de Aguascalientes. – Ley del Sistema de Justicia para Adolescentes del Estado de Aguascalientes.
NIVEL LOCAL BAJA CALIFORNIA	– Ley para la Protección y Defensa de los Derechos de Niñas, Niños y Adolescentes del Estado de Baja California. – Ley de Justicia para Adolescentes del Estado de Baja California.
NIVEL LOCAL BAJA CALIFORNIA SUR	– Ley de los Derechos de Niñas, Niños y Adolescentes del Estado de Baja California Sur. – Ley de Justicia para Adolescentes para el Estado de Baja California Sur.
NIVEL LOCAL CAMPECHE	– Ley de los Derechos de Niñas, Niños y Adolescentes del Estado de Campeche. – Ley de Justicia para Adolescentes del Estado de Campeche. – Ley para Restringir el Acceso de Menores de Edad a Publicaciones y Grabaciones en Medios Impresos y Audiovisuales y Servicios de Internet con Contenido para Adultos en el Estado de Campeche.
NIVEL LOCAL CHIAPAS	– Ley de los Derechos de Niñas, Niños y Adolescentes del Estado de Chiapas. – Ley de la Juventud para el Estado de Chiapas. – Ley que establece el Sistema Integral de Justicia para Adolescentes en el Estado de Chiapas.
NIVEL LOCAL CHIHUAHUA	– Ley de los Derechos de Niñas, Niños y Adolescentes del Estado de Chihuahua. – Ley que Regula la Prestación de Servicios para la Atención, Cuidado y Desarrollo Integral Infantil del Estado de Chihuahua. – Ley de Justicia Especial para Adolescentes Infractores del Estado de Chihuahua.

NIVEL LOCAL CIUDAD DE MÉXICO	– Ley de los Derechos de Niñas, Niños y Adolescentes en la Ciudad de México. – Ley de los Derechos de las Personas Jóvenes en la Ciudad de México. – Ley de Justicia para Adolescentes para el Distrito Federal. – Ley para el Tratamiento de Menores Infractores para el Distrito Federal en Materia Común y para toda la República en Materia Federal. – Ley de Educación de la Ciudad de México.
NIVEL LOCAL COAHUILA	– Ley para la Protección de los Derechos y Deberes de las Niñas, Niños y Adolescentes del Estado de Coahuila. – Ley de Justicia para Adolescentes del Estado de Coahuila de Zaragoza
NIVEL LOCAL COLIMA	– Ley de los Derechos de Niñas, Niños y Adolescentes del Estado de Colima. – Ley que establece el Sistema Integral de Justicia para Adolescentes del Estado de Colima.
NIVEL LOCAL DURANGO	– Ley de los Derechos de Niñas, los Niños y Adolescentes del Estado de Durango. – Ley de las y los Jóvenes del Estado de Durango. – Ley de la Procuraduría de Protección de Niñas, Niños y Adolescentes del Estado de Durango.
NIVEL LOCAL GUANAJUATO	– Ley de los Derechos de Niñas, los Niños y Adolescentes para el Estado de Guanajuato. – Ley de Justicia para Adolescentes del Estado de Guanajuato.
NIVEL LOCAL GUERRERO	– Ley para la Protección de los Derechos de Niñas, Niños y Adolescentes del Estado de Guerrero. – Ley de Justicia para Adolescentes del Estado de Guerrero.
NIVEL LOCAL HIDALGO	– Ley de los Derechos de Niñas, Niños y Adolescentes para el Estado de Hidalgo. – Ley de la Juventud del Estado de Hidalgo. – Ley de Justicia para Adolescentes del Estado de Hidalgo.

NIVEL LOCAL JALISCO	– Ley de los Derechos de Niñas, Niños y Adolescentes en el Estado de Jalisco. – Ley de Justicia Integral para Adolescentes en el Estado de Jalisco.
NIVEL LOCAL ESTADO DE MÉXICO	– Ley de los Derechos de Niñas, Niños y Adolescentes del Estado de México. – Ley de Justicia para Adolescentes del Estado de México.
NIVEL LOCAL MICHOACÁN	– Ley de los Derechos de Niñas, Niños y Adolescentes del Estado de Michoacán de Ocampo. – Ley de los Jóvenes del Estado de Michoacán de Ocampo. – Ley de Justicia Integral para Adolescentes del Estado de Michoacán de Ocampo.
NIVEL LOCAL MORELOS	– Ley de los Derechos de las Niñas, Niños y Adolescentes del Estado de Morelos. – Ley de las Personas Adolescentes y Jóvenes en el Estado de Morelos. – Ley de Justicia para Adolescentes del Estado de Morelos.
NIVEL LOCAL NAYARIT	– Ley de los Derechos de Niñas, Niños y Adolescentes para el Estado de Nayarit. – Ley de Justicia para Adolescentes del Estado de Nayarit. – Ley que crea la Procuraduría de la Defensa del Menor y la Familia en el Estado de Nayarit.
NIVEL LOCAL NUEVO LEÓN	– Ley de los Derechos de Niñas, Niños y Adolescentes para el Estado de Nuevo León. – Ley del Sistema Especial de Justicia para Adolescentes del Estado de Nuevo León. – Ley de la Procuraduría de la Defensa del Menor y la Familia.
NIVEL LOCAL OAXACA	– Ley de los Derechos de Niñas, Niños y Adolescentes para del Estado de Oaxaca. – Ley de Justicia para Adolescentes del Estado de Oaxaca.
NIVEL LOCAL PUEBLA	– Ley de los Derechos de Niñas, Niños y Adolescentes del Estado de Puebla. – Código de Justicia para Adolescentes del Estado Libre y Soberano de Puebla. – Ley de Juventud para el Estado de Puebla.

NIVEL LOCAL QUERÉTARO	– Ley de los Derechos de Niñas, Niños y Adolescentes del Estado de Querétaro. – Ley de Justicia para Adolescentes del Estado de Querétaro.
NIVEL LOCAL QUINTANA ROO	– Ley de los Derechos de Niñas, Niños y Adolescentes del Estado de Quintana Roo. – Ley de Justicia para Adolescentes del Estado de Quintana Roo.
NIVEL LOCAL SAN LUIS POTOSÍ	– Ley de los Derechos de Niñas, Niños y Adolescentes del Estado de San Luis Potosí. – Ley de Justicia para Menores del Estado de San Luis Potosí.
NIVEL LOCAL SINALOA	– Ley de los Derechos de Niñas, Niños y Adolescentes del Estado de Sinaloa. – Ley de la Juventud del Estado de Sinaloa.
NIVEL LOCAL SONORA	– Ley de los Derechos de Niñas, Niños y Adolescentes del Estado de Sonora. – Ley que establece el Sistema Integral de Justicia para Adolescentes del Estado de Sonora. – Ley del Ahorro Escolar. – Ley de Seguridad Escolar para el Estado de Sonora.
NIVEL LOCAL TABASCO	– Ley de los Derechos de Niñas, Niños y Adolescentes del Estado de Tabasco. – Ley de Justicia para Adolescentes del Estado de Tabasco. – Ley de la Juventud para el Estado de Tabasco. – Ley que Garantiza la Entrega de Útiles Escolares en el Estado de Tabasco.
NIVEL LOCAL TAMAULIPAS	– Ley de los Derechos de Niñas, Niños y Adolescentes del Estado de Tamaulipas. – Ley de la Juventud del Estado de Tamaulipas. – Ley de Paternidad y Maternidad Responsable del Estado de Tamaulipas. – Ley de Seguridad Escolar para el Estado de Tamaulipas.
NIVEL LOCAL TLAXCALA	– Ley de los Derechos de Niñas, Niños y Adolescentes del Estado de Tlaxcala. – Ley de Procuración e Impartición de Justicia para Adolescentes del Estado de Tlaxcala.

NIVEL LOCAL VERACRUZ	– Ley de los Derechos de Niñas, Niños y Adolescentes del Estado de Veracruz de Ignacio de la Llave. – Ley de Desarrollo Integral de la Juventud para el Estado de Veracruz de Ignacio de la Llave.
NIVEL LOCAL YUCATÁN	– Ley de los Derechos de Niñas, Niños y Adolescentes del Estado de Yucatán. – Ley de Juventud del Estado de Yucatán.
NIVEL LOCAL ZACATECAS	– Ley de los Derechos de Niñas, Niños y Adolescentes del Estado de Zacatecas. – Ley de Justicia para Adolescentes en el Estado de Zacatecas.

Fuente. Elaboración propia con datos de diversas leyes de protección de niñas, niños y adolescentes.

El esquema anterior tiene como finalidad identificar los ordenamientos legales a nivel federal y local que buscan la protección de los derechos de niñas, niños y adolescentes en los Estados Unidos Mexicanos.

En las leyes locales en que se describen y protegen los derechos de niñas, niños y adolescentes, se les reconoce como titulares de derechos, de conformidad con lo dispuesto por el artículo primero de la Carta Magna mexicana, con la finalidad de permitirles un desarrollo integral pleno.

Cabe destacar, por ejemplo, que, en el artículo sexto de la Ley para la Protección de los Derechos de Niñas, Niños y Adolescentes del Estado de Guerrero, entre otros aspectos conceptuales y regulatorios, se establece como principios rectores de su protección y desarrollo integral, el interés superior de la infancia y adolescencia, así como su inclusión social.

De igual manera, la ley referida con antelación, en sus artículos 69 y 71 dispone que las niñas, niños y adolescentes tienen derecho a ser escuchados y tomados en cuenta en los asuntos de su interés, conforme a su edad, desarrollo evolutivo, cognoscitivo y madurez, así como a participar y ser escuchados y tomados en cuenta en todos los procesos judiciales y de procuración de justicia donde se diriman controversias que les afectan.

IV. CRITERIOS RELEVANTES DE LA SUPREMA CORTE DE JUSTICIA DE LA NACIÓN DE LA PROTECCIÓN E INCLUSIÓN SOCIAL DE LAS NIÑAS, NIÑOS Y ADOLESCENTES EN LOS PROCESOS FAMILIARES

De acuerdo con las resoluciones del más alto tribunal de la Nación en México: "el derecho de NNA a participar en los procedimientos jurisdiccionales que afecten su esfera jurídica no puede predeterminarse por una regla fija relacionada con su edad, ni aun cuando esté prevista en ley. Esto pues, como ya se ha mencionado, la edad biológica no está necesariamente relacionada con la madurez y la posibilidad de formarse un juicio o criterio propio".[49]

Es evidente que la participación de las niñas, niños y adolescentes no puede predeterminarse por una regla por su edad, pues, la edad biológica no se vincula necesariamente con la madurez y la facultad de tener un criterio propio.

Según la Suprema Corte de Justicia de la Nación: "formarse un juicio propio implica ser capaz de tener una opinión personal de las cosas que le rodean y de sus contextos más próximos para que pueda tomar decisiones sobre su persona o expresar sus ideas y sentires sobre las situaciones vinculadas a su existencia, es decir, que tenga una comprensión básica de aquello sobre lo que se manifiesta".[50]

---

49 Sentencias recaídas a la Contradicción de Tesis 256/2014, párrafo 74, y Amparo Directo en Revisión 2159/2012, resuelto el 24 de abril de 2013, p. 54.

50 Sentencia recaída al Amparo Directo en Revisión 8577/2019, op. cit., párrafo 137.

Se coincide con el más alto tribunal de justicia del país, en que para la participación en los procesos judiciales, las niñas, niños y adolescentes deben ser capaces de formar una opinión sobre su contexto y tomar las decisiones que garanticen su desarrollo integral.

Debido a lo anterior, el máximo tribunal ha pretendido garantizar el derecho de niños y niñas que se encuentran en la primera etapa de la infancia a ser escuchados dentro del procedimiento jurisdiccional. Es por ello que ha sostenido que, en atención a una justicia con perspectiva de infancia, las autoridades judiciales deben proveer la mejor forma de interactuar con niñas y niños y alcanzar su libre opinión, de acuerdo con su edad y grado de madurez, pero no rechazar la escucha sólo argumentando su temprana edad.[51]

De lo anterior, se advierte la necesidad de instrumentar métodos pedagógicos y didácticos para que las niñas y niños puedan expresar su libre opinión en la búsqueda de garantizar el interés superior de los mismos.

Para robustecer lo anterior, la Suprema Corte de Justicia de la Nación ha retomado lo sostenido por el Comité en su Observación General número 12, respecto de que niñas y niños son capaces de formarse opiniones desde muy temprana edad, incluso cuando todavía no pueden expresarse verbalmente. Por ello, podrían utilizarse formas no verbales de comunicación como el juego, la expresión corporal y facial, el dibujo y la pintura, métodos por los que desde temprana edad han demostrado la capacidad de comprender, elegir y tener preferencias.[52]

Es importante puntualizar que las adecuaciones a los procedimientos para recabar las opiniones también deben ampliarse

---

51 Ibidem, p. 50.

52 Ibidem, nota al pie 80, así como Comité de los Derechos del Niño. Observación General No. 12, op. cit., párrafo 21.

a niñas, niños y adolescentes que experimenten dificultades para expresar su opinión por alguna intersección, como pueden ser infancias y adolescencias que vivan con discapacidad, ser personas indígenas o migrantes, o bien otras que hablen un idioma distinto al del tribunal.[53]

De acuerdo con el Protocolo para juzgar con perspectiva de infancia y adolescencia: "las personas juzgadoras deberán tomar en cuenta:

a) Analizar caso por caso, haciendo un esfuerzo de individualización del estudio.
b) Ponderar la edad de las niñas, niños y adolescentes junto con sus características emocionales, cognitivas, sociales y culturales particulares.
c) Valorar la capacidad de niñas, niños y adolescentes de formarse una opinión propia.
d) Considerar el alcance que dichas opiniones tendrán en la decisión final del proceso atendiendo a su edad y madurez".[54]

Finalmente, para que las niñas, niños y adolescentes puedan tomar decisiones claras sobre los asuntos que les afectan directa o indirectamente es necesario que se respete y garantice su derecho a la información, de conformidad con el Comité de los Derechos del Niño.

Se destaca que la Corte Interamericana de Derechos Humanos ha reiterado el criterio del Comité en el sentido de que la realización del derecho de niñas, niños y adolescentes a expre-

53 Sentencia recaída al Amparo Directo en Revisión 8577/2019, op. cit., nota al pie 80. Así como Comité de los Derechos del Niño. Observación General No. 12, op. cit., párrafo 21.

54 Protocolo para juzgar con perspectiva de infancia y adolescencia. p. 75.

sar sus opiniones exige que las personas responsables de escucharles y que padres, madres, tutores o personas cuidadoras les informen de los asuntos, opciones y posibles decisiones que puedan adoptarse, así como sus consecuencias.[55]

El derecho anterior incluye el hacer del conocimiento a niñas, niños y adolescentes su derecho a ser escuchados directamente o por medio de un representante, si así lo estiman, para garantizar su interés superior y desarrollo integral.

V. CONCLUSIONES

La inclusión social representa el fundamento para que la sociedad promueva valores orientados al bien común y por ende al fin supra institucional de que todas las personas puedan disfrutar de condiciones óptimas de vida.

Es responsabilidad del Estado y de la sociedad el garantizar y tutelar el ejercicio de los derechos de niñas, niños y adolescentes a fin de que tengan la oportunidad de formarse física, mental, emocional, social y moralmente en condiciones de igualdad.

De los tratados internacionales y normatividad nacional, se advierte que las niñas, niños y adolescentes tienen derecho a que en su favor se implementen medidas de protección acordes con su edad, tanto por parte de su familia, la sociedad y el Estado, y de ser considerados iguales ante los tribunales y cortes de justicia para efectos de ser escuchados públicamente, principalmente en juicios familiares.

---

55 Corte IDH. Caso Atala Riffo y niñas vs. Chile, op. cit., párrafo 198, y Comité de los Derechos del Niño. Observación General No. 12, op. cit., párrafo 25.

La participación de las niñas, niños y adolescentes no puede predeterminarse mediante una regla apriorística diseñada atendiendo el criterio etario, pues, la edad biológica no se vincula indefectiblemente con la madurez y la facultad de tener un criterio propio.

Para la participación en los procesos judiciales, las niñas, niños y adolescentes deben ser capaces de formar una opinión sobre su contexto, por lo que es menester garantizar su derecho a la información y a tomar las decisiones que garanticen su desarrollo integral.

Finalmente, se insiste en que las autoridades se encuentran jurídicamente obligadas a hacer del conocimiento a niñas, niños y adolescentes, sobre su derecho a ser escuchados directamente o por medio de un representante, si así lo estiman, para garantizar su interés superior y desarrollo integral.

VI. FUENTES DE INVESTIGACIÓN

Banco Mundial, *La inclusión social, un compromiso a largo plazo,* 4 de febrero de 2021. En: https://www.gub.uy/ministerio-educacion-cultura/sites/ministerio-educacion-cultura/files/documentos/publicaciones/Educaci%C3%B3n%20Inclusiva%20en%20Primera%20Infancia.pdf

Sistema *de cuidados, Educación inclusiva en la primera infancia,* Enero 2020, En: https://www.gub.uy/ministerio-educacion-cultura/sites/ministerio-educacion-cultura/files/documentos/publicaciones/Educaci%C3%B3n%20Inclusiva%20en%20Primera%20Infancia.pdf

CEPAL. NACIONES UNIDAS, *Inclusión social, económica y política de las personas mayores.* 11 de diciembre de 2018. En: https://www.cepal.org/es/enfoques/inclusion-social-economica-politica-personas-mayores

Comisión Nacional de Derechos Humanos, "Informe de actividades 2022". En: http://informe.cndh.org.mx/menu.aspx?id=40071

Comité de los Derechos del Niño, *Observación General No. 7. Realización de los derechos del niño en la primera infancia,* 1 de septiembre de 2006.

Diccionario panhispánico del español jurídico, Inclusión social. En: https://dpej.rae.es/lema/inclusi%C3%B3n-social

Domínguez, Cantoral, Karla y López Muñoz, Zuleima del Carmen, "El interés superior del niño como principio rector de las políticas públicas en México: función justificativa y directiva", *Revista Latinoamericana de Derechos Humanos,* Vol. 29, Núm. 1, enero-junio de 2018, pp. 51-67, En: https://doi.org/10.15359/rldh.29-1.3

Molina, Carlota. "La inclusión social, un compromiso a largo plazo", Banco Mundial 4 de febrero de 2021. En: https://blogs.worldbank.org/es/latinamerica/la-inclusion-social-un-compromiso-largo-plazo

Semanario Judicial de la Federación

Sentencia recaída al Amparo Directo en Revisión 8577/2019, párrafo 137.

Sentencias recaídas a la Contradicción de Tesis 256/2014, párrafo 74, y Amparo Directo en Revisión 2159/2012, resuelto el 24 de abril de 2013, p. 54.

Legislación

Constitución Política de los Estados Unidos Mexicanos

Ley General de los Derechos de Niñas, Niños y Adolescentes

Ley Nacional del Sistema Integral de Justicia Penal para Adolescentes

Ley para la Protección de los Derechos de Niñas, Niños y Adolescentes del Estado de Guerrero

Instrumentos internacionales

Convención Americana sobre Derechos Humanos

Convención contra la Tortura y otros Tratos o Penas Crueles, Inhumanos o Degradantes

Convención Interamericana sobre el Tráfico Internacional de menores

Convención Interamericana sobre obligaciones alimentarias

Convención Interamericana sobre Restitución Internacional de Menores

Convención Internacional sobre la Eliminación de todas las Formas de Discriminación Racial

Convención sobre la Eliminación de todas las Formas de Discriminación contra la Mujer

Convención sobre los Derechos del Niño

Declaración de los Derechos del Niño

Declaración Universal de los Derechos Humanos

Pacto Internacional de Derechos Civiles y Políticos

Pacto Internacional de Derechos Económicos, Sociales y Culturales

La garantía de los derechos humanos y la inclusión social de las personas con discapacidad

JESÚS AGUILERA DURÁN*
JUAN PABLO RAMÍREZ NAVARRETE**
JUAN MANUEL AVILA SILVA***

Sumario: I. Introducción. II. Marco jurídico de los derechos humanos de las personas con discapacidad. III. Problemáticas relacionadas con la falta de inclusión social de las personas con discapacidad. IV. Criterios relevantes del Poder Judicial de la Federación para garantizar los derechos humanos de

---

* Profesor Investigador de Tiempo Completo de la Universidad Autónoma de Guerrero de la Licenciatura y el Posgrado en Derecho. Integrante del Sistema Nacional de Investigadores nivel 1, CONAHCYT México. Doctor en Derecho y Globalización. Correo electrónico: jesusaguilera@uagro.mx, ORCID: 0000-0001-6428-2199

** Estudiante del Doctorado en Derecho de la Universidad Autónoma de Guerrero, Programa Educativo inscrito en el SNP-CONAHCYT. Correo electrónico: jpablo_rn01@hotmail.com

*** Profesor Investigador de Tiempo Completo de la Universidad Autónoma de Guerrero de la Licenciatura y el Posgrado en Derecho. Integrante del Sistema Nacional de Investigadores nivel 1, CONAHCYT. Doctor en Derecho y Globalización. Correo electrónico: juansilva@uagro.mx, ORCID: 0000-0002-0518-0771

las personas con discapacidad. V. Conclusiones. VI. Fuentes de investigación.

I. INTRODUCCIÓN

Los Derechos Humanos "*son el conjunto de prerrogativas sustentadas en la dignidad humana, cuya realización efectiva resulta indispensable para el desarrollo integral de la persona*"[56]. Son inherentes a los seres humanos, sin ningún tipo de distinción por su condición de raza, genero, nacionalidad o discapacidad.

De conformidad con el artículo primero de la Constitución Política de los Estados Unidos Mexicanos (CPEUM) "todas las autoridades, en el ámbito de sus competencias, tienen la obligación de promover, respetar, proteger y garantizar los derechos humanos. "[57] Para ello, es indispensable que los gobiernos tomen las medidas adecuadas para el cumplimiento de estas obligaciones y las contenidas en tratados internacionales en la materia.

En ese orden de ideas, también abona la labor de los tribunales, que se encargan de tutelar los derechos humanos por medio de mecanismos jurisdiccionales, como el juicio de amparo, que es un medio de control constitucional que permite combatir las violaciones a los derechos humanos, cometidas por acción u omisión de las autoridades o de particulares cuyos actos se asemejen a los de una autoridad.

---

56 CNDH, *¿Qué son los Derechos Humanos?* consultado el 27 de febrero del 2023 en: *https://www.cndh.org.mx/derechos-humanos/que-son-los-derechos-humanos*

57 CPEUM, (Constitución Política de los Estados Unidos Mexicanos), en: *https://www.diputados.gob.mx/LeyesBiblio/ref/cpeum.htm*

El cumplimiento de esas obligaciones en materia de derechos humanos es especialmente importante para los grupos que se encuentran en algún estado de vulnerabilidad, pues al encontrarse en una desventaja social requieren una participación activa y comedida del Estado para equilibrar las asimetrías sistémicas en las que se encuentran y lograr su plena inclusión social.

Tal es el caso de las personas con discapacidad, que son un grupo que se ha visto en una situación de exclusión social, debido a discriminación por su condición. Lo que propicia que no puedan participar de manera igualitaria en la sociedad y no tener acceso a diversos servicios e incluso al disfrute pleno de sus derechos, debido al diseño mismo de la sociedad.

> A lo largo de la historia, se ha concebido a las personas con discapacidad desde el déficit y las limitaciones funcionales, se les ha considerado como incapaces de valerse por sí mismas y como una carga para su familia y la sociedad. La discapacidad ha sido colectivamente estigmatizada como un problema individual o una enfermedad que debe ser curada para que las personas estén en condiciones de ser integradas a la sociedad. Por considerar que no alcanzan el estándar de normalidad o funcionalidad exigido por la misma comunidad, se les convierte en objetos de caridad y se les incluye como beneficiarias de políticas públicas asistencialistas, en las que se les asigna un rol pasivo.[58]

De acuerdo a esa concepción histórica se ha visto a las personas con discapacidad, como seres inferiores e incapaces, que

---

[58] Pinkus Aguilar, María Fernanda, et al. *Cuadernos de Jurisprudencia: Derechos de las personas con discapacidad*, México, Centro de Estudios Constitucionales SCJN, 2022, p.1.

no se adecuan a los estándares de una sociedad "normal", lo que los hace "anormales" y por tanto la sociedad los excluye.

> Sin embargo, en los últimos años se viene defendiendo el surgimiento de un "modelo de derechos humanos" de la discapacidad. Ello surge en el ámbito doctrinario a partir de la propuesta de Theresia Degener, quien lo ha presentado como una superación del modelo social que consagra la Convención Internacional sobre los Derechos de las Personas con Discapacidad. Y se ha manifestado en el ámbito del derecho internacional de los derechos humanos, en el contexto de la labor del Comité sobre los Derechos de las Personas con Discapacidad.[59]

En otras palabras, no se trata de que se les reconozca un estatus especial o se les dé un tratamiento de privilegio, sino de que se les garanticen sus derechos humanos al igual que a los demás sectores de la sociedad. Se debe procurar que haya condiciones en las que dichas personas puedan desarrollar sus capacidades y potencial intelectual de igual forma que aquellas que no tienen ningún impedimento físico.

> "El modelo de discapacidad basado en los derechos humanos reconoce que la discapacidad es una construcción social y que las deficiencias no deben considerarse un motivo legítimo para denegar o restringir los derechos humanos."[60]

---

[59] Palacios, Agustina, "Discapacidad y Derechos Humanos", en Vázquez Encalada, Alberto (coord.) *Manual sobre Justicia y Personas con Discapacidad*, México, Suprema Corte de Justicia de la Nación, 2021, p. 17.

[60] Comité sobre los Derechos de Personas con Discapacidad, *Observación General Núm. 6*, Igualdad de oportunidades y no discriminación, párr. 9, disponible en: *https://www.ohchr.org/es/documents/general-com-*

Es decir, de acuerdo a este modelo la discapacidad no abreva de la condición con la que nacieron las personas, sino porque la sociedad está construida de tal manera que impide el acceso a los servicios y prestaciones necesarios para que una persona en condiciones diferentes pueda desarrollarse plenamente.

Se trata de un reconocimiento claro de todos como sujetos titulares de derechos y de su disfrute en igualdad. Ello conlleva superar un modelo asistencialista, rehabilitador, "pasivizador" y paternalista de protección social que actúa de espaldas al sujeto y sus deseos para construir un modelo social que lleve a la inclusión plena de la persona con discapacidad en la sociedad de la que forma parte.[61]

Dicho modelo ha sido adoptado por la Suprema Corte de Justicia de la Nación, a través de sentencias en juicios de amparo y recursos que han ido resolviendo en este tema, a través de la interpretación del derecho internacional, así como en el nacional y así ha quedado plasmado en su Protocolo para Juzgar con Perspectiva de Discapacidad, edición 2022.

Para garantizar los derechos humanos de las personas en condición de discapacidad, y permitir su inclusión social, se debe erradicar toda forma de discriminación, promover la exigibilidad del cumplimiento de sus derechos y diseñar políticas públicas, acordes a las disposiciones convencionales, que eliminen las barreras impuestas por el Estado y compensen las asi-

---

ments-and-recommendations/general-comment-no-6-article-5-equality-and-non

61 Leal Rubio, José y Santos Urbaneja, Fernando. "La Convención Internacional sobre los Derechos de las Personas con Discapacidad: modificaciones necesarias en las leyes y en las prácticas de salud mental." *Revista de la Asociación Española de Neuropsiquiatría*, Vol. 40, núm.138, 2020, pp.7-10 [Consultado: 13 de febrero de 2023]. ISSN: 0211-5735, disponible en: *https://www.redalyc.org/articulo.oa?id=265065260001*

metrías propias de una sociedad que no ha sabido reconocer la diversidad, diferencias y limitaciones de los seres humanos.

II. MARCO JURÍDICO DE LOS DERECHOS HUMANOS DE LAS PERSONAS CON DISCAPACIDAD

Las leyes deben contemplar un marco jurídico adecuado que reconozca los derechos adicionales de estas personas, que las proteja y promueva la creación de los mecanismos para su inclusión social, cultural y económica. Como también deben existir los medios jurisdiccionales adecuados para garantizar el cumplimiento de sus derechos humanos y, con ello, se eviten posibles violaciones, por acción u omisión, tanto de las autoridades como de los particulares.

Desde el marco del derecho internacional, el artículo 1° de la Convención Interamericana para la Eliminación de Todas las Formas de Discriminación contra las Personas con Discapacidad, describe que, para los efectos de dicha Convención, se entiende por:

1. Discapacidad

El término "discapacidad" significa una deficiencia física, mental o sensorial, ya sea de naturaleza permanente o temporal, que limita la capacidad de ejercer una o más actividades esenciales de la vida diaria, *que puede ser causada o agravada por el entorno económico y social.* (...)"[62]

[62] Convención Interamericana para la Eliminación de Todas las Formas de Discriminación contra las Personas con Discapacidad, disponible en: *https://www.oas.org/juridico/spanish/tratados/a-65.html*

Para esta concepción de discapacidad acorde al modelo de los derechos humanos, las deficiencias pueden ser generadas o agravadas por el entorno social y económico; es decir, sostiene la misma tesis de que el diseño y construcción de la sociedad es la que agudiza o genera la condiciones materiales e ideológicas adecuadas para que las personas se puedan desarrollar plenamente.

En el ámbito universal, otro tratado internacional, la Convención sobre los Derechos de las Personas con Discapacidad, señala también una redacción similar, porque en el artículo 1° prescribe lo siguiente:

> "Artículo 1. Propósito (...)
>
> Las personas con discapacidad incluyen a aquellas que tengan deficiencias físicas, mentales, intelectuales o sensoriales a largo plazo que, *al interactuar con diversas barreras*, puedan impedir su participación plena y efectiva en la sociedad, en igualdad de condiciones con las demás."[63]

Este instrumento jurídico internacional es coincidente con el contenido ideológico del modelo de derechos humanos de las personas con discapacidad, al señalar que al interactuar con "barreras" puede impedir su participación plena en la sociedad.

> Por otra parte, además de los tratados internacionales reseñados, diversos Comités creados por aquellos, han emitido diversas observaciones acerca de las personas con discapacidad, como es el caso de la Observación General Núm. 5 sobre personas con Discapacidad del Comité de Derechos Económicos, Sociales y Culturales, y la Observación General Núm. 9 sobre los Derechos de los Niños con

---

63 CNDH, *La Convención sobre los Derechos de las Personas con Discapacidad y su protocolo Facultativo,* México, CNDH, 2020, p. 13.

> Discapacidad del Comité sobre los Derechos del niño, las cuales sirven de guía para los Estados en la regulación de aspectos concretos de la vida de las personas con discapacidad.[64]

En el ámbito mexicano, la CPEUM en su artículo 1° dispone que: *En los Estados Unidos Mexicanos todas las personas gozarán de los derechos humanos reconocidos en esta Constitución y en los tratados internacionales de los que el Estado Mexicano sea parte, así como de las garantías para su protección, cuyo ejercicio no podrá restringirse ni suspenderse (...).* Por lo que queda claro que los derechos convencionales y constitucionales además de ser reconocidos deben ser garantizados a todas las personas, sin condición alguna.

Por su parte, el artículo 2° de la Ley General para la Inclusión de las Personas con Discapacidad, señala que la discapacidad es: "la consecuencia de la presencia de una deficiencia o limitación en una persona, que al interactuar con las barreras que le impone el entorno social, pueda impedir su inclusión plena y efectiva en la sociedad, en igualdad de condiciones

---

64 SCJN, *Protocolo para Juzgar con Perspectiva de Discapacidad,* México, Suprema Corte de Justicia de la Nación, 2022, p. 27.

con los demás.[65] Pudiendo ser física[66], mental[67], intelectual[68] o sensorial."[69]

En la definición de este precepto legal también se aprecia que el legislador mexicano hace referencia a que la discapacidad es consecuencia de una limitación que tiene una persona, al vivir en una sociedad con "barreras", entendidas como "*aquellos obstáculos o carencias del entorno que afectan a las personas con discapacidad.*"[70] Por lo que este concepto, contenido en nuestra legislación nacional, también se construye a partir del modelo de discapacidad basado en los derechos humanos.

Sobre esto la Corte Interamericana de Derechos Humanos, en el *Caso Furlán y familiares vs. Argentina,* señaló que las personas con discapacidad a menudo son objeto de discriminación a raíz de su condición, por lo que los Estados deben adoptar las medidas de carácter legislativo, social, educativo, laboral o de cualquier otra índole, necesarias para que toda discriminación asociada con las discapacidades sea eliminada, y para propiciar la plena integración de esas personas en la sociedad. El debido

---

65 Ley General para la Inclusión de las Personas con Discapacidad, disponible en: *https://www.diputados.gob.mx/LeyesBiblio/ref/lgipd.htm*

66 Secuela o malformación que deriva de una afección en el sistema neuromuscular a nivel central o periférico, dando como resultado alteraciones en el control del movimiento y la postura.

67 Alteración o deficiencia en el sistema neuronal de una persona, que aunado a una sucesión de hechos que no puede manejar, detona un cambio en su comportamiento que dificulta su pleno desarrollo y convivencia social.

68 Limitaciones significativas tanto en la estructura del pensamiento razonado, como en la conducta adaptativa de la persona.

69 Deficiencia estructural o funcional de los órganos de la visión, audición, tacto, olfato y gusto, así como de las estructuras y funciones asociadas a cada uno de ellos.

70 SCJN, *Protocolo para Juzgar con Perspectiva de Discapacidad,* óp. cit., p. 35.

acceso a la justicia juega un rol fundamental para enfrentar dichas formas de discriminación.[71]

En esta resolución dictada por el máximo tribunal interamericano queda perfectamente definido que la justiciabilidad de los derechos humanos no es el reconocimiento tan solo de un derecho de las personas con discapacidad, sino que representa una obligación de los Estados para garantizarles condiciones de igualdad y no discriminación y propiciar su pleno desarrollo en la sociedad.

En México, al menos desde los años sesenta, el acceso a la justicia se ha convertido en un tema de gran relevancia en el contexto de la evolución del llamado Estado de bienestar, en la medida en que se consideró que dicho acceso era un medio imprescindible para lograr una menor desigualdad social.[72]

Haciendo hincapié en que este derecho no se satisface con la simple existencia de tribunales, leyes preestablecidas y el derecho de los ciudadanos a acudir a las instancias judiciales. Sino que, también implica la existencia de las condiciones reales para que todas las personas puedan ver materializado ese derecho. Pues estar en una situación de vulnerabilidad, como lo es la discapacidad, tiene un impacto en la posibilidad de acceder a la justicia de manera efectiva.

> Progresivamente, la preocupación por el acceso a la justicia se ha ido abriendo paso como la preocupación por el acceso verdaderamente efectivo. Este cambio de perspectiva surge a partir de la superación de una concepción meramente liberal e indi-

---

[71] Corte IDH, *Caso Furlán y familiares vs. Argentina* (Excepciones Preliminares, Fondo, Reparaciones y Costas), doc. cit., párr. 135.

[72] Fix Fierro, Héctor y López Ayllón, Sergio, *El acceso a la justicia en México. Una reflexión multidisciplinaria,* México, UNAM, Instituto de Investigaciones Jurídicas, 2001, p. 112.

> vidualista de los derechos desde la que se muestra evidente "la confrontación entre las expectativas que surgen de la ley —teóricamente aplicable por igual a toda la ciudadanía, que puede recurrir a los tribunales de justicia para hacer valer sus derechos— y las dificultades que se desprenden de las condiciones reales de acceso a los tribunales y de la supuesta defensa de esos derechos."[73]

Hay una gran variedad de procesos jurisdiccionales para dirimir controversias, proteger y hacer valer los derechos reconocidos en la Constitución Federal, los tratados internacionales y las leyes. Para prevenir o reparar las violaciones en materia de derechos humanos en México, el juicio de amparo es el medio por excelencia para ese cometido.

Es a través del Juicio de amparo y sus recursos, que el Poder Judicial de la Federación ha construido una amplia doctrina en materia de derechos humanos de las personas con discapacidad. Pues a pesar de que el 13 de diciembre de 2006 se adoptó la Convención sobre los Derechos de las Personas con Discapacidad, y el 3 de mayo de 2008, entró en vigencia; en la eficacia y efectividad de nuestras leyes ha habido y sigue existiendo un gran rezago en esta materia.

Pero, principalmente, a partir de la reforma constitucional en materia de derechos humanos del 10 junio del 2011, la SCJN ha venido revolucionando la manera de pensar el derecho, con criterios novedosos en todas las áreas del orden jurídico nacional, lo que ha impactado también en la plena realización de los derechos humanos de las personas con discapacidad.

---

73 Barranco Avilés, M. Carmen, "Acceso a la Justicia" en Vázquez Encalada, Alberto (coord.) *Manual sobre Justicia y Personas con Discapacidad*, México, Suprema Corte de Justicia de la Nación, 2021, p. 122.

Con esa reforma, se modificaron diversos artículos de la CPEUM, pero sin duda, uno de los más importantes fue el artículo Primero que, con la reforma, quedó establecido en los términos siguientes:

> "En los Estados Unidos Mexicanos todas las personas gozarán de los derechos humanos reconocidos en esta Constitución y en los tratados internacionales de los que el Estado Mexicano sea parte, así como de las garantías para su protección (...)
>
> Las normas relativas a los derechos humanos se interpretarán de conformidad con esta Constitución y con los tratados internacionales de la materia favoreciendo en todo tiempo a las personas la protección más amplia."[74]

Con esto se introdujo el control de convencionalidad y los principios pro persona y de interpretación conforme, estos principios se han convertido en herramientas con las que la Suprema Corte de Justicia de la Nación, ha venido armonizando el derecho internacional de los derechos humanos, con el derecho interno, lo que ha sido muy importante en la evolución de la justiciabilidad de los derechos de las personas con discapacidad, debido a que el derecho internacional ha ido más a la vanguardia en esa materia.

Aunado a que este mismo artículo Primero constitucional, en su párrafo quinto, establece:

> "Queda prohibida toda discriminación motivada por origen étnico o nacional, el género, la edad, *las discapacidades*, la condición social, las condiciones de salud, la religión, las opiniones, las preferencias sexuales, el estado civil o cualquier otra que atente contra la dignidad humana y tenga por objeto anular o menoscabar los derechos y libertades de las personas."[75]

---

74 CPEUM, *óp. cit.*

75 *Ídem.*

Este principio constitucional de prohibición de la discriminación, es de vital importancia en un Estado moderno, pues la discriminación trae efectos nocivos para los miembros o grupos de la sociedad que la sufren, como la marginación, falta de oportunidades, abusos etc. Se debe poner especial atención a la discriminación motivada por la discapacidad, pues como se ha sostenido, esa condición se ha utilizado históricamente para estigmatizar y degradar injustificadamente a las personas que se encuentran en esa categoría.

Aunado a que este principio no se limita a lo formal, es decir, a ser una prohibición o a "ser iguales ante la ley". Sino que también impone la obligación del Estado de "remover y/o disminuir los obstáculos sociales, políticos, culturales, económicos o de cualquier otra índole que impiden a ciertas personas o grupos sociales gozar o ejercer de manera real y efectiva sus derechos humanos en condiciones de paridad con otro conjunto de personas o grupo social."[76]

Se impone también la obligación a los tribunales del país a que en los procesos jurisdiccionales haya igualdad procesal, por medio de detectar y eliminar las desigualdades que existan entre los intervinientes en los procesos, por medio de ajustes razonables de acuerdo a cada caso y necesidades en concreto.

Lo anterior es así porque, "*las personas con discapacidad tienen derecho a una protección especial por parte del Estado para garantizar su acceso a la justicia en condiciones de igualdad, en las dimensiones jurídica, física y comunicacional.*"[77]

La dimensión jurídica se refiere a la autonomía de la voluntad y a la igualdad en los procesos jurisdiccionales. La física, a que puedan acceder a los edificios en los que se llevan a cabo

---

76 SCJN, Primera Sala, en Revisión Amparo Directo 3788/2017, México, 9 de mayo del 2018, p. 33.

77 *Ibidem*, p. 34.

los procedimientos jurisdiccionales. La dimensión comunicacional a que se le proporcione toda la información relevante a una persona con discapacidad, que esté disponible en formatos de comunicación que pueda comprender fácilmente, como lenguaje de señas, sistema de escritura Braille, herramientas digitales, o en un texto de lectura fácil.[78]

Estas cuatro dimensiones son indispensables y deben tomarse en cuenta para estar en posibilidades de lograr una igualdad en los procesos jurisdiccionales, en los que participen personas con discapacidad. Pues como se ha señalado, para que haya un verdadero acceso a la justicia en condiciones de igualdad, se deben de eliminar todos los obstáculos particulares que se presenten, de acuerdo a las necesidades que surgen debido a las diferencias de capacidades de cada persona.

Entonces, el acceso a la justicia como derecho humano de las personas con discapacidad, está íntimamente relacionado con el derecho a la igualdad y la no discriminación. Pues un efectivo acceso a la justicia presupone necesariamente que se tomen en cuenta las condiciones específicas de las personas con discapacidad para lograr una igualdad procesal.

En ese orden de ideas, las medidas para lograr la igualdad, se les conoce como ajustes razonables y ajustes a los procedimientos; sobre los primeros el artículo 2º, de la Convención sobre los Derechos de las Personas con Discapacidad, señala:

> Por "ajustes razonables" se entenderán las modificaciones y adaptaciones necesarias y adecuadas que no impongan una carga desproporcionada o indebida, cuando se requieran en un caso particular, para garantizar a las personas con discapacidad el goce o ejercicio, en igualdad de condiciones con

---

[78] *Ibidem.* p.28.

> las demás, de todos los derechos humanos y libertades fundamentales".[79]

Estos ajustes van encaminados a lograr una equidad sustantiva o material para poder acceder a todos los derechos humanos, entre ellos el del acceso a la justicia. Asimismo, dentro de los procedimientos jurisdiccionales también se requieren ajustes para lograr una igualdad procesal, sobre ese punto el artículo 13, de la Convención sobre los Derechos de las Personas con Discapacidad, establece:

> Los Estados Partes asegurarán que las personas con discapacidad tengan acceso a la justicia en igualdad de condiciones con las demás, incluso mediante ajustes de procedimiento y adecuados a la edad, para facilitar el desempeño de las funciones efectivas de esas personas como participantes directos e indirectos, incluida la declaración como testigos, en todos los procedimientos judiciales, con inclusión de la etapa de investigación y otras etapas preliminares.[80]

Con esta disposición se vincula a los Estados para que se tomen las medidas necesarias en sus territorios que permitan desvanecer los impedimentos que restrinjan la igualdad de las personas con discapacidad, faciliten su inclusión social y promuevan un equilibrio social que permita cumplir con las obligaciones convencionales que protegen y garantizan sus derechos humanos.

---

[79] CNDH, Convención sobre los Derechos de las Personas con Discapacidad, *óp. cit.*, art. 2, párrafo quinto, p. 13.

[80] CNDH, Convención sobre los Derechos de las Personas con Discapacidad, *óp. cit.*, art. 13, párrafo quinto, p. 22.

Esto implica que las personas juzgadoras deben tener cierta flexibilidad en la respuesta jurídica para atender las especificidades de los casos en los que estén involucradas personas con discapacidad, a fin de salvaguardar el principio de igualdad y no discriminación.[81]

Máxime que, como cualquier otra medida, de carácter extraordinario, no opera en automático. Pues la persona juzgadora debe analizar si la discapacidad sufrida por alguno de los intervinientes le dificulta, impide, o desequilibra su participación en el proceso en condiciones de igualdad, ya que las deficiencias pueden ser "físicas, mentales o sensoriales"; permanentes o temporales; graves o moderadas; y estas circunstancias deben ser analizadas en cada caso en concreto, para determinar si es necesario implementar son algunos ajustes razonables que mantengan el equilibrio procesal entre las partes.

> "El objetivo es que las personas en condiciones de discapacidad tengan un acceso creciente y progresivo al desarrollo humano, a la seguridad humana y al ejercicio de los derechos humanos, bajo un enfoque de los derechos humanos que consolide una perspectiva hacia la inclusión social".[82]

III. PROBLEMÁTICAS RELACIONADAS CON LA FALTA DE INCLUSIÓN SOCIAL DE LAS PERSONAS CON DISCAPACIDAD

De acuerdo a los datos de la Organización Mundial de la Salud (OMS), se calcula que 1300 millones de personas, es de-

---

81 *Ibidem.* p. 43.

82 Araque Barboza, Francis, et al. "Discapacidad, familia y derechos humanos." *Utopía y Praxis Latinoamericana,* Vol. 24, núm.3, 2019, pp.206-216 [Consultado: 13 de febrero de 2023]. ISSN: 1315-5216. Disponible en: *https://www.redalyc.org/articulo.oa?id=27961483013*

cir, el 16% de la población mundial, sufren actualmente una discapacidad importante. Esta cifra está aumentando debido al crecimiento de las enfermedades no transmisibles y a la mayor duración de la vida de las personas.

De ahí que la discapacidad es un fenómeno global, que representa un gran reto para los distintos países, porque no es tarea fácil lograr el diseño y ejecución adecuada de políticas públicas enfocadas en lograr una igualdad sustantiva a través de eliminar todas las barreras sociales, ideológicas y materiales que impiden que las personas con discapacidad tengan acceso a todos los beneficios de la sociedad.

Aunado a esta situación, nuestra realidad continental agudiza la situación. América es considerada como una de las regiones de mayor desigualdad en el mundo. Esto complica la inclusión social de las personas con discapacidad en nuestro continente, pues en una región donde ya reina la desigualdad, los grupos en situación de vulnerabilidad son los más afectados por la mala distribución de los recursos.

En el caso de México de acuerdo con el Censo de Población y Vivienda 2020, del total de población en el país (126 014 024), el 5.7% (7 168 178) tiene discapacidad y/o algún problema o condición mental. La actividad con dificultad más reportada entre las personas con discapacidad y/o condición mental es caminar, subir o bajar (41%).[83]

De acuerdo a estos datos elaborados por el Instituto Nacional de Estadística y Geografía (INEGI), se observa un porcentaje de personas con discapacidad en México (5.7 %) que es más bajo que el presentado a nivel mundial (16%) en los informes elaborados por la Organización Mundial de la Salud.

---

83 INEGI. Comunicado de prensa núm. 713/21, 3 de diciembre de 2021, disponible en: https://www.inegi.org.mx/contenidos/saladeprensa/aproposito/2021/EAP_PersDiscappdf

Del total de personas con discapacidad y/o algún problema o condición mental (7 168 178), 2.9 millones reporta que caminar, subir o bajar, así como ver, aun usando lentes con casi 2.7 millones de personas son las actividades con mayor dificultad para su realización y hablar o comunicarse es la actividad menos reportada 945 mil. Las personas que declaran algún problema o condición mental representan casi 1.6 millones.[84]

Estas cifras sobre la discapacidad son alarmantes, porque los efectos de la discapacidad en las personas se ven potenciados por la desigualdad y la pobreza, aunado a que "México es uno de los países más desiguales de América Latina, la mitad de nuestra población se encuentra en condiciones de pobreza".[85]

El problema de la pobreza y la mala distribución de los recursos también se relaciona en el ámbito institucional, pues para que los tribunales cumplan con sus objetivos se necesita un presupuesto suficiente, de no tenerlo, afecta el grado de eficacia y eficiencia en las respuestas institucionales, al generar sobrecarga de trabajo, por no poder crear más juzgados, infraestructura y áreas de atención.[86]

Máxime que, como se ha sostenido, las personas con discapacidad tienen derecho a una protección especial por parte de las autoridades, por su situación de desventaja social; pero eso implica la existencia de mecanismos e infraestructura adecuada, así como la capacitación del personal en materia de discapacidad; lo que se traduce en más recursos materiales y humanos.

---

84 *Ibidem.* p. 4.

85 CONAHCYT, *La verdadera pandemia es la desigualdad, no la covid-19*, 2021, consultado el 02 de marzo del 2023. *https://conacyt.mx/la-verdadera-pandemia-es-la-desigualdad-no-la-covid-19/*

86 Cfr. Rodríguez Vázquez, Miguel Ángel, *Los retos y la problemática a enfrentar en los poderes judiciales de las entidades federativas*, México, UNAM, Instituto de Investigaciones Jurídicas, pp. 402-414.

Estos problemas son complejos y multifactoriales. Así también de esa índole deben ser las acciones que se tienen que tomar para solucionar un problema de esta envergadura, concentrándose no tan solo en mejorar la administración de justicia, sino también ejecutar medidas legislativas y administrativas que permitan solucionar las desigualdades sociales y la falta de oportunidades para las personas que tienen alguna discapacidad.

Pues, así como el problema genera efectos que impactan en diversas áreas de la vida de las personas con discapacidad, así también se tienen que tomar medidas de atención desde las diversas ciencias, instituciones y sectores.

IV. CRITERIOS RELEVANTES DEL PODER JUDICIAL DE LA FEDERACIÓN PARA GARANTIZAR LOS DERECHOS HUMANOS DE LAS PERSONAS CON DISCAPACIDAD

Las personas con discapacidad no tan solo tienen que lidiar con la discriminación por esa condición, incluso, se les ha tratado de despojar de la personalidad jurídica para reclamar el cumplimiento de sus derechos humanos, lo que les representa otra complicación legal más para vivir una vida digna y libre de violencia en sus derechos constitucionales.

Así se puede apreciar en la Jurisprudencia emitida por la Primera Sala, al resolver una revisión en la que:

> Una mujer y su madre acudieron a un juicio ordinario civil para reclamar una indemnización por daños. La señora alegó que había sido institucionalizada sin su consentimiento por catorce años, que la habían separado de su familia y privado de la relación con su hija, quien había sido dada en adopción. Además, sostuvo que había sido sometida a

medicación forzada y tratos inhumanos. El Juez de primera instancia requirió a las actoras para que presentaran copias certificadas del juicio de interdicción que se había llevado en contra de una de ellas. Posteriormente, consideró incumplido el requerimiento y tuvo por no admitida la demanda. La Sala Civil confirmó la decisión al considerar que la actora no contaba con capacidad jurídica para acudir al juicio y era necesario que su tutora ejerciera su representación. Las actoras presentaron demanda de amparo. El Tribunal Colegiado consideró que no era materia del juicio de amparo analizar la capacidad jurídica de la quejosa, toda vez que la acción ejercida en el juicio ordinario civil fue de indemnización por daños y no de cese de interdicción. En revisión, las quejosas argumentaron que la capacidad jurídica debe reconocerse en cualquier procedimiento.

Criterio jurídico: Debe reconocerse capacidad jurídica –sin participación del tutor– no sólo en los juicios cuya materia sea la declaración o el cese de la interdicción, sino en todos los procedimientos en los que esta figura sea un factor de decisión, ya sea que se plantee como acto destacado o como norma de procedimiento aplicable al caso.

Justificación: La Primera Sala ha sido contundente en concluir que la figura del estado de interdicción es inconstitucional porque vulnera el derecho a la igualdad y no discriminación, el derecho de acceso a la justicia, así como el derecho de igual reconocimiento previsto en el artículo 12 de la Convención

> sobre los Derechos de las Personas con Discapacidad.[87]

Con esto se derriba el argumento largamente esgrimido sobre que las personas con discapacidad no tienen capacidad jurídica para presentarse en juicio y necesariamente deben ser representadas, porque además de atentar contra sus derechos humanos atenta contra su propia dignidad al excluírseles de presenciar los actos procesales en los que se están dirimiendo asuntos que les atañe y que no en pocas veces les ocasiona un detrimento en el reconocimiento de sus facultades, su patrimonio o lo que es peor aún, en sus derechos.

En otro caso, un Tribunal Colegiado de Circuito para garantizar los derechos humanos de las personas con discapacidad y que se puede interrelacionar con otros derechos, se tuvo que pronunciar respecto del siguiente caso:

> Los ascendientes de una menor de edad con Síndrome Phelan-McDermid solicitaron a una compañía aseguradora la contratación de una póliza de seguro de gastos médicos mayores en favor de aquella. La aseguradora rechazó la solicitud, refiriendo que no contaba con un producto que cubriera las necesidades específicas de protección. Contra ello se promovió juicio de amparo indirecto, argumentándose que el verdadero motivo del rechazo fue la condición de la niña, por ser una persona con discapacidad. El Juez de Distrito sobreseyó al estimar que la aseguradora no tiene el carácter de autoridad para efectos del juicio. In-

---

87 Registro digital: 2025659, Tesis: 1a./J. 161/2022 (11a.) Semanario Judicial de la Federación. Undécima Época, viernes 9 de diciembre de 2022 10:21 horas, Registro digital: 2025659.

conformes, los quejosos interpusieron recurso de revisión.

Criterio jurídico: Este Tribunal Colegiado de Circuito determina que el rechazo de la solicitud de un seguro de gastos médicos mayores en favor de una menor de edad con discapacidad por parte de una aseguradora, constituye un acto de autoridad para efectos de la procedencia del juicio de amparo indirecto, ya que tratándose de personas que ostentan una diversidad funcional (discapacidad), dichas compañías están obligadas a aplicar las medidas de naturaleza negativa previstas en la legislación nacional e internacional de tutela a favor de ese segmento de la sociedad y, por ende, en la contratación de esa clase de seguros no ejercen sólo una actividad privada, sino que llevan a cabo la materialización de una política pública que las constriñe a actuar en un sentido concreto, pues desarrollan de manera indirecta una actividad que es propia del Estado: garantizar el derecho a la salud de las personas, el cual debe realizarse en condiciones de igualdad y no discriminación, cuya tutela corresponde, en principio, al Estado.

Justificación: En este sentido, no se actualiza la causa de improcedencia de la acción de amparo indirecto contra el rechazo a la solicitud de contratar un seguro de gastos médicos de una menor de edad con discapacidad, pues el actuar de la aseguradora no se limitó al ámbito de lo privado, ya que si bien es cierto que dicho acto tiene sustento en el derecho a la libertad de contratación y autonomía de la voluntad de dicha persona moral, también lo es que su actividad es desarrollada en ejercicio de una autorización especial conferida por el Estado en términos del artículo 25 de la Ley de Institu-

> ciones de Seguros y de Fianzas, donde uno de los bienes jurídicos protegidos mediante la celebración de los contratos de seguros de gastos médicos mayores es el derecho a la salud de las personas. Además, dicho rechazo debe ser analizado para determinar si se emitió conforme a los derechos a la igualdad y a la no discriminación, debido a que se trata de una menor de edad con discapacidad.[88]

En este pronunciamiento queda de manifiesto que no tan solo se está discriminando por la condición de persona con discapacidad sino atenta contra el interés superior de la menor, contra las disposiciones especiales que revisten los derechos humanos de los menores y de las personas con discapacidad como se dispone en diversas convenciones y tratados internacionales en materia de derechos humanos de los que México es parte.

En otro caso paradigmático, sucedido en Chiapas, la Primera Sala de la SCJN se pronunció respecto de una violación sobre una menor de edad que tenía la condición de persona con discapacidad, al tenor de los siguientes:

> Hechos: Una persona con parálisis cerebral severa y en condiciones de pobreza y marginación fue víctima de violación sexual cuando era menor de edad. El director del Hospital General en el Estado de Chiapas le negó la posibilidad de interrumpir el embarazo producto del delito del que fue víctima, por encontrarse fuera del plazo de noventa días después de la concepción, establecido en el artículo 181 del Código Penal de la entidad. Por

---

88 Tesis: (IV Región) 1o.19 A (11a.), Semanario Judicial de la Federación. Undécima Época, viernes 9 de diciembre de 2022 10:21 horas, Registro digital: 2025622.

tal motivo, la madre de la menor de edad, por su propio derecho y en representación de su hija, promovió un juicio de amparo indirecto en el que impugnó la constitucionalidad de dicha negativa y del artículo 181 del Código Penal para el Estado de Chiapas; el Juez de Distrito del conocimiento negó el amparo solicitado y la quejosa interpuso la revisión.
Criterio jurídico: La Primera Sala de la SCJN determina que el artículo 181 del Código Penal para el Estado de Chiapas, en su porción normativa que prevé que el delito de aborto no será punible cuando el embarazo sea consecuencia de una violación, siempre y cuando se verifique dentro de los noventa días a partir de la concepción, resulta inconstitucional por ser violatorio de los derechos de las personas con discapacidad, de las menores de edad, así como de las personas en condiciones de pobreza y marginación.
Justificación: El artículo 181 del Código Penal para el Estado de Chiapas es inconstitucional, pues inadvierte que las personas con discapacidad, las menores de edad y las personas en condiciones de pobreza y marginación son grupos que por su situación de vulnerabilidad, pudieran ni siquiera saber que presentan un embarazo producto de una violación, por lo que no pueden acudir a los servicios de salud en los tiempos que marca la norma. Por tanto, el plazo único y genérico que establece la norma impugnada, evidentemente vulnera los derechos de estos grupos vulnerables.[89]

---

[89] Tesis: 1a./J. 70/2022 (11a.), Semanario Judicial de la Federación. Undécima Época, viernes 10 de junio de 2022 10:16 horas, Registro digital: 2024773.

En la resolución de este caso, el Poder Judicial de la Federación está mostrando como se debe estudiar una situación planteada ante los tribunales jurisdiccionales en la que se puede eliminar la discriminación interseccional en contra de las personas con discapacidad, porque no solamente se debe atender tal condición, sino visualizar y poner en contexto las afectaciones que surgen por ser niñas, mujeres, personas marginadas o cualquier otra que menoscabe sus derechos humanos y les impida ser tratados como las demás personas dentro de la sociedad, solamente de esa manera se podrá alcanzar una verdadera inclusión social de este grupo vulnerable.

V. CONCLUSIONES

Las personas con discapacidad históricamente han sido marginadas y discriminadas por su condición. No se les ha tomado en cuenta en la toma de decisiones, porque la sociedad ha sido construida sin considerar sus necesidades, lo que provoca que, actualmente, tengan obstáculos o carencias para desarrollarse plenamente.

A nivel mundial, la población que se encuentra en esta condición de acuerdo a las cifras de la OMS es del 16%, que es un gran porcentaje de la población, por lo que se debe poner cada vez mayor énfasis en propiciar condiciones más justas e igualitarias para que las personas en condición de discapacidad puedan tener acceso al goce y disfrute de todos sus derechos humanos.

Para combatir los problemas y desigualdades de este fenómeno, resulta de vital importancia una visión institucional de la discapacidad, aplicar eficazmente el modelo de derechos humanos de la discapacidad, de forma progresiva, universal y sin discriminación que permitan eliminar las barreras sociales, estructurales y económicas para promover su plena inclusión social.

El acceso a la justicia es de vital importancia para lograr la igualdad sustantiva de las personas con discapacidad, pues por medio de los procesos jurisdiccionales se pueden hacer valer sus derechos humanos ante el Estado y ante abusos de los particulares y con ello mejorar sus condiciones de vida.

En México por medio del uso de los mecanismos jurisdiccionales como el juicio de amparo, la Suprema Corte de Justicia de la Nación ha creado toda una nueva doctrina de los derechos humanos de las personas con discapacidad, en la que principalmente se ha dado la apropiación de los tratados internacionales en la materia, del control de convencionalidad y el nuevo paradigma del parámetro de regularidad constitucional.

Gracias a todas estas nuevas herramientas jurídicas, actualmente se puede exigir a los tribunales juzguen desde una perspectiva de discapacidad, donde se ponga de relieve las desigualdades generadas por las barreras impuestas por la sociedad y realicen ajustes razonables en el procedimiento para lograr la accesibilidad de las personas con discapacidad a la asistencia legal y acceso a la justicia antes, durante y después de los procesos legales.

Hay mucho más por hacer, porque garantizar los derechos humanos de las personas con discapacidad es un imperativo constitucional y convencional y se debe materializar de forma objetiva para alcanzar una verdadera inclusión social de este grupo vulnerable de la sociedad.

VI. FUENTES DE INVESTIGACIÓN

Araque Barboza, Francis, et al. "Discapacidad, familia y derechos humanos." *Utopía y Praxis Latinoamericana*, Vol. 24, núm.3, 2019.

Barranco Avilés, M. Carmen, "Acceso a la Justicia" en Vázquez Encalada, Alberto (coord.) *Manual sobre Justicia y Personas con Discapacidad*, México, Suprema Corte de Justicia de la Nación, 2021.

CNDH, *La Convención sobre los Derechos de las Personas con Discapacidad y su protocolo Facultativo*, México, CNDH, 2020.

CNDH. ¿Qué son los Derechos Humanos? disponible en: *https://www.cndh.org.mx/derechos-humanos/que-son-los-derechos-humanos*

Comité sobre los Derechos de Personas con Discapacidad, *Observación General Núm. 6*, Igualdad de oportunidades y no discriminación, 2018, disponible en: *https://www.ohchr.org/es/documents/general-comments-and-recommendations/general-comment-no-6-article-5-equality-and-non*

CONAHCYT, *La verdadera pandemia es la desigualdad, no la covid-19*, 2021, consultado el 02 de marzo del 2023, disponible en: *https://conacyt.mx/la-verdadera-pandemia-es-la-desigualdad-no-la-covid-19/*

Convención Interamericana para la Eliminación de Todas las Formas de Discriminación contra las Personas con Discapacidad, disponible en: *https://www.oas.org/juridico/spanish/tratados/a-65.html*

Corte Interamericana de Derechos Humanos, *Caso Furlán y familiares vs. Argentina* (Excepciones Preliminares, Fondo, Reparaciones y Costas), doc. cit., párr. 135.

CPEUM, (Constitución Política de los Estados Unidos Mexicanos), disponible en: *https://www.diputados.gob.mx/LeyesBiblio/ref/cpeum.htm*

Fix Fierro, Héctor y López Ayllón, Sergio, *El acceso a la justicia en México. Una reflexión multidisciplinaria*, México, UNAM, Instituto de Investigaciones Jurídicas, 2001.

Flores Velasco, Aarón Ernesto, "El acceso a la justicia para las personas con discapacidad intelectual desde el enfoque de los derechos humanos." *Métodhos. Revista Electrónica de Investigación Aplicada en Derechos Humanos*, Vol.., núm.11, 2016.

Comunicado de prensa núm. 713/21, 3 de diciembre de 2021, https://www.inegi.org.mx/contenidos/saladeprensa/aproposito/2021/EAP_PersDiscap21.pdf

Leal Rubio, José, y Santos Urbaneja, Fernando, "La Convención Internacional sobre los Derechos de las Personas con Discapacidad: modificaciones necesarias en las leyes y en las prácticas de salud mental." *Revista de la Asociación Española de Neuropsiquiatría*, Vol. 40, núm.138, 2020.

Ley General para la Inclusión de las Personas con Discapacidad. disponible en: *https://www.diputados.gob.mx/LeyesBiblio/ref/lgipd.htm*

Discapacidad, 02 de diciembre del 2022, consultado el 26 de febrero del 2023. https://www.who.int/es/news-room/fact-sheets/detail/disability-and-health

Palacios, Agustina, "Discapacidad y Derechos Humanos", en Vázquez Encalada, Alberto (coord.) *Manual sobre Justicia y Personas con Discapacidad*, México, Suprema Corte de Justicia de la Nación, 2021

Pinkus Aguilar, María Fernanda, *Cuadernos de Jurisprudencia, Derechos de las personas con discapacidad*, México, Centro de Estudios Constitucionales SCJN, 2022.

Rodríguez Vázquez, Miguel Ángel, *Los retos y la problemática a enfrentar en los poderes judiciales de las entidades federativas*, México, UNAM, Instituto de Investigaciones Jurídicas.

SCJN, *Manual sobre Justicia y Personas con Discapacidad*, México, Suprema Corte de Justicia de la Nación, 2021.

SCJN, Primera Sala, Amparo Directo en Revisión 3788/2017, México, 9 de mayo del 2018.

SCJN, *Protocolo para Juzgar con Perspectiva de Discapacidad*, México, Suprema Corte de Justicia de la Nación, 2022.

Tesis: 1a./J. 161/2022 (11a.) Semanario Judicial de la Federación. Undécima Época, viernes 9 de diciembre de 2022 10:21 horas, Registro digital: 2025659.

Tesis: (IV Región) 1o.19 A (11a.), Semanario Judicial de la Federación. Undécima Época, viernes 9 de diciembre de 2022 10:21 horas, Registro digital: 2025622.

Tesis: 1a./J. 70/2022 (11a.), Semanario Judicial de la Federación. Undécima Época, viernes 10 de junio de 2022 10:16 horas, Registro digital: 2024773.

Inclusión social y derechos digitales

VERA JUDITH VILLA GUARDIOLA*
ZULY DAYAN BRITO MARBAN**
MIGUEL ÁNGEL HERNÁNDEZ GÓMEZ***

Sumario: I. Conceptualización de la inclusión y el derecho digital en el derecho contemporáneo. II. Marco jurídico del derecho digital en México. III. Antecedentes históricos de la inclusión social en México. IV. Principales problemáticas de la inclusión derivadas del uso de las tecnologías. V. Fuentes de investigación.

* Profesora Investigadora de Tiempo Completo de la Universidad Autónoma de Guerrero (UAGro) de la Licenciatura y el Posgrado en Derecho. Doctora en Derecho y Globalización. Integrante del Sistema Nacional de Investigadores nivel 1, CONAHCYT México. Correo electrónico: veravilla@uagro.mx ORCID: 0000-0003-3222-3375

** Estudiante del Posgrado en Derecho de la Universidad Autónoma de Guerrero (UAGro), programa inscrito en el PNPC-CONAHCYT México. Correo electrónico: 06271477@uagro.mx ORCID: 0009-0009-1294-466X

*** Profesor Investigador de Tiempo Completo de la Universidad Autónoma de Guerrero de la Licenciatura y el Posgrado en Derecho. Doctor en Ciencias Sociales por la Universidad Autónoma de Guerrero y Doctor en Derecho por el Centro de Investigaciones Jurídicas CENIJUR. Correo electrónico: 13841@uagro.mx, inter_academico@hotmail.com, ORCID: 0000-0002-2779-1119

I. CONCEPTUALIZACIÓN DE LA INCLUSIÓN Y EL DERECHO DIGITAL EN EL DERECHO CONTEMPORÁNEO

Mucho se habla de la inclusión social y su impacto a favor de los grupos en situación de vulnerabilidad de la sociedad mexicana; para lograr el objetivo de la inclusión, el Estado implementa políticas públicas en los tres órdenes de gobierno; la inclusión social en el derecho digital formula accesos a las tecnologías de los miembros de grupos minoritarios sin características de discriminación, empero la brecha digital predispone un repunte superior al avance de la inclusión social en las tecnologías de la información.

Bajo la premisa expuesta, a continuación, se hará alusión especial a la delimitación y descripción de los principales conceptos que se encuentran comprendidos en la temática integral en abordaje.

1. Derechos humanos

En la posmodernidad, la petición del cumplimiento a la garantía de los derechos humanos prevalece en una constante demanda cotidiana de gobernados a gobernantes, en el conocimiento básico de una obligación del Estado, cuyo concepto es definido por la Organización de las Naciones Unidas, como:

> *derechos inherentes a todos los seres humanos, sin distinción alguna de raza, sexo, nacionalidad, origen étnico, lengua, religión o cualquier otra condición. Entre los derechos humanos se incluyen el derecho a la vida y a la libertad; a no estar sometido ni a esclavitud ni a torturas; a la libertad de opinión y de expresión; a la educación y al*

> *trabajo, entre otros muchos. Estos derechos corresponden a todas las personas, sin discriminación alguna.*[90]

En esa sinergia, los derechos humanos pertenecen a toda persona sin importar su condición, como una característica propia que le es reconocida con su integración a la sociedad, como sujeto de derecho; el Estado en consecuencia debe asumir su rol o condición garantista frente a cualquier ser humano, por lo que entonces la importancia de la existencia de los derechos humanos radica en el equilibrio que la sociedad organizada debe guardar y procurar a través del otorgamiento suficiente de facultades al Estado como autoridad responsable; el reconocimiento mencionado no se ha de observar como un otorgamiento que se confiere con el propio nacimiento del ser humano, sino como un reconocimiento a una peculiaridad propia del sujeto, constitutiva o inherente a su persona, siendo esta misma peculiaridad clave fundamental para la integración integral a la sociedad, así como para el goce pleno de su vida, asumiendo que sus derechos humanos en conjunto le prometen el acceso a una vida digna.

Con el surgimiento de los derechos humanos y su proclamación mediante documentos como la Declaración de los Derechos Humanos, han emanado organizaciones exclusivas de vigilancia al cumplimiento de los mismos como la Organización de las Naciones Unidas, que brindan singular atención a grupos en situación de vulnerabilidad, minorías a las que sus derechos humanos no son garantizados en igualdad de condiciones y cuya esfera jurídica se ve lacerada por distinciones impuestas por parte de la sociedad y el mismo Estado, de manera directa o indirecta, por acción u omisión en razón de la edad, sexo, condición económica, discapacidades, color de piel, preferen-

---

90 Organización de las Naciones Unidas, "derechos humanos", Desafíos globales, Derechos humanos | Naciones Unidas

cia sexual y origen, entre muchos otros, haciéndolos sujetos de discriminación y desigualdad en el goce de derechos.

2. Acceso a la información

Para la sociedad mexicana el derecho de acceso a la información es tutelado a través de la Constitución Política de los Estados Unidos Mexicanos en su artículo 6 párrafo segundo, como un derecho humano que permite a los gobernados acceder a la información pública que genere o posea cualquier institución gubernamental de los tres órdenes de gobierno, al decir que: "Toda persona tiene derecho al libre acceso a información plural y oportuna, así como a buscar, recibir y difundir información e ideas de toda índole por cualquier medio de expresión".[91]

Al obtener la categoría de derecho humano, las características del ejercicio del mismo bajo el principio de progresividad se ven facilitadas, y, lo que en un principio se ejecutaba con una acreditación de identidad y justificación ante una solicitud de información, con la creación de la vigente Ley General de Transparencia[92], los citados requisitos fueron abolidos, quedando únicamente como obligación el señalamiento de un medio de notificación de respuesta a la solicitud de información planteada, mientras que la identidad queda opcional y no procede la exigencia de la acreditación de la misma para la entrega de una respuesta por parte de los entes públicos.

---

91 Artículo 6 de la Constitución Política de los estados Unidos Mexicanos, p 12 Constitución Política de los Estados Unidos Mexicanos (diputados.gob.mx)

92 Ley General de Transparencia y Acceso a la Información, consultado en el link Ley General de Transparencia y Acceso a la Información Pública (diputados.gob.mx), marzo de 2023

No debe pasar desapercibido que, como lo ha expuesto el Pleno de la Suprema Corte de Justicia de la Nación en la tesis P./J. 54/2008, publicada en el Semanario Judicial de la Federación y su Gaceta, Novena Época, Tomo XXVII, junio de 2008, página 743, de rubro: "ACCESO A LA INFORMACIÓN. SU NATURALEZA COMO GARANTÍAS INDIVIDUAL Y SOCIAL.", el derecho de acceso a la información consagrado en el artículo 6 de la Constitución Federal contiene una doble dimensión: individual y social.

En su primer aspecto o dimensión, el derecho en cuestión cumple con la función de maximizar el campo de la autonomía personal, posibilitando el ejercicio de la libertad de expresión en un contexto de mayor diversidad de datos, voces y opiniones, mientras que un análisis del segundo aspecto arroja la mirada de un derecho colectivo o social que tiende a revelar el empleo instrumental de la información no sólo como factor de autorrealización personal, sino como un mecanismo de control institucional, pues se trata de un derecho fundado en una de las características principales del gobierno republicano, que es la publicidad de los actos de gobierno y la transparencia en el actuar de la administración, conducente y necesaria para la rendición de cuentas.

Bajo el precepto constitucional antes comentado, el derecho humano de acceso a la información emerge en el ámbito de la libertad de acceso a información de carácter público con limitaciones a la vida privada, surgido con la reforma constitucional de 2014 el derecho humano de acceso a la información a la par con el derecho de protección de datos personales es garantizado por el Instituto Nacional de Transparencia, Acceso a la Información y Protección de Datos Personales, con un ámbito de competencia federal y en un plano secundario como segunda instancia en lo estatal, así como también con carácter de jurisdicción para entes particulares con los estatutos de la Ley Federal de Transparencia y Acceso a la Información, es así que debido al impacto de este derecho humano y sus múltiples características, el Estado mexicano necesariamente emerge su regulación, vigilancia y cumplimiento mediante órganos garantes locales en cada entidad del país mexicano, encargados de cumplir y hacer cumplir las normas locales emanadas de la citada Ley General de Transparencia y Acceso a la Información Pública en cada Estado.

Se considera entonces que cualquier persona tiene derecho de acceder a la información, sin necesidad de acreditar una identidad ni justificar la utilidad de la misma con independencia del formato; concretamente en su modalidad digital, se resalta la creciente utilización de mecanismos de comunicación virtual, al grado de resultar ser la fuente de información con mayor demanda en la posmodernidad.

3. Internet

Aunado a la integración del derecho de acceso a la tecnología y el ámbito digital en la Carta Magna, en México repunta la práctica de la convivencia virtual, surgiendo como la principal herramienta de comunicación entre individuos, por lo que con la implementación del derecho a internet como un derecho humano se rebasan las fronteras mayormente conocidas de acceso a la información, comunicación instantánea e interacción digital.

> *El Estado garantizará el derecho de acceso a las tecnologías de la información y comunicación, así como a los servicios de radiodifusión y telecomunicaciones, incluido el de banda ancha e internet. Para tales efectos, el Estado establecerá condiciones de competencia efectiva en la prestación de dichos servicios.*[93]

---

93 Constitución Política de los Estados Unidos Mexicanos, artículo 6°, p.12 Constitución Política de los Estados Unidos Mexicanos (dipu-

Sin duda alguna el acceso a internet configuró los procesos de interacción en la sociedad mexicana, no solo en un ámbito de intercambio de expresiones, sino también como una herramienta clave en el ejercicio de derechos humanos como el acceso a la información y mayormente a la educación, con el creciente auge de la modalidad de clases en línea, permaneciendo como una obligatoriedad del Estado para con las y los estudiantes, caso contrario a la no garantía de este derecho, correspondería a una limitante para el acceso a la educación, por lo que la restricción de derechos implicaría una afectación a la esfera de la dignidad, entonces emerge un engranaje de derechos que contribuyen a la materialización del desarrollo pleno de la sociedad.

4. Libertad de expresión

El artículo 19 de la Declaración Universal de los Derechos Humanos, al respecto de la libertad de expresión, preceptúa que: *"Todo individuo tiene derecho a la libertad de opinión y de expresión; este derecho incluye el no ser molestado a causa de sus opiniones, el de investigar y recibir informaciones y opiniones, y el de difundirlas, sin limitación de fronteras, por cualquier medio de expresión."*[94]

En ese sentido, libertad de expresión, al igual que el derecho de acceso a la información, derivan del mismo fundamento internacional, lo que propicia que haya sido impactado por el constituyente en el mismo numeral 6 Constitucional; este derecho humano ha sido el que ha dado legitimidad a las acciones periodísticas de los medios de comunicación, así como a cualquier ciudadano que pueda externar su opinión

tados.gob.mx)

94 Asamblea General de la Organización de las Naciones Unidas, resolución 217 A, (III), artículo 19, 10 de diciembre de 1948 Declaración Universal de los Derechos Humanos, p 6, spn.pdf (ohchr.org)

en medios masivos, previendo incluso una crítica directa sobre personas del ámbito público, siempre y cuando dicha crítica vaya enfocada a ese ámbito conocido. En obviedad de razón, ese derecho se ha hecho extensivo a las nuevas tecnologías de la información y, por ende, a los medios digitales.

Sin que el derecho en comento pueda ser restringido mediante censura previa, pueden haber casos en los que a consecuencia de su ejecución si pudiera ser sujeto de sanción posterior, cuando invade la vida privada de las personas y dichas acciones se realizan con un dolo acreditable. De la misma forma, no se puede restringir el derecho por ningún tipo de medio indirecto, como lo pueden ser los controles oficiales (impuestos por el Estado) o particulares de lo que deberá publicarse, con el uso de frecuencias radioeléctricas, de enseres y aparatos usados en la difusión de información, ni mediante cualquier otro medio encaminado a impedir la comunicación y la circulación de ideas y opiniones.

El resguardo o protección descrito tiene al mismo tiempo un aspecto negativo, consistente en que los medios de comunicación o difusión o las personas que tienen influencia pública pueden ser pagados para crear tendencia en favor de una persona, marca, empresa, entre otras, sin que la información que se utilice como fundamento sea veraz. Este derecho, se aclara, como todo derecho humano, desde su mandato no prevé distinción para su uso y disfrute.

5. Dignidad

Frente a la proclamación de los derechos humanos, se destaca el inicio de la erradicación de la discriminación que atente contra la Dignidad humana. La Suprema Corte de Justicia define la dignidad humana como *un valor supremo establecido en el artículo 1o. de la Constitución Política de los Estados Unidos Mexicanos, en virtud del cual se reconoce una calidad única y excepcional a todo ser humano por el simple hecho de serlo, cuya plena eficacia debe ser respetada y protegida integralmente sin excepción alguna.*[95]

Bajo el concepto enunciado, la dignidad humana prevalece como el surgimiento del respeto a las garantías constitucionales que conjuntamente constituyen la dignidad de toda persona al integrarse como un derecho a la vida con características propias de plenitud; tratándose mayoritariamente de una concepción que define la no acción del propio Estado e integrantes de la sociedad que limiten el ejercicio de derechos que se atribuye al ser humano de forma inherente, como la vida, la salud y la educación; inicialmente la dignidad humana se originó para prohibir contra derechos como la esclavitud pero que gracias al principio de progresividad en la modernidad esta garantía conduce a retomar los derechos humanos desde una perspectiva que permita el goce y disfrute derechos para todas las personas sin importar su condición.

Como un proceso natural de la historia de la humanidad, la sociedad evoluciona y sus necesidades y demandas toman formas sin precedentes, es así que las normas regulatorias presentan progresos de acuerdo con los cambios sociales, siendo su adaptación a las nuevas necesidades la pauta para la mejora jurídica regulatoria; bajo la premisa que ocupa a las autoras en el presente capítulo, destaca la inclusión social.

6. Protección de datos personales

Procedente de la reforma al artículo 16, párrafo segundo de la Constitución Política de los Estados Unidos Mexicanos, se integra el siguiente texto:

---

95 Décima época. Tribunales Colegiados de Circuito. Semanario Judicial de la Federación y su Gaceta. Libro I. octubre de 2011. Tomo 3, p. 1529, jurisprudencia, civil. I.5o.C. J/31 (9a.).

> Toda persona tiene derecho a la protección de sus datos personales, al acceso, rectificación y cancelación de los mismos, así como a manifestar su oposición, en los términos que fije la ley, la cual establecerá los supuestos de excepción a los principios que rijan el tratamiento de datos, por razones de seguridad nacional, disposiciones de orden público, seguridad y salud públicas o para proteger los derechos de terceros.[96]

Como se observa, la máxima norma mexicana establece el derecho de autodeterminación informativa, mismo que permite a los titulares de los datos personales tener un mayor control sobre el uso de su información personal, pero ese mismo ordenamiento jurídico garantiza el derecho descrito, lo que conlleva o atañe una responsabilidad y deber de respeto para el Estado y particulares.

Por su parte, el derecho de protección de datos personales es un mecanismo de control ejercido a través del acceso, rectificación, cancelación u oposición a los datos personales, ya sea por conducto propio o por el ejercicio de una representación legal para el caso de niñas, niños y adolescentes, personas fallecidas o bien personas en estado de interdicción; es decir, la decisión del uso y manejo de la información personal no se encuentra a disposición del responsable (ente público o privado que ejerce cualquier tipo de tratamiento sobre los datos personales en su posesión), la citada reforma plantea que cualquier persona decide sobre el uso de su información personal por sí mismo a partir de la mayoría de edad, característica que no impide el ejercicio sino que habilita una representación legal.

---

96 Constitución Política de los Estados Unidos Mexicanos, artículo 16, p. 17, Constitución Política de los Estados Unidos Mexicanos (diputados.gob.mx)

Para el ejercicio y garantía de este derecho humano, el gobierno mexicano ha creado dos vertientes de autoridad, una con competencia para entes de jurisdicción federal y los particulares de todo el país y otra para las dependencias públicas locales, permitiendo la emisión a los Congresos Estatales de sus leyes particulares, con órganos garantes estatales en cada entidad territorial del país.

7. Privacidad

En el ámbito de la protección de los datos personales existe una responsabilidad compartida, por una parte, los entes públicos y privados en su carácter de responsables que tratan los datos personales y la responsabilidad propia del titular de los datos personales, conjugando un entorno de privacidad; para esclarecer su concepto se trae al texto la opinión de Olivia Andrea Mendoza Enríquez en su participación en el diccionario de protección de datos personales (INAI 2019) *"el derecho a la privacidad es el derecho de las personas para separar aspectos de su vida privada del escrutinio público, es decir, el derecho de las personas para desarrollar un espacio reservado ciertos aspectos de la vida personal.. con dos componentes esenciales: el derecho a aislarse y el derecho de controlar la información de carácter personal"*.

Con el incremento de la digitalización, la esfera de la privacidad de cada persona se ve reducida en un ambiente de descontrol y nulo conocimiento respecto a la privacidad propia y la de terceros, tal es el caso qué, dentro del marco legislativo como uno de los ejes rectores del derecho humano de protección de datos personales se encuentra la obligación de elaborar y poner a disposición del dueño de los datos personales (titular) el aviso de privacidad correspondiente al tratamiento a ejercer sobre la información obtenida del titular (principio de información), esto de manera previa al tratamiento, cubriendo así la obligatoriedad de informar; no obstante, este texto informativo es menormente consultado, dejando ir la posibilidad de conocer las características principales que recibirá la información a verter en las plataformas digitales, es decir se desconoce este derecho y por tanto la privacidad queda a voluntad de la plataforma, sin concebir que puede limitar el uso de la información personal y configurar los límites de la esfera privada.

Usuarios de plataformas digitales no solo tienen derecho a acceder, sino también a mantener su vida privada precisamente sin el acceso del escrutinio público, cada persona tiene el poder de mantener su vida privada lejos de lo público, de la mano del derecho de protección de datos personales, la privacidad resulta entonces la decisión primaria del uso propio y cuidado de los datos personales, complementando una vida privada, con límites y control del uso de la información privada desde el ámbito personal (decisión implícita al consultar los avisos de privacidad y realizar las configuraciones de privacidad).

8. Inclusión social

De la inclusión social se desprende la generalidad de la obligación del Estado para garantizar los derechos humanos en igualdad de condiciones a toda persona, la Comisión de Derechos Humanos del Estado de México, lo señala como:

> *un binomio, exclusión-inclusión, reconstruir la esencia y dignidad humana nos insta a observar elementos que agravan la potencialidad de sufrir un daño o un menoscabo; el Catálogo para la calificación de violaciones a derechos humanos (2016) reconoce a niñas, niños, adolescentes, mujeres, pueblos y comunidades indígenas, migrantes, discapacitados, víctimas del delito, personas privadas de libertad, defensores de derechos humanos, periodistas, adultos mayores, personas con VIH/Sida y las*

> *personas con preferencia sexual diversa a la heterosexual, como grupos en situación de vulnerabilidad.* [97]

Respecto a la concepción de las personas en estado de vulnerabilidad, cabe destacar que la condición de vulnerabilidad no se atañe como propiedad de la persona, sino una condición impuesta por la sociedad, quienes son los encargados de generar los contextos de su vulnerabilidad a raíz de un estado no permisivo de acceso a sus derechos en igualdad de condiciones.

La inclusión social como característica de los derechos humanos prevalece como una obligación del Estado hacia los grupos minoritarios de la sociedad que dados sus escenarios no ejercen sus derechos en igualdad de condiciones y por tanto el goce de los mismos limita su acceso a la dignidad humana, puesto que los grupos en situación de vulnerabilidad carecen de características que permitan el acceso a sus derechos en igualdad de condiciones, lo que resta a su calidad de vida en sociedad, generándose una cadena de limitaciones que laceran la esfera jurídica de grupos minoritarios; es aquí cuando la inclusión social trabaja para contrarrestar esta brecha de desigualdad, generando políticas públicas diseñadas concretamente para realizar acciones de impacto en aspectos políticos, sociales y físicos

En la posmodernidad, la petición del cumplimiento a la garantía de los derechos humanos prevalece en una constante demanda de gobernados a gobernantes, como una obligación del Estado para profundizar en el concepto Miguel Carbonell Sánchez en el diccionario de protección de datos personales "*puede decirse que los derechos humanos son considerados como tales en la medida en que constituyen instrumentos de protección de los inte-*

---

97 Olvera García, Jorge, *La inclusión social desde los derechos humanos*, Comisión de los Derechos Humanos, p. 42, 2018, 2.pdf (unam.mx)

reses más importantes de las personas, puesto que preservan los bienes básicos necesarios para poder desarrollar cualquier plan de vida de manera digna."[98]

Para la conceptualización de los derechos digitales en México, es necesario traer a contexto el nacimiento de la herramienta base de la digitalización de derechos en proceso de transición actual en territorio mexicano; es así que para el 4 de julio de 2018, la Organización de la Naciones Unidas implementó la Resolución sobre la Promoción, Protección y Disfrute de los Derechos Humanos en Internet del Consejo de Derechos Humanos.

En la planteada resolución se asume como responsabilidad mayor la garantía de derechos humanos en internet, emergente del incremento veraz del uso de las tecnologías de información que sientan sus bases en la existencia del internet, la utilidad cada vez más común e incluso necesaria como llave al goce y disfrute de otros derechos humanos, incluyendo el acceso a la información y la libertad de expresión; es así que considerando el internet como clave de acceso a garantías constitucionales, él no considerar el acceso al internet fragmentaría de tajo derechos humanos en cadena.

II. MARCO JURÍDICO DEL DERECHO DIGITAL EN MÉXICO

Ante la necesaria utilización de las tecnologías de la información, y debido a la evolución y redirección de la humanidad y su cultura ante la digitalización sistémica de la vida cotidiana, aunado a su utilidad para el acceso a la dignidad humana, este mismo derecho es sumado en la Declaración Universal de los

---

98 F. de Marcos, Isabel Davara, (coord.), *Diccionario de Protección de Datos Personales,* 1ª, ed., México, p. 297

Derechos Humanos, lo que representa la obligatoriedad de su introducción en la legislación mexicana.

En el Estado Mexicano el impacto de los derechos digitales y su protección en la Carta Magna trascendió de la Declaración Universal de los Derechos Humanos en su artículo 12, que señala: *"Nadie será objeto de injerencias arbitrarias en su vida privada, su familia, su domicilio o su correspondencia, ni de ataques a su honra o a su reputación. Toda persona tiene derecho a la protección de la ley contra tales injerencias o ataques."*[99], a partir de esa introducción, para México se aproxima la posibilidad de una inclusión de derechos digitales en las normas jurídicas reguladoras, la evolución de los derechos humanos es obligada a surgir ante las necesidades cambiantes de la sociedad; la era digital se convierte en un cúmulo de actividades cotidianas y necesarias; conforme avanza la humanidad en la cadena evolutiva y la sociedad que constituye, prevalece la necesidad de adaptarse al uso de la tecnología y por tanto la expansión de su regulación en espacios de nueva creación que garanticen la dignidad humana.

La digitalización y su normativa surgen en dos contextos, uno de acceso a la información y otro de protección de datos personales, debe abordarse entonces en segundo término el derecho de acceso a la información de la Declaración Universal de los Derechos Humanos, que en su artículo 19 señala: *Todo individuo tiene derecho a la libertad de opinión y de expresión; este derecho incluye el no ser molestado a causa de sus opiniones, el de investigar y recibir informaciones y opiniones, y el de difundirlas, sin limitación de fronteras, por cualquier medio de expresión.*

Para la regulación de los derechos digitales en el México contemporáneo, la Constitución Política de los Estados Unidos

---

99 Asamblea General de la Organización de las Naciones Unidas, resolución 217 A, (III), artículo 12, 10 de diciembre de 1948 Declaración Universal de los Derechos Humanos, p 4, spn.pdf (ohchr.org)

Mexicanos a través de su artículo 6 comprende nuevas dimensiones y campos, así:

> ***El Estado garantizará el derecho de acceso a las tecnologías de la información y comunicación, así como a los servicios de radiodifusión y telecomunicaciones, incluido el de banda ancha e internet.*** *Para tales efectos, el Estado establecerá condiciones de competencia efectiva en la prestación de dichos servicios*[100].

Por su parte, el artículo 16 párrafo segundo establece:

> *Toda persona tiene derecho a la protección de sus datos personales, al acceso, rectificación y cancelación de los mismos, así como a manifestar su oposición, en los términos que fije la ley, la cual establecerá los supuestos de excepción a los principios que rijan el tratamiento de datos, por razones de seguridad nacional, disposiciones de orden público, seguridad y salud públicas o para proteger los derechos de terceros.*

El derecho de acceso a la información confabula la libertad de buscar y recibir información libremente, es decir consultar información de su interés, con tan solo la limitación de causales de excepción en el acceso a la información, debidamente fundados y motivados con la norma jurídica competente y bajo procedimientos previamente establecidos.

La unión entre el derecho al internet y acceso a la información representa un gran avance para la progresividad de los derechos humanos; esta mancuerna posibilita a cualquier persona el solicitar información desde donde se encuentre,

---

[100] Constitución Política de los Estados Unidos Mexicanos, artículo 6, p 12, Constitución Política de los Estados Unidos Mexicanos (diputados.gob.mx)

sin la necesidad de trasladarse de manera física para solicitar y recibir la información, ya que esta se puede encontrar disponible mediante plataformas digitales de consulta y en caso de no estar públicamente disponible, esta puede ser solicitada de manera digital, es así que este avance tecnológico y su impacto son reflejados en la puesta a disposición de la Plataforma Nacional de Transparencia (instrumento informático por medio del cual se ejerce el derecho de acceso a la información y de protección de datos personales en posesión de sujetos obligados)[101], esta herramienta tecnológica sienta sus bases de funcionamiento y términos en diversas legislaciones como lo son los Lineamientos Técnicos Generales para la publicación, homologación y estandarización de la información de las obligaciones establecidas en el Título Quinto y en la fracción IV del artículo 31 de la Ley General de Transparencia y Acceso a la Información Pública[102], norma que establece los parámetros de contenido de información pública y criterios para el contenido de la misma; bajo estas características es alimentada la Plataforma Nacional de Transparencia que tiene como finalidad poner a disposición de cualquier persona información pública sin la necesidad de solicitarla, es decir, con un carácter consultivo.

El carácter consultivo enunciado asume una especial importancia y validez a la plataforma en comento, dado que es un medio oficial de difusión y debido a que las dependencias

---

101 M. Cejudo, Guillermo, *Diccionario de transparencia y acceso a la información pública,* 1ª, ed., México, p. 222.

102 Lineamientos técnicos generales para la publicación, homologación y estandarización de la información de las obligaciones establecidas en el título quinto y en la fracción IV del artículo 31 de la Ley General de Transparencia y Acceso a la Información Pública, que deben de difundir los sujetos obligados en los portales de Internet y en la Plataforma Nacional de Transparencia, México, 2016, DOF - Diario Oficial de la Federación

públicas se encuentran obligadas a publicar en ellas la información que generan por el uso de recursos públicos, que por tanto debe ser precisa y veraz.

La misma plataforma es alimentada por más de 8 mil sujetos obligados[103] en todo el país, que no son más que las dependencias públicas federales y estatales y su información está disponible digitalmente para cualquier persona con acceso a internet, que requiera conocerlas con un catálogo donde pueden contenerse sus trámites, convocatorias, servicios, erogación de presupuesto, actividades esenciales, facturación de viáticos, entre otros[104].

Aunado a lo anterior, la funcionalidad de la Plataforma Nacional de Transparencia trasciende a otra garantía constitucional más, el derecho de Protección de Datos Personales, en esta dualidad de ejercicio de derechos humanos, cualquier persona puede solicitar el acceso, la rectificación, cancelación u oposición a sus datos personales que se encuentren en posesión de los sujetos obligados ligados a este sistema digital, es decir cualquier persona puede tener acceso a su información personal que se encuentre bajo la responsabilidad de un ente público, en cualquier parte del territorio mexicano, así como también de rectificar sus datos si estos no se encuentran correctos o actualizados en las bases de las dependencias públicas, para el caso de la cancelación y oposición ocurre el mismo mecanismo, pudiendo solicitar que sus datos ya no sean utilizados para su acervo archivístico en cualquiera de sus modalidades, así como también para su limitación en cuanto a finalidades

---

[103] Oscar Mauricio, Guerra Ford, “Plataforma nacional de transparencia”, *El sol de México*, 2021, Plataforma Nacional de Transparencia - El Sol de México | Noticias, Deportes, Gossip, Columnas (elsoldemexico.com.mx)

[104] Artículo 70, de la Ley General de Transparencia y Acceso a la Información, consultado en Ley General de Transparencia y Acceso a la Información Pública (diputados.gob.mx), marzo de 2023.

concretas o bien que estos sean eliminados, que no es más que el medio para garantizar los derechos ARCO, consagrados en el artículo 16, segundo párrafo de la Constitución Política de los Estados Unidos Mexicanos.

Mantener este control sobre la información personal bajo estos mecanismos normativos, precisa la autodeterminación informativa, el derecho de decidir quien, como y hasta que momento es utilizada la información personal, quedando claro que el hecho de que los datos de la persona se encuentren en las dependencias públicas no implica que se les esté autorizando el uso discrecional.

En modo inverso al derecho de acceso a la información, el derecho de protección de datos personales es personalísimo, debido a la intromisión a la información personal y la vida privada y aunque también se puede ejercer por los medios digitales, es ejercido única y exclusivamente previo a la identificación oficial del titular, con las excepciones de la representación legal de menores de edad, personas en estado interdicción o fallecidas establecidas por la legislación de la materia y con la condición de hacer efectiva cualquiera de las modalidades del derecho de protección de datos personales (acceso, rectificación, cancelación, oposición o portabilidad), ante la presencia del titular o representante legal debidamente acreditados; es decir completamente contrario a la obviedad de la identificación del solicitante en el acceso a la información, en este segundo derecho humano, no procede el anonimato.

Como dato importante es preciso señalar que la legislación al interior del territorio mexicano es establecida en dos vertientes, para la materia de acceso a la información y la transparencia surgen la Ley Federal Transparencia y Acceso a la Información Pública[105] y la Ley General de Transparencia y Acceso a

---

105 Ley Federal Transparencia y Acceso a la Información Pública, consultado en el link Ley Federal de Transparencia y Acceso a la Infor-

la Información Pública[106] , mientras la primera es de aplicación exclusiva a entes de la Federación, la segunda es de aplicación general a Federación, Estados, Municipios y al propio Sistema Nacional de Trasparencia[107].

Para el caso de la materia de protección de datos personales de igual forma se regula bajo dos legislaciones la Ley Federal de Protección de Datos Personales en Posesión de Particulares[108] y la Ley General de Protección de Datos Personales en Posesión de Sujetos Obligados[109], mientras que para la primera norma su jurisdicción cubre a entes de carácter particular (empresas privadas) bajo el concepto de particulares sean personas físicas o morales, para la segunda legislación su aplicación es de manera general para todo el territorio mexicano y observancia obligatoria para entes de carácter federal, estatal y municipal, con la precisión de la libertad configurativa para los Estados quienes emiten normativa que deben cumplir sus dependencias públicas estatales.

Estas cuatro normas jurídicas completan la regulación de los derechos de acceso a la información, protección de datos

---

mación Pública (diputados.gob.mx) , marzo de 2023

106 Ley General de Transparencia y Acceso a la Información Pública, consultado en el link Ley General de Transparencia y Acceso a la Información Pública (diputados.gob.mx), marzo de 2023

107 Sistema Nacional de Transparencia, Acceso a la Información y Protección de Datos Personales, consultado en el link Conócenos – Sistema Nacional de Transparencia (snt.org.mx) , marzo de 2023

108 Ley Federal de Protección de Datos Personales en Posesión de Particulares, consultado en el link Ley Federal de Protección de Datos Personales en Posesión de los Particulares (diputados.gob.mx), marzo de 2023

109 Ley General de Protección de Datos Personales en Posesión de Sujetos Obligados, consultado en el link Ley General de Protección de Datos Personales en Posesión de Sujetos Obligados (diputados.gob.mx), marzo de 2023

personales con la particularidad de su conjugación con el derecho al internet en todo el territorio mexicano.

A partir de la premisa de la garantía de derechos humanos, con un carácter especial a grupos en estado de vulnerabilidad, se instituye un apartado en la Ley General de Derechos de los Niños, Niñas y Adolescentes[110], que contribuye a la erradicación, prevención y atención de las vulneraciones de la privacidad e intimidad de niñas, niños y adolescentes, señalando en su artículo 76. *"Niñas, niños y adolescentes tienen derecho a la intimidad personal y familiar, y a la protección de sus datos personales"*, es esta conjetura se definen los parámetros de actuación para el tratamiento de datos personales de menores de edad con una tendencia de exposición, es decir, que tienen la finalidad de exponer en medios de comunicación de cualquier índole, sin pasar por alto la supervisión de un representante legal.

Con base en lo anterior se configura una defensa a la privacidad e intimidad de niñas, niños y adolescentes y su información personal ante su exposición en medios de comunicación, específicamente en los medios digitales y de difusión masiva.

III. ANTECEDENTES HISTÓRICOS DE LA INCLUSIÓN SOCIAL EN MÉXICO

La inclusión en México surge como una necesidad de garantía de derechos humanos y una exigencia de grupos minoritarios, que, al no tener las mismas condiciones de acceso a sus derechos, se transciende a un acto de discriminación, puesto que, bajo las características propias de cualquier grupo en situación de vulnerabilidad, se atribuye una desventaja en el

---

[110] Ley General de Derechos de los Niños, Niñas y Adolescentes, consultado en el link Ley General de los Derechos de Niñas, Niños y Adolescentes (diputados.gob.mx), marzo de 2023

ejercicio de derechos si estos no están en igualdad de condiciones.

La inclusión social respecto a la garantía de derechos humanos comprende el ejercicio de derechos en igualdad de condiciones, por lo que a raíz de la reforma del año dos mil uno, toda autoridad debe acatar lo establecido en el artículo 1 párrafo quinto de la Constitución Política de los Estados Unidos Mexicanos[111], que señala lo siguiente:

> *Queda prohibida toda discriminación motivada por origen étnico o nacional, el género, la edad, las discapacidades, la condición social, las condiciones de salud, la religión, las opiniones, las preferencias sexuales, el estado civil o cualquier otra que atente contra la dignidad humana y tenga por objeto anular o menoscabar los derechos y libertades de las personas.*

Con esta evolución de la norma mexicana, es atendida la necesidad de los grupos minoritarios, también conocidos como grupos en estado de vulnerabilidad, estos grupos se caracterizan por tener necesidades diferentes, mismas que de forma directa o indirecta obstaculizan el ejercicio de sus garantías constitucionales, lo noble de esta reforma normativa implica que las acciones para asumir la garantía de derechos no solo comprende la construcción de una rampa para personas con discapacidad, sino también desde la construcción de las normas regulatorias, con una perspectiva inclusiva, es decir, construir normas secundarias que reconozcan estas condiciones de grupos minoritarios y que su aplicación y beneficio sea creada con la característica de ejercicio y goce para los grupos minoritarios, que contemple herramientas que faciliten su acceso a

---

[111] Constitución Política de los Estados Unidos Mexicanos, artículo 1, p 1, Constitución Política de los Estados Unidos Mexicanos (diputados.gob.mx)

estas garantías, por ejemplo la traducción de textos a lenguas maternas, el uso de lenguaje sencillo y claro con una perspectiva ciudadana y de fácil entendimiento, las adecuaciones para personas con debilidad visual, limitadas físicamente por cualquier parte del cuerpo humano; esta característica propia de la progresividad de derechos; esta evolución de goce de derechos humanos permite que aquellos casos en las que no se observe la inclusión social por parte de autoridades de cualquier índole, sea calificado como un exclusión directa para el ejercicio de derechos y por tanto una limitante de goce a la dignidad humana.

El reconocimiento de la inclusión social como obligación para el Estado Mexicano, derivó en la construcción y aplicación de normas secundarias diseñadas exclusivamente a la inclusión social en los ámbitos de reconocimiento y ejercicio de derechos humanos, brindando mayor atención a los grupos minoritarios con la finalidad de reducir la brecha de discriminación directa o indirecta en el territorio mexicano.

Por su parte la brecha digital deja estragos en las zonas del país que sufren analfabetismo, misma condición que también trasciende al analfabetismo digital, con habitantes carentes de conocimiento tecnológico que impide el uso, goce y disfrute de los derechos digitales, por lo que los mecanismos alternos que no implican la usanza de la tecnología se asumen como herramientas de facilitación de ejercicio de derechos para estos grupos en desigualdad de condiciones y su desconocimiento repercute tajantemente en el restringido goce de las mismas garantías constitucionales sin la intervención de la tecnología, tal situación se observa en la realización de trámites sólo de manera física o directa, por ventanilla, a cambio de una captura y llenado de formatos digitales que implicarían el acceso a internet y un sinnúmero de creación de cuentas en plataformas digitales, que no dejan oportunidad de entendimiento y mejor atención a la población carente de alfabetismo digital.

IV. PRINCIPALES PROBLEMÁTICAS DE LA INCLUSIÓN DERIVADAS DEL USO DE LAS TECNOLOGÍAS

El creciente incremento del uso de las tecnologías y la escasa regulación de los derechos digitales en México dejan problemáticas a su paso, pues mientras los avances tecnológicos muestran pasos descomunales, la legislación apenas cita las bases de reglamentación, mientras la digitalización se hace parte de la vida habitual y la sociedad se ve involucrada en las actividades digitales al punto de no solo tener una utilidad de comunicación instantánea, sino que en la medida en que pasa el tiempo a corto plazo, esta digitalización pasa a ser elemento para el goce de derechos humanos como la educación a raíz de la implementación de las llamadas clases en línea, por mencionar uno de los ejes de mayor impacto en la posmodernidad, pero sin dejar de lado el derecho a la salud, acceso a la información, libertad de expresión, y protección de datos personales, por mencionar algunos.

No obstante, la brecha digital mantiene dos vertientes, uno de facilitación de goce y disfrute de derechos para la población con formación y cultura digital que contribuye a mejorar la calidad de vida de sus usuarios y otra muy distinta para la población con analfabetismo digital, cuyo avance tecnológico se percibe como una limitante entre los sujetos de derecho y el ejercicio de los mismos.

La implementación de políticas públicas y normas secundarias no resultan con el mismo impacto que el avance tecnológico; los grupos minoritarios o bien grupos en estado de vulnerabilidad se muestran indefensos ante la digitalización de derechos, el Estado por su parte ejecuta planes de inclusión con avances de menor efecto; como primer paso, los grupos minoritarios deben ejercer sus derechos en igualdad de condiciones, mismas que son distintas en cada uno de esos grupos, así como sus necesidades discrepan entre sí.

Se habla entonces de un rezago de atención a los grupos minoritarios, cuyas necesidades pueden ser abordadas desde distintos ámbitos, la primera con las reformas a las legislaciones secundarias y la creación de legislación que define los parámetros de actuación hacia los grupos en estado de vulnerabilidad que coadyuven a la garantía de sus derechos humanos; el diseño de herramientas para la atención de estos grupos, por ejemplo formatos de fácil entendimiento, lectores de pantalla para personas con discapacidad, traductores de lenguas maternas, traductores de lengua de señas, mecanismos de erradicación de la discriminación a la población LGBTTTIQ+, personas de grupos originarios y adultos mayores por señalar algunos.

Cabe destacar que en México las condiciones económicas seccionan constantemente el acceso a las tecnologías y por ende el ejercicio de derechos digitales, es decir la perspectiva de inclusión social en las tecnologías resulta poco eficiente para los grupos minoritarios; sin las condiciones socioeconómicas para acceder a los mismos, no hay goce y disfrute de derechos si no se brindan las herramientas necesarias y de alcance para grupos en situación de vulnerabilidad; Es ineludible la ejecución de un sistema integral que permita las facilidades de acceso a la era digital de estas personas.

Dentro de los grupos minoritarios existe uno cuya característica distintiva atañe a la situación de vulnerabilidad basada en la minoría de edad, es el de niñas, niños y adolescentes, quienes sufren laceraciones a sus derechos de intimidad, privacidad y a la protección de sus datos personales, principalmente bajo dos acciones y diversas omisiones, el acceso a las tecnologías prevé una alimentación a las plataformas digitales con inserción de datos personales, suministrada de manera voluntaria con información propia y de terceros; es precisamente en este supuesto cuando la información privada sale del control del titular, para el caso concreto de la representación legal, la utilización de la imagen de menores queda bajo el criterio de quien cuenta con la calidad jurídica de titular de la protección del menor (madre, padre, tutor), aunado a lo anterior, este sector de la sociedad es el grupo que de manera mayoritaria es vulnerado en el uso de las tecnologías, mediante la comisión de delitos cibernéticos.

V. FUENTES DE INVESTIGACIÓN

F. de Marcos, Isabel Davara, (coord.), *Diccionario de Protección de Datos Personales,* 1ª, ed., México

Lineamientos técnicos generales para la publicación, homologación y estandarización de la información de las obligaciones establecidas en el título quinto y en la fracción IV del artículo 31 de la Ley General de Transparencia y Acceso a la Información Pública, que deben de difundir los sujetos obligados en los portales de Internet y en la Plataforma Nacional de Transparencia, México, 2016, DOF - Diario Oficial de la Federación

Cejudo, Guillermo, *Diccionario de transparencia y acceso a la información pública,* 1ª, ed., México

Olvera García, Jorge, *La inclusión social desde los derechos humanos,* Comisión de los derechos humanos

Organización de las Naciones Unidas, "derechos humanos", Desafíos globales, Derechos humanos | Naciones Unidas

Oscar Mauricio, Guerra Ford, "Plataforma nacional de transparencia", *El sol de México,* 2021, Plataforma Nacional de Transparencia - El Sol de México | Noticias, Deportes, Gossip, Columnas (elsoldemexico.com.mx)

Sistema Nacional de Transparencia, Acceso a la Información y Protección de Datos Personales, consultado en el link Conócenos – Sistema Nacional de Transparencia, consultado en snt.org.mx

Constitución Política de los Estados Unidos Mexicanos, artículo 1, p 1, Constitución Política de los Estados Unidos Mexicanos (diputados.gob.mx)

Ley Federal de Protección de Datos Personales en Posesión de Particulares, consultado en el link Ley Federal de Protección de Datos Personales en Posesión de los Particulares (diputados.gob.mx), marzo de 2023

Ley General de Derechos de los Niños, Niñas y Adolescentes, consultado en el link Ley General de los Derechos de Niñas, Niños y Adolescentes (diputados.gob.mx), marzo de 2023

Ley General de Transparencia y Acceso a la Información, consultado en Ley General de Transparencia y Acceso a la Información Pública (diputados.gob.mx), marzo de 2023.

Décima época. Tribunales Colegiados de Circuito. Semanario Judicial de la Federación y su Gaceta. Libro I. octubre de 2011. Tomo 3, p. 1529, jurisprudencia, civil. I.5o.C. J/31 (9a.).

Asamblea General de la Organización de las Naciones Unidas, resolución 217 A, (III), artículo 19, 10 de diciembre de 1948 Declaración Universal de los Derechos Humanos, p 6, spn.pdf (ohchr.org)

Inclusión social y derechos humanos de niñas, niños y adolescentes

EDUARDO DE LA CRUZ DÍAZ*

Sumario: I. Introducción. II. Antecedentes. III. Breve preámbulo de la inseguridad y violencia hacia las niñas, niños y adolescentes en Guerrero. IV. Estadística de niñas, niños y adolescentes en centros de internamiento en México. V. Marco jurídico. VI. Conclusiones. VII. Fuentes de investigación.

I. INTRODUCCIÓN

En su mayoría, las conductas delictivas de los adolescentes en conflicto con la ley tienen una fuente desencadenante, y sus causas son diversas: la violencia intrafamiliar, el maltrato físico y psicológico, la falta de educación escolar, el abandono, la falta de supervisión y las nulas oportunidades de trabajo de sus padres o tutores; en ocasiones, pueden estar presentes uno o todos los elementos que contribuyen a que el adolescente llegue a cometer la conducta delictiva. De acuerdo con la NOM-046-SSA-2005, la violencia familiar se ejerce tanto en el ámbito

---

* Profesor Investigador de Tiempo Completo de la Universidad Autónoma de Guerrero de la Licenciatura y el Posgrado en Derecho. Integrante del Sistema Nacional de Investigadores nivel Candidato, CONAHCYT México. Doctor en Derecho por el Centro de Ciencias Jurídicas de Puebla (ICI). Correo electrónico: 14215@uagro.mx, ORCID: 0000-00019900-421X.

privado como público, a través de manifestaciones del abuso de poder que dañan la integridad del ser humano.

> En noviembre de 2018, se presentó el diagnóstico denominado "Estudio de factores de riesgo y victimización en adolescentes que cometieron delitos de alto impacto social en México" en el cual se contempló una muestra de 502 adolescentes privados de la libertad en centros de internamiento en los estados de Ciudad de México, Guerrero, Michoacán, Nuevo León, Puebla, Tabasco, Veracruz, Sinaloa y Yucatán. Dicha muestra equivale al 84 % de la población total de los estados mencionados y aproximadamente al 32 % de la población nacional. Entre las características demográficas más relevantes de la población estudiada, el 91 % eran hombres y solo el 9 % mujeres, los cuales corresponden a una edad promedio entre 17 años cumplidos y menos de 18 años de edad". Estudio de factores de riesgo y victimización en adolescentes que cometieron delitos de alto impacto social[112].

La Ley Nacional del Sistema Integral de Justicia Penal para Adolescentes establece, por primera vez en la materia, los principios y normas que obligan a las entidades federativas a armonizar sus legislaciones locales para los adolescentes que cometen delitos. En primer término, decreta el principio de no discriminación e igualdad sustantiva por origen étnico, nacional, género, edad, discapacidad, condición social, de salud, religión, opinión, preferencia sexual, identidad de género, estado civil o cualquier otra.

---

[112] Reinserta Un Mexicano, A. C. 2018.

También la ley en comento fija que la pena máxima de privación de libertad para los y las adolescentes será de cinco años, límite que los organismos internacionales especializados en la materia han sustentado.

Asimismo, y en consonancia con el nuevo sistema de justicia penal acusatorio que entró en vigor plenamente a nivel nacional en junio de 2016, la nueva ley establece para los adolescentes las garantías del debido proceso; entre los principios que rigen la justicia para adolescentes a partir de esta ley se encuentran la especialización, legalidad, mínima intervención, aplicación de la ley más favorable, presunción de inocencia, aplicación de mecanismos alternativos, justicia restaurativa y reinserción social.

De igual modo, la ley señala el derecho de los adolescentes a ser escuchados en los procedimientos judiciales que les atañen, así como la prohibición de tortura y de otros tratos o penas crueles, inhumanas o degradantes.

La Organización Mundial de la Salud (OMS) define la adolescencia como el periodo de crecimiento y desarrollo humano que se produce después de la niñez y antes de la edad adulta, entre los 10 y los 19 años. Sin embargo, los países han establecido en su legislación la edad por la cual un adolescente puede ser juzgado por conductas antisociales.

Con la finalidad de enfrentar el problema de la violencia hacia los adolescentes, se han reformado leyes y han creado instituciones ex profeso a partir del nuevo sistema de justicia penal en México, como en el caso de los centros de justicia penal para adolescentes en todas las entidades federativas. Por su parte, el estado de Guerrero cuenta con un centro de justicia penal para adolescentes en el que se aplican las normas de justicia para este sector, las cuales señalan que deben tener entre 14 y menos de 18 años de edad; los adolescentes de 13 años solo pueden ser sujetos de rehabilitación y asistencia social, derivados de actos en contra de la ley, que estén debidamente tipificados.

Sin duda, las conductas antisociales representan uno de los problemas que más preocupa a la sociedad; en el caso del estado de Guerrero, las principales problemáticas son la inseguridad pública y la violencia, situaciones que han crecido de forma alarmante.

Una parte importante del fenómeno de la criminalidad es el seguimiento que se ha dado a las conductas antisociales que se atribuyen a los adolescentes; por esta razón, se realizó la presente investigación, que tiene como objetivo describir las diferentes formas en que se manifiesta la violencia y/o el maltrato en las y los adolescentes en conflicto con la ley penal del Centro de Justicia Penal de Ejecución de Medidas para Adolescentes del municipio de Chilpancingo, Guerrero, y su relación con la conducta antisocial cometida.

II. ANTECEDENTES

De acuerdo con los datos de la Organización Mundial de la Salud (OMS), cada año se cometen en todo el mundo 200 000 homicidios entre jóvenes de 10 a 29 años, lo que supone un 43% del total mundial anual de homicidios. Siendo el homicidio es la cuarta causa de muerte en el grupo de 10 a 29 años de edad, y el 83% de estas víctimas son del sexo masculino. El informe de la OMS sostiene que por cada joven asesinado, muchos otros sufren lesiones que requieren tratamiento hospitalario[113].

---

113 Vargas Romero, Carolina, *La violencia contra niñas, niños y adolescentes en México*, ensayo temático de la infancia cuenta en México 2010, Red por los Derechos de la Infancia en México, México, 2010, p. 13

Asimismo, sugiere que cuando las lesiones no son mortales, la violencia juvenil tiene repercusiones graves, que a menudo perduran toda la vida, en el funcionamiento físico, psicológico y social de una persona. En suma, la violencia juvenil encarece enormemente los costos de los servicios sanitarios, sociales y judiciales; reduce la productividad y devalúa los bienes.

Por lo anterior, la OMS señala a la violencia juvenil como un problema mundial de salud pública, toda vez que incluye una serie de actos que van desde la intimidación y las riñas al homicidio, pasando por agresiones sexuales y físicas más graves.

La magnitud del problema es tal, que se calcula que en el mundo se producen 200 000 homicidios anuales entre los jóvenes de 10 a 29 años, por lo que el homicidio resulta ser la cuarta causa de muerte en este grupo etario. Las tasas de homicidio entre los jóvenes son muy variables de un país a otro, e incluso en un mismo país. A escala mundial, el 83% de los jóvenes víctimas de homicidio son del sexo masculino, y la mayoría de los homicidas son también varones en todos los países[114]. Las tasas de homicidio juvenil entre las mujeres son muchos más bajas que entre los hombres prácticamente en todas partes.

Entre el año 2000 y el 2012, las tasas de homicidio juvenil descendieron en la mayoría de los países, aunque el descenso ha sido mayor en los países de ingresos altos que en los países de ingresos bajos y medianos.

Por otro lado, la denominada violencia sexual afecta también a un porcentaje considerable de jóvenes. Por ejemplo, entre un 3% y un 24% de las mujeres entrevistadas en el Es-

---

114 Organización Mundial de la Salud, Informe Mundial sobre la Violencia y la Salud, Washington, D.C., 2002, p. 89, consultado 18/12/2017, disponible en: http://www.who.int/violence_injury_prevention/violence/world_report/es/summary_es.pdf

tudio multipaís de la OMS sobre salud de la mujer y violencia doméstica declararon que su primera experiencia sexual fue forzada[115].

Las riñas físicas y la intimidación son también frecuentes entre los jóvenes. En un estudio realizado en 40 países en desarrollo se mostró que una media del 42% de los niños y del 37% de las niñas estaban expuestos a la intimidación[116].

Los homicidios y la violencia no mortal entre los jóvenes contribuyen enormemente a la carga mundial de muertes prematuras, lesiones y discapacidad, además de tener repercusiones graves, que a menudo perduran toda la vida, en el funcionamiento psicológico y social de una persona, ello puede afectar a las familias de las víctimas, sus amigos y comunidades.

Se han considerado como factores de riesgo individuales: el déficit de atención, hiperactividad, trastorno de la conducta y otros trastornos conductuales. Delincuencia, consumo temprano de alcohol, drogas y tabaco nivel intelectual bajo y malos resultados académicos, escaso compromiso con la escuela y fracaso escolar, desempleo, exposición a violencia en la familia, entre otras.

En México existe una discordancia entre el discurso de la protección de los derechos de la infancia y algunas prácticas violatorias de los derechos humanos y de la dignidad de niños, niñas y adolescentes.

Los datos más recientes señalan que siete de cada diez jóvenes sufren violencia en su relación de noviazgo (un 76% de violencia psicológica, 16.5% de violencia sexual y 15% de violencia física). En cuanto a la violencia en la familia, sólo el

---

115 Organización Mundial de la Salud, Violencia Juvenil, 2016, consultado 18/12/2017, disponible en: http://www.who.int/mediacentre/factsheets/fs356/es/

116 .*Ídem.*

34%de las mayores de 15 años no atestiguaron violencia física entre sus padres. El 66% restante ha vivido al menos una de las formas de violencia[117].

Por otra parte, la violencia contra niños, niñas y adolescentes en entornos como la familia, la escuela, la comunidad, los centros de trabajo o las instituciones, está legitimado y aceptado socialmente, de forma que se hacen naturales -y por tanto invisibles- las diferentes formas de violencia, lo cual contribuye a su persistencia y reproducción.

El Informe Nacional sobre Violencia y Salud del año 2007 indicaba que, durante los últimos 25 años, dos niños menores de 14 años han muerto asesinados cada día. Además, entre un 55 y un 62% de niños y niñas dicen haber sufrido alguna forma de maltrato (físico, emocional o sexual) en algún momento de su vida los jóvenes mexicanos representan un poco más del 38% de las víctimas de homicidios en el país en la última década, según el informe "La violencia juvenil en México", publicado en junio 2012 por el Banco Mundial[118].

La tasa de homicidio juvenil triplicó en solamente dos años, de 2008 a 2010, cuando llegó a 25.5 homicidios por 100.000 habitantes.

De acuerdo a estudios citados en el análisis del Banco Mundial, una de las principales causas del aumento de la violencia han sido las disputas entre organizaciones criminales dedicadas al narcotráfico.

---

117 Organización Mundial de la Salud, Estudio multipaís de la OMS sobre salud de la mujer y violencia doméstica contra la mujer, consultado 18/12/2017, disponible en: http://www.who.int/mediacentre/factsheets/fs356/es/

118 Secretaría de Salud, Informe Nacional Sobre Violencia y Salud, consultado 18/12/2017, disponible en: https://www.unicef.org/mexico/spanish/Informe_Nacional-capitulo_II_y_III(2).pdf

El homicidio de jóvenes se ha concentrado en el norte del país, según el informe. En el 2010, más de la mitad ocurrieron en cinco estados: Chihuahua, Sinaloa, el Estado de México, Baja California y Guerrero. Además, el uso de armas de fuego en homicidios juveniles casi se triplicó entre 2007 y 2010.

III. BREVE PREÁMBULO DE LA INSEGURIDAD Y VIOLENCIA HACIA LAS NIÑAS, NIÑOS Y ADOLESCENTES EN GUERRERO

Tomando en consideración que el Estado de Guerrero padece un fenómeno de inseguridad pública, la población vive en constante zozobra y falta de garantías que protejan sus bienes jurídicos como la personalidad, la libertad, la vida, etc.

Por disposición del artículo 18 de la Constitución de la República, los Estados de la República, incluyendo Guerrero, han conformado, para responder a las infracciones a la ley penal cometidas por personas de entre 12 y 18 años, sistemas integrales de justicia especializados, configurados como una protección jurídica especial y regidos y compuestos por principios, derechos, órganos, procedimientos, mecanismos y garantías especiales. Un sistema de justicia juvenil o de responsabilidad penal para adolescentes es un conjunto de normas e instituciones creadas ex profeso para dar respuestas.

Asimismo, se han reformado y han sido creadas instituciones a partir del nuevo sistema de Justicia penal que prevalece en México, es el caso del Centro de Justicia Penal para adolescentes del Estado de Guerrero. Lugar donde se aplican las normas de justicia para adolescentes sólo se aplicarán a los adolescentes que tengan entre 12 años cumplidos y menos de 18 años; los menores de 12 años sólo serán sujetos de rehabilitación y asistencia social, derivados de actos en contra de la ley, tipificados por la ley y merecedores de castigo por la sociedad, en diferentes grados.

Tomando en cuenta que cualquier acto cometido que vaya en contra de lo que establece la ley, está categorizado como conducta delictiva, las personas que lo cometen tienen una conducta delictiva y están en contra de la ley, pudiendo ser perseguidos o castigados por la misma.

Sin duda la conducta delictiva es uno de los temas que más preocupa a la sociedad actual; en el caso del Estado de Guerrero representa una de las principales problemáticas de violencia que lacera a la entidad, debido principalmente al aumento del número de delincuentes y a que cada vez sean más los adolescentes que cometen delitos.

Ahora bien, la delincuencia más común es la llamada delincuencia adolescente, que normalmente es cometida por una persona o un grupo de personas de esta edad. Sin embargo, se considera necesario el estudio del tipo de violencia asociada a la conducta delictiva de los menores infractores del Centro de Justicia Penal para adolescentes del Estado de Guerrero, en virtud de que las actividades ilegales que desarrollan jóvenes, cuya conducta no discurre por unas causas sociales aceptadas ni sigue las mismas pautas de integración que la mayoría, no surgen repetidamente, sino que forman parte de un proceso gradual de socialización desviada que poco a poco se va agravando de conformidad con el tipo de violencia de que se trate y al que se encuentre asociada la conducta delictiva.

Por lo anterior se considera conveniente que abordar dicha problemática, permitirá comprender con mayor claridad los factores intervinientes en la tipología de violencia que se asocien y con ello poder analizar jurídicamente, con base a la normatividad aplicable, una mejor práctica en la justicia para adolescentes, pero sobre todo para su reinserción en el núcleo social.

De acuerdo con la información de la "Encuesta Nacional de Ocupación y Empleo", durante el año 2018, "en México habitaban 38.8 millones de niñas, niños y adolescentes de 0 a 17 años, de los cuales 11.4 millones tienen cinco años o menos; 13.2 millones se encuentran en edad escolar, de 6 a 11 años y 13.7 millones son adolescentes de 12 a 17 años. Asimismo, cabe destacar que aproximadamente el 5.73% de niñas, niños y adolescentes son indígenas (2.2 millones) y 0.86% son afrodescendientes o afro mexicanos (338 mil)".[119]

> "50.4% son niños y 49.6% son niñas, y representan 29.8% de la población menor de 19 años en el país. Los datos muestran que 27.3% de la población en la primera infancia habita en zonas rurales (localidades con menos de 2,500 habitantes), y 72.7% en zonas urbanas o semiurbanas".[120]

Dicha encuesta arroja que: "En México residen 13.7 millones de adolescentes de 12 a 17 años, de los cuales 6.7 millones son hombres y 6.5 millones son mujeres, lo que representa 34.5% de la población total de menores de 18 años en el país. Los datos muestran que 26% de esta población habita en zonas rurales y 74% en zonas urbanas o semiurbanas."[121]

Por lo que respecta al "Anuario estadístico y geográfico de Guerrero 2017 del Instituto Nacional de Estadística y Geografía", hasta ese mismo año: "se contaba con una población total de 3 533 251, de los cuales 1 699 059 eran hombres y 1 834 192

---

[119] INEGI, Encuesta Nacional de Ocupación y Empleo. IV trimestre 2018. Base de datos. Disponible en https://www.inegi.org.mx/programas/enoe/15ymas/default.html

[120] INEGI, Estadísticas a Propósito del Día Del Niño (30 De Abril), 2019, Datos Nacionales. https://www.inegi.org.mx/contenidos/saladeprensa/aproposito/2019/nino2019_Nal.pdf consultado el 16 de diciembre de 2022.

[121] *Ibídem*

mujeres".[122] Asimismo destaca que: "existía una población de 371 834 niños de 10 a 14 años de edad, de los cuales 188 059 son niños y 183 775 niñas, mientras que en el estado residen 358 436 adolescentes de 15 a 19 años de los cuales 177 435 son hombres y 181 001 mujeres."[123]

El Instituto Nacional de Estadística y Geografía, sostuvo que de 2004 a 2016: "una de cada tres personas asesinadas en el país tenía entre 15 y 29 años de éstas, el 88.8% eran hombres"[124].

Hasta el año 2020 representaba "el 34.1% (6 431 407) tan solo del género femenino cuya edad rondaba los 12 y 17 años de edad, según el INEGI, Guerrero en el mismo año con 17.3%"[125]. Por otra parte, de acuerdo con datos del INEGI del mismo año, la población del género masculino representaba el 29.0% de entre 15 y 19 años de edad"[126].

Ante este panorama, la conducta antisocial no puede ser concebida por simples actos unidireccionales, mucho menos atribuible a un solo factor, es necesario el análisis desde la perspectiva familiar y económico para entender las causas, no obstante, no se debe dejar de lado la combinación de factores en la conducta antisocial para ser explicada.

---

122 *Cfr.* Instituto Nacional de Estadística y Geografía (México). Anuario estadístico y geográfico de Guerrero 2017, Instituto Nacional de Estadística y Geografía. México: INEGI, 2017.

123 *Ibídem*

124 Instituto Nacional de Estadística y Geografía. *micro datos de mortalidad 2004-2016 preliminares de mortalidad por homicidio 2016*, consultado el 22 de mayo de 2017.

125 INEGI, Estadística a propósito del día internacional de la niña, 2022, Disponible en: https://www.inegi.org.mx/contenidos/saladeprensa/aproposito/2022/EAP_DiaNina.pdf

126 INEGI. (2022). Estadística a propósito del día internacional de la juventud. Disponible en: https://www.inegi.org.mx/contenidos/saladeprensa/aproposito/2022/EAP_juventud.pdf

IV. ESTADÍSTICA DE NIÑAS, NIÑOS Y ADOLESCENTES EN CENTROS DE INTERNAMIENTO EN MÉXICO

El Instituto Nacional de Estadística y Geografía", señaló que "a fines de 2013 se encontraban internados 4,691 jóvenes, la mayoría de entre 16 y 17 años. Siendo las conductas criminales más recurrentes el robo, el delito de lesión y, a partir del año 2000, los delitos contra la salud vinculados con el narcotráfico"

Por otro lado, según el "Fondo de las Naciones unidas para la Infancia" por sus siglas en inglés UNICEF, detalló que:

> La mayoría de los adolescentes mexicanos que entran en conflicto con la ley son de sexo masculino, tienen de 15 a 17 años, presentan un retraso escolar de más de cuatro años o han abandonado la escuela, residen en zonas urbanas marginales, trabajan en actividades informales que no exigen calificación laboral, y con el producto de su actividad ayudan al sostenimiento de la familia. Además, suelen vivir en entornos violentos. Se trata, en definitiva, de adolescentes que viven en ambientes de desprotección, en los que por lo general sus derechos se encuentran amenazados o vulnerados[127].

La cifra de adolescentes que se encuentran en Centros de Justicia Penal ha aumentado, "este sector poblacional que hasta el año 2020 representaba el 34.1% (6 431 407) tan solo del género femenino de la población de entre 12 y 17 años de edad según el INEGI (…) y, la población del género masculino representaba el 29.0% de entre 15 y 19 años de edad[128].

---

[127] UNICEF México, 2009

[128] INEGI, Estadística a propósito del día internacional de la juventud, 2022, Disponible en: https://www.inegi.org.mx/contenidos/saladeprensa/aproposito/2022/EAP_juventud.pdf

A fines de 2013 se encontraban internados 4,691 jóvenes, la mayoría de entre 16 y 17 años. Siendo las conductas criminales más recurrentes el robo, el delito de lesión y, a partir del año 2000, los delitos contra la salud vinculados con el narcotráfico[129].

Tan solo en los últimos ocho años existe un incremento alarmante de jóvenes recluidos por cometer conductas consideradas como antisociales graves por la ley, "en 2014 hubo un total de 16,885 adolescentes en todo el país que fueron objeto de diversas medidas por haber cometido infracciones a las leyes penales. De ellos, sólo 4,558 (es decir, 27% del total) fueron privados de su libertad por considerar que cometieron delitos graves. Del total de adolescentes 93% fueron hombres y 7% mujeres".[130]

Los adolescentes representan el principal grupo mayormente impactado por la incesante crisis de violencia e inseguridad que enfrenta la República Mexicana, tal y como lo establece el "Instituto Nacional de Estadística y Geografía" al referir que "de 2004 a 2016, una de cada tres personas asesinadas en el país tenía entre 15 y 29 años de éstas, el 88.8% eran hombres".[131]

De acuerdo con la "Encuesta Nacional de Adolescentes en el Sistema de Justicia Penal 2017": "El 82.2% de los adolescentes en el sistema de justicia penal contó con una sentencia: 65% cumplió una medida de sanción no privativa de la liber-

---

[129] Instituto Nacional de Estadística y Geografía INEGI 2016

[130] Azaola, Elena, *Diagnóstico de las y los adolescentes que comenten delitos graves en México*, 2015.

[131] Instituto Nacional de Estadística y Geografía. *micro datos de mortalidad 2004-2016 preliminares de mortalidad por homicidio 2016*, consultado el 22 de mayo de 2017.

tad; mientras que 17.2% cumplió su sanción en un Centro de Internamiento”.[132]

El “Instituto Nacional de Estadística y Geografía” reveló que tan solo en el 2017 hubo un 17.2% de jóvenes internados en algún centro de justicia penal con los que cuenta el país, lo que arroja “41.2% tenía una medida de sanción entre 1 y 3 años, mientras que 35.5% contaba con una medida de sanción entre 3 y 6 años” (INEGI, 2018)[133]; evidentemente la situación para los jóvenes representa un retroceso en el desarrollo psicoemocional, ya que estando internados difícilmente recibirán la misma educación que un adolescente en libertad.

Por su parte, la “Encuesta Nacional de Adolescentes en el Sistema de Justicia Penal 2017” mostró que: “el 31.3% fue víctima de al menos un delito; la mayor proporción (84.9%) fue víctima de robo de objetos personales, mientras que 4% fue víctima de algún delito sexual”.[134]

La Asociación “Reinserta un mexicano A.C.”, en su diagnóstico denominado “Estudio de factores de riesgo y victimización en adolescentes que cometieron delitos de alto impacto social en México”, publicó que de una muestra de 502 adolescentes internados en centros de justicia penal de:

> "Ciudad de México, Guerrero, Michoacán, Nuevo León, Puebla, Tabasco, Veracruz, Sinaloa y Yucatán; "dicha muestra equivale al 84% de la población total de los estados mencionados y aproximadamente al 32% de la población nacional. Entre las características demográficas más relevantes de la población estudiada, el 91% eran hombres y solo el 9% mujeres, los cuales

---

132 INEGI, Encuesta Nacional de Adolescentes en el Sistema de Justicia Penal, 2018, https://www.inegi.org.mx/contenidos/saladeprensa/boletines/2018/EstSegPub/ENASJUP2017.pdf

133 *Ibídem*

134 *Ibídem*

> corresponden a una edad promedio entre 17 años cumplidos y menos de 18 años de edad".[135]

Asimismo, ante la situación que implica para los adolescentes el internamiento, la "Comisión Nacional de Derechos Humanos", implementó en el transcurso de abril de 2018 a marzo de 2019, visitas de supervisión para los 45 centros de justicia penal de las 32 entidades federativas, obteniéndose lo siguiente:

> De los 45 centros de tratamiento interno que se encuentran en funcionamiento, 6 (13%) son varoniles, 35 (78%) alojan a hombre y mujeres, y 4 (9%) son exclusivos para personas del sexo femenino. En conjunto, la capacidad es de 6, 866 espacios, mientras que el número de personas internas el día de la visita asciende a 1, 445, entre los cuales se encuentran 1, 237 (86%) hombres y 208 (14%) mujeres. De este universo, 431 (30%) se encuentran sujetos a procedimiento y 1, 014 (70%) (...) están cumpliendo una medida de tratamiento; asimismo, 1, 362 (94%) de ellos están internados por hechos que la ley señala como delitos del fuero común y 83 (6%) por hechos que la ley señala como delitos del fuero federal".[136]

Con información actualizada hasta el cierre del año 2021, el "Censo Nacional de Sistema Penitenciario Federal y Estatales

---

135 .Cfr. De La Cruz Díaz, Eduardo & Arcos Vélez, Víctor Manuel, La violencia cometida al adolescente en conflicto con la ley del Centro de Justica Penal del estado de Guerrero, y su relación con la conducta antisocial. México: RICSH, 2020, https://doi.org/10.23913/ricsh.v9i18.222

136 .Cfr. Informe Especial de la Comisión Nacional de Derechos Humanos sobre los Centros de Tratamiento Interno para Adolescentes que infringen la Ley Penal de la República Mexicana.

2022" estableció que: "220 420 personas se encontraron privadas de la libertad/internadas en los centros penitenciarios federales y estatales (219 027 adultos y 1 393 adolescentes)".[137]

Sobre el sexo y edad de la población total recluida en los centros penitenciarios del país, se arrojó la siguiente información: del género masculino menores de 18 años solo el 0.3%, mientras que del género femenino solo el 0.4% no contaban con la mayoría de edad.

El "Censo Nacional de Seguridad Pública", permite conocer algunas cifras respecto al tema en cuestión; dicha información expone lo siguiente:

> Durante 2017, la Policía Federal aseguró a 19 mil 799 personas por su participación en la comisión de hechos probablemente delictivos, (...) de los cuales dentro del rango de edad entre 12 a 17 años el 4.5% fueron hombres y 0.3% mujeres.[138]
> Durante 2018, la Policía Federal aseguró a 21 mil 702 personas por su participación en la comisión de hechos probablemente delictivos, [...] de los cuales dentro del rango de edad entre 12 y 17 años el 4.5% fueron hombres y 5.1% mujeres.[139]

En el periodo que comprende el 2019, 2020, 2021 y 2022 no fue posible obtener la información por la fuente citada, ya que

---

137 INEGI, Censo Nacional de Sistema Penitenciario Federal y Estatales 2022, 2022, https://www.inegi.org.mx/contenidos/programas/cnspef/2022/doc/cnsipef_2022_resultados.pdf

138 Instituto Nacional de Estadística y Geografía, Censo Nacional de Seguridad Pública Federal, 2018, https://www.inegi.org.mx/contenidos/programas/cnspf/2018/doc/cnspf_2018_resultados.pdf

139 Instituto Nacional de Estadística y Geografía, Censo Nacional de Seguridad Pública Federal, 2019, https://www.inegi.org.mx/contenidos/programas/cnspf/2019/doc/cnspf_2019_resultados.pdf

se tomaron de manera general como presentadas ante el Ministerio Publico por parte de la Guardia Nacional sin exponer rangos de edad solo sexo masculino y femenino.

Respecto al estado de Guerrero, con base en la encuesta "Violencia y adolescentes", realizada en el Centro Justicia Penal se constató que:

> Del total de los adolescentes estudiados en conflicto con la ley penal y recluidos en el Centro de Justicia Penal del municipio de Chilpancingo, Guerrero, 64% fueron hombres y 36% mujeres. El grupo de edad que prevaleció fue de 16 a 17 años, con 86%. Asimismo, 17.86% se hallaba sin educación formal, 28.57% tenía estudios incompletos de secundaria, 14.28% de secundaria completa y 39.29% de bachillerato incompleto. 43% de los encuestados se ubicaba en el nivel socioeconómico bajo y 96% ingresó al centro de justicia penal a los 14 años de edad.[140]

Como se puede notar, los datos aportados por las distintas fuentes citadas no son alentadores, es decir, se aprecia que la mayoría de los estudios realizados los hombres predominan respecto a las mujeres; asimismo, se infiere que dicha problemática, lejos de disminuir se mantiene al alza.

Así se observan las conductas antisociales que más cometen los adolescentes, según la "Encuesta Nacional de Adolescentes en el Sistema de Justicia Penal 2017":

---

140 De La Cruz Díaz, Eduardo & Arcos Vélez, Víctor Manuel, "La violencia cometida al adolescente en conflicto con la ley del Centro de Justicia Penal del estado de Guerrero, y su relación con la conducta antisocial". Vol. 9, Núm. 18 julio – diciembre 2020. México: *RICSH.* https://doi.org/10.23913/ricsh.v9i18.222

> El 50.5% de los adolescentes en el sistema de justicia penal con medida de sanción tuvo conocimiento de que fue acusado por delitos del fuero común, mientras que 15.9% sabía que fue acusado por delitos del fuero federal. A 37.8% le fue dictada una medida de sanción por el delito de robo, mientras que 28.8% se encontraba vinculado a proceso por este delito.[141]

De acuerdo con Elena Azaola, quien obtuvo información sobre las conductas antisociales de mayor incidencia a través del "Diagnóstico de las y los adolescentes que cometen delitos graves en México":

> En el año 2016, el 35% de los adolescentes fue acusado por robo con violencia, 22% por homicidio, 17% portación de armas prohibidas, 15% por robo de vehículo, 15% por secuestro, 10% por delitos contra la salud y 10% por delincuencia organizada.[142]

Por su parte, la "Comisión Nacional de Derechos Humanos" en trabajos coordinados con el "Centro de Investigación y Estudios Superiores en Antropología Social", publicaron durante 2017 el "Informe Especial Adolescentes: Vulnerabilidad y Violencia", que arroja los siguientes porcentajes respecto al tema en comento: "El homicidio con un 34%, el robo con vio-

---

141 INEGI, Encuesta Nacional de Adolescentes en el Sistema de Justicia Penal, 2018, https://www.inegi.org.mx/contenidos/saladeprensa/boletines/2018/EstSegPub/ENASJUP2017.pdf

142 Cfr. Azaola, Elena, *Diagnóstico de las y los adolescentes que cometen delitos graves en México*, 2016, Disponible en https://www.casede.org/BibliotecaCasasede/Diagnostico_adolescentes.pdf

lencia 24%, secuestro 13%, violación 12%, robo de vehículo 4% y delitos contra la salud 3%."[143]

Conviene aclarar que el informe corresponde a un estudio realizado en los estados de Chihuahua, Durango, Sonora, Coahuila, Sinaloa, Baja California, Zacatecas, Puebla, Morelos, Hidalgo, Ciudad de México, Estado de México, Jalisco, Oaxaca, Yucatán, Tabasco y Veracruz.

El "Estudio de factores de riesgo y victimización en adolescentes que cometieron delitos de alto impacto social en México", arroja que:

> En 2018 "había 6, 144 adolescentes en conflicto con la ley, de los cuales 1, 512 cumplían medida privativa de la libertad. De ellos, 36.8% estaban privados de la libertad por homicidio; 27.8% por robo y el 18.2% por actos contra la libertad. Cabe mencionar que las mujeres se encuentran relacionadas mayormente por delitos de secuestro, mientras que los hombres por homicidio doloso.[144]

Animal Político, catalogado como una asociación de investigadores y comunicadores, sostiene que en el mismo año:

> 39% de los hombres y 33% de las mujeres son reincidentes, es decir, que antes de cumplir la mayoría de edad ya cometieron un delito más de una vez (...) el delito más común entre los adolescentes entrevistados es homicidio (36.8%), seguido de

---

143 Cfr. CNDH & CIESAS, *Informe Especial Adolescentes: Vulnerabilidad y Violencia*, 2017, https://www.cndh.org.mx/sites/default/doc/Informes/Especiales/Informe_adolescentes_20170118.pdf

144 Cfr. Reinserta un Mexicano, A.C., *Estudio de factores de riesgo y victimización en adolescentes que cometieron delitos de alto impacto social*, 2018, https://reinserta.org/

> robo agravado (27.8%) y delitos contra la libertad (18%). Más de la mitad (56.6%) dijo haber recibido golpes durante su detención, sin embargo, el 60% admite haber cometido el delito y cree que el castigo es justo.[145]

Ahora bien, como se aprecia, los estudios mencionados no contemplan al estado de Guerrero, esto no quiere decir que dicha entidad se encuentre exenta de esta situación, por lo que resulta necesario mencionar que en el 2018 se realizó una investigación en el "Centro de Ejecución de Medidas para Adolescentes" de la Ciudad de Chilpancingo, donde de una población total de 96 adolescentes privados de la libertad, se encuesto a 28 de ellos con el objetivo de:

> Describir las diferentes formas en que se manifiesta la violencia y/o el maltrato en las y los adolescentes en conflicto con la ley penal del Centro de Justicia Penal de Ejecución de Medidas para Adolescentes del municipio de Chilpancingo, Guerrero, y su relación con la conducta antisocial cometida.[146]

De esta manera, las conductas cometidas por los adolescentes fueron homicidios y lesiones en un 26%; tentativa de secuestro y secuestro 19% y daños a la salud, portación de armas y delincuencia organizada 13%, respectivamente.

---

[145] Altamirano, Claudia, Al menos 33% de los adolescentes recluidos en México son reincidentes, indica estudio. México: *Animal Político*, 2018, Disponible en https://www.animalpolitico.com/2018/11/adolescentes-recluidos-reincidentes-entorno/

[146] Cfr. De La Cruz Díaz, Eduardo & Arcos Vélez, Víctor Manuel, 2020, Óp. Cit.

V. MARCO JURÍDICO

El marco jurídico de referencia que es el siguiente:

Declaración de Ginebra Sobre los Derechos del Niño 1924: Esta Declaración fue bosquejada por *Eglantyne Jebb* y adoptada por la *International Save the Children Union*, en Génova, el 23 de febrero de 1923 y respaldada por la Asamblea General de la Sociedad de las Naciones Unidas en 1924.[147]

Declaración de los Derechos del Niño de 1959: La Organización de las Naciones Unidas promulgó la Declaración de los Derechos del Niño el 20 de noviembre de 1959, en la cual se plasman 10 principios básicos de la niñez. La convención sobre los derechos del niño. El 20 de noviembre de 1989 la firman los países convocantes. México la ratificó en septiembre de 1990 y es ley vigente en el territorio nacional.[148]

Reglas mínimas de las Naciones Unidas para la administración de la justicia de menores (Reglas de Beijín): Adoptadas por la Asamblea General de la ONU en su Resolución 40/33, el 29 de noviembre de 1985, contiene orientaciones básicas de carácter general se refieren a la política social en su conjunto y tienen por objeto promover el bienestar del menor en la mayor medida posible, lo que permitiría reducir al mínimo el número de casos en que haya de intervenir el sistema de justicia de menores y, a su vez, reduciría al mínimo los perjuicios que normalmente ocasiona cualquier tipo de intervención. Esas medidas de atención de los menores con fines de prevención

---

147 Bote Sierra, María, *El siglo del niño*, Universidad Complutense de Madrid, consultado 03/02/2018, disponible en: https://mariabotesierra.files.wordpress.com/2011/01/el-siglo-del-nic3b1o.pdf

148 Senado de la Republica, *Declaración de los Derechos de los niños*, México, consultado 03/02/2018, disponible en: http://www.senado.gob.mx/comisiones/desarrollo_social/docs/marco/Declaracion_DN.pdf

del delito antes del comienzo de la vida delictiva constituyen requisitos básicos de política.[149]

La Convención sobre los Derechos del Niño: Las Naciones Unidas han proclamado y acordado en la Declaración Universal de los Derechos Humanos y en los pactos internacionales de derechos humanos, que toda persona tiene todos los derechos y libertades enunciados en ellos, sin distinción alguna, sea por motivos de raza, color, sexo, idioma, religión, opinión política, nacionalidad, condición social, económica o de cualquier otra índole. En la Declaración Universal de Derechos Humanos las Naciones Unidas señalan que los niños, niñas y adolescentes tienen derecho a cuidados y asistencia especiales.[150]

Reglas de las Naciones Unidas para la protección de los menores privados de libertad: Adoptadas por la Asamblea General de la ONU en su Resolución 45/113, el 14 de diciembre de 1990, contiene las normas mínimas aceptadas por las Naciones Unidas para la protección de los menores privados de libertad en todas sus formas, compatibles con los derechos humanos y las libertades fundamentales, con miras a contrarrestar los efectos perjudiciales de todo tipo de detención y fomentar la integración en la sociedad[151].

Directrices de las Naciones Unidas para la prevención de la delincuencia juvenil: Adoptada por la Asamblea General de la ONU Resolución 45/112, el 14 de diciembre de 1990, estable-

---

149 Oficina contra la droga y el delito, Recopilación de reglas y normas de las Naciones Unidas en la esfera de la prevención del delito y la justicia penal, ONU, Nueva York, 2007, consultado 04/02/2018, disponible en: https://www.unodc.org/pdf/criminal_justice/Compendium_UN_Standards_and_Norms_CP_and_CJ_Spanish.pdf

150 Ídem.

151 ACNUR, Reglas de las Naciones Unidas para la protección de los menores privados de libertad, consultado 04/02/2018, disponible en: http://www.acnur.org/fileadmin/scripts/doc.php?file=fileadmin/Documentos/BDL/2002/1423

ce los fundamentales respecto a la prevención de la delincuencia juvenil como parte esencial de la prevención del delito en la sociedad. Se pronuncia a que los jóvenes deben desempeñar una función activa y participativa en la sociedad y no deben ser considerados meros objetos de socialización o control.[152]

Reglas mínimas de las Naciones Unidas sobre medidas no privativas de libertad (reglas de Tokio): Adoptadas por la Asamblea General de la ONU Resolución 45/110, el 14 de diciembre de 1990, contienen una serie de principios básicos para promover la aplicación de medidas no privativas de la libertad, así como salvaguardias mínimas para las personas a quienes se aplican medidas sustitutivas de la prisión.[153]

VI. CONCLUSIÓN

El Estado mexicano continúa olvidando y excluyendo a los adolescentes, los cuales día a día enfrentan retos como la pobreza, desintegración familiar, deserción escolar, desempleo, violencia, entre otras situaciones adversas, que impactan en sus vidas y los llevan a realizar conductas antisociales que crean un conflicto que trasciende el ámbito personal de cada uno de ellos.

El maltrato adolescente es una de las causas atribuibles a la comisión de conductas delictivas, por lo que es importante conocer la relación entre la conducta delictiva del menor y el

---

152 Orden Jurídico, Directrices de las Naciones Unidas para la Prevención de la delincuencia Juvenil "Directrices de Riad", consultado 04/02/2018, disponible en: http://www.ordenjuridico.gob.mx/TratInt/Derechos%20Humanos/OTROS%2003.pdf

153 Orden Jurídico, Reglas mínimas de las Naciones Unidas sobre medidas no privativas de libertad "Reglas de Tokio", consultado 04/02/2018, disponible en: http://www.ordenjuridico.gob.mx/TratInt/Derechos%20Humanos/OTROS%2020.pdf

tipo de delito cometido, los cuales se han incrementado en la última década. Aun así, las autoridades mexicanas encargadas de la protección a la familia y particularmente a la niñez no se han encargado de prevenir y atender ese tipo de situaciones.

La violencia es una de las mayores amenazas a nivel mundial y una de las principales fuentes de preocupación para la salud pública y la seguridad social, no solo por ser causa de numerosas defunciones prematuras, sino también por las lesiones o discapacidad que ocasiona entre la población.

La OMS en el año 2002, definió la violencia como el uso intencional de la fuerza física o el poder físico, o la amenaza de usarla contra uno mismo, otra persona, grupo o comunidad, que cause o tenga muchas probabilidades de provocar lesiones, muertes, daños psicológicos, trastornos del desarrollo o privaciones. Sobre el particular, dicha organización ha propuesto una clasificación de la violencia en tres grandes niveles: interpersonal, autoinfligida y colectiva; también ha establecido, tomando en consideración la Clasificación Internacional de Enfermedades, dos categorías para las lesiones, las cuales se agrupan en no intencionales (que comprenden accidentes de transporte, ahogamientos, caídas y sofocación, entre otras); e intencionales o lesiones por violencia. De acuerdo con esta clasificación, la violencia intencional fué la analizada. Cuando estas últimas terminan en decesos, se les conoce como muertes por violencia y pueden ser suicidios u homicidios.

Según diversos estudios, "la violencia durante la infancia y adolescencia constituyen un severo factor de riesgo, toda vez que puede llegar a dañar el desarrollo psicológico, emocional y cognitivo; asimismo, implica mayores posibilidades de sufrir otros tipos de violencia o presentar comportamientos antisociales y/o delictivos".[154]

---

154 Díaz, Eduardo, Word – Ricsh, 2020, En: https://www.ricsh.org.mx/index.php/RICSH/article/download/222/993

En México, existe una discordancia entre el discurso de la protección de los derechos de la infancia, la niñez y algunas prácticas violatorias de los derechos humanos y de la dignidad de niños, niñas y adolescentes. Los datos más recientes señalan que siete de cada diez jóvenes sufren violencia en sus relaciones de noviazgo (76 % de violencia psicológica, 16.5 % de violencia sexual y 15 % de violencia física). En cuanto a la violencia en la familia, solo 34 % de las mayores de 15 años no atestiguan violencia física entre sus padres, mientras que el restante 66 % ha vivido al menos una de las formas de violencia.[155]

Por otra parte, la violencia contra niños, niñas y adolescentes en entornos como la familia, la escuela, la comunidad, los centros de trabajo o las instituciones está legitimada y aceptada socialmente, de forma que se hace natural, lo que contribuye a su persistencia y reproducción.

El Informe Nacional sobre Violencia y Salud del año 2007 indicaba que, durante los últimos 25 años, dos niños menores de 14 años han muerto asesinados cada día. Además, entre el 55 y 62 % de niños y niñas, dicen haber sufrido alguna forma de maltrato (físico, emocional o sexual) en algún momento de su vida. Los jóvenes mexicanos representan un poco más de 38 % de las víctimas de homicidios en el país en la última década, según el informe La violencia juvenil en México, publicado en junio 2012 por el Banco Mundial (Secretaría de Salud [SSA], 2017). La tasa de homicidio juvenil se triplicó en solamente dos años (de 2008 a 2010), cuando llegó a 25.5 homicidios por 100.000 habitantes.

La violencia familiar es el acto abusivo de poder u omisión intencional dirigido a dominar, someter, controlar o agredir de manera física, verbal, psicológica, patrimonial, económica y sexual a las mujeres, dentro o fuera del domicilio familiar, cuyo

---

155 Bott, Guedes, Goodwin y Adams Mendoza, 2012.

agresor tiene o ha tenido relación de parentesco por consanguinidad o afinidad, de matrimonio, concubinato o mantenga o haya mantenido una relación de hecho; así lo establece el capítulo II de la Ley General de Acceso de las Mujeres a una vida libre de violencia.[156]

De acuerdo con el diagnóstico de factores de riesgo y victimización 2017, las características demográficas de la población estudiada reflejaron que el 91 % eran hombres y que la edad promedio de los recluidos fue de 17 años cumplidos y menos de 18 años. Los resultados de la investigación realizada en el Centro de Justicia Penal para Adolescentes del municipio de Chilpancingo, Guerrero, fue similar en relación al sexo, pues 64 % eran hombres; sin embargo, la edad de estos adolescentes era menor de 16 a 17 años en 86 % de los casos; es decir, los adolescentes en el estado de Guerrero cometen conductas antisociales a menor edad en relación con el estudio comparado.

También en el diagnóstico citado se identificó maltrato físico y psicológico en distintos niveles, provocado por ambos padres en 100 % de los adolescentes participantes, dato que supera lo reportado por Barrera, Espitia y Gaitán del año 2012, quienes señalaron que entre las formas más frecuentes de violencia identificada en los adolescentes en conflicto con la ley penal se encuentra la intrafamiliar con 87 %, maltrato físico con diversas modalidades y el maltrato emocional con 78 %.

El estudio realizado sobre el tipo de maltrato difiere con lo reportado por Muñoz, Gámez y Jiménez del año 2008, pues estos autores reportaron que 78.5% de sus participantes había sufrido algún tipo de maltrato emocional, 67 % maltrato físico y 37.6 % de abuso sexual. En efecto, en los adolescentes en conflicto con la ley del Centro de Justicia Penal de Chilpancin-

156 Ley General de Acceso de las Mujeres a una Vida Libre de Violencia, Congreso de la Unión. DOF-13-04-2018.

go, Guerrero, México, este último tipo de maltrato se halló en 21%.

Lo anterior demuestra que no son suficientes los tratados, convenciones, declaraciones, así como la normativa nacional e instituciones encargadas de la protección de los derechos de las y los adolescentes. Los niños, niñas y adolescentes continúan siendo un sector poblacional completamente olvidado en el ámbito de la procuración de justicia, ya que, de acuerdo con la Comisión Nacional de los Derechos Humanos, de los 45 centros de tratamiento interno que se encuentran en funcionamiento en toda la república mexicana, 6 (13%) son varoniles, 35 (78%) alojan a hombres y mujeres, y 4 (9%) son exclusivos para personas del sexo femenino. De este universo, 431 (30%) se encuentran sujetos a procedimiento y 1014 (70 %) 5/62 están cumpliendo una medida de tratamiento; asimismo, 1362 (94 %) de ellos están internados por hechos que la ley señala como delitos del fuero común y 83 (6 %) por hechos que la ley señala como delitos del fuero federal (Comisión Nacional de los Derechos Humanos [CNDH], 2018).

VII. FUENTES DE INVESTIGACIÓN

Azaola, Elena, *Diagnóstico de las y los adolescentes que cometen delitos graves en México.* México, Fondo de las Naciones Unidas para la Infancia (UNICEF), 2015.

Mieles Barrera, María Dilia, Gaitán Espitia María Victoria y Cepeda Gaitán, Renán, "Las instituciones educativas y la comunidad frente al maltrato infantil: una experiencia de investigación acción participativa", *Educação e Pesquisa,* vol. 38, núm. 1, 79-98, 2012, Doi: https://doi.org/10.1590/S1517-97022011005000010

Bott, Sarah, Guedes, Alessandra, Goodwin, Mary y Adams Mendoza, Jennifer, *Violencia contra las mujeres,* Washington, OMS, 2012.

Comisión Nacional de los Derechos Humanos [CNDH], Informe sobre centros de tratamiento interno para adolescentes que infringen la ley penal, México: CNDH, 2018. Recuperado de http://informe.cndh.org.mx/menu.aspx?id=111

Congreso de la Unión, Ley General de Acceso de las Mujeres a una Vida Libre de Violencia. Congreso de la Unión, DOF 13-04-2018, México, 2018. Recuperado de http://www.diputados.gob.mx/LeyesBiblio/pdf/LGAMVLV_130418.pdf

De La Cruz Díaz, Eduardo & Arcos Vélez, Víctor Manuel, "La violencia cometida al adolescente en conflicto con la ley del Centro de Justicia Penal del estado de Guerrero, y su relación con la conducta antisocial". *RICSH, México, 2020.* https://doi.org/10.23913/ricsh.v9i18.222

INEGI, Encuesta Nacional de Ocupación y Empleo. IV trimestre 2018l 2018. Base de datos. Disponible en https://www.inegi.org.mx/programas/enoe/15ymas/default.html

INEGI, Estadísticas A Propósito Del Día Del Niño (30 De Abril), 2019, Datos Nacionales. https://www.inegi.org.mx/contenidos/saladeprensa/aproposito/2019/nino2019_Nal.pdf consultado el 16 de diciembre de 2022.

Instituto Nacional de Estadística y Geografía. micro datos de mortalidad 2004-2016 preliminares de mortalidad por homicidio 2016, consultado el 22 de mayo de 2017.

2022. Estadística a propósito del día internacional de la juventud. Disponible en: https://www.inegi.org.mx/contenidos/saladeprensa/aproposito/2022/EAP_juventud.pdf

INEGI, Estadística a propósito del día internacional de la juventud, 2022, Disponible en: https://www.inegi.org.mx/contenidos/saladeprensa/aproposito/2022/EAP_juventud.pdf

Instituto Nacional de Estadística y Geografía. micro datos de mortalidad 2004-2016 preliminares de mortalidad por homicidio 2016, consultado el 22 de mayo de 2017.

INEGI, Encuesta Nacional de Adolescentes en el Sistema de Justicia Penal, 2018, https://www.inegi.org.mx/contenidos/saladeprensa/boletines/2018/EstSegPub/ENASJUP2017.pdf

INEGI, Censo Nacional de Sistema Penitenciario Federal y Estatales 2022, 2022, https://www.inegi.org.mx/contenidos/programas/cnspef/2022/doc/cnsipef_2022_resultados.pdf

Instituto Nacional de Estadística y Geografía, Censo Nacional de Seguridad Pública Federal, 2018, https://www.inegi.org.mx/contenidos/programas/cnspf/2018/doc/cnspf_2018_resultados.pdf

Instituto Nacional de Estadística y Geografía, Censo Nacional de Seguridad Pública Federal, 2019, https://www.inegi.org.mx/contenidos/programas/cnspf/2019/doc/cnspf_2019_resultados.pdf

NEGI, Estadística a propósito del día internacional de la niña, 2022, Disponible en: https://www.inegi.org.mx/contenidos/saladeprensa/aproposito/2022/EAP_DiaNina.pdf

Muñoz, Marina, Gámez, Manuel y Jiménez, Guadalupe, Factores de riesgo y de protección para el maltrato infantil en niños mexicanos. Revista Mexicana de Psicología, vol. 25, núm. 1, 165-174, 2008, Recuperado de https://www.researchgate.net/publication/272157268_Munoz_Gamez_y_Jimenez_Factores_de_riesgo_y_de_proteccion_para_el_maltrato_infantil_en_ninos_mexicanos

Organización Mundial de la Salud [OMS], Informe mundial sobre violencia y salud. Washington, DC, 2022.

Reinserta Un Mexicano, A. C., Estudio de factores de riesgo y victimización en adolescentes que cometieron delitos de alto impacto social, 2018. Recuperado del sitio de Internet de Reinserta Un Mexicano A.C: https://reinserta.org/wp-content/uploads/2020/10/estudiodefactoresderiesgoyvictimizacionenadolescentes.pdf

Secretaría de Salud [SSA], Informe Nacional Sobre Violencia y Salud, México 2017. Recuperado de https://www.unicef.org/mexico/spanish/Informe_Nacional-capitulo_II_y_III(2).pdf

Unicef, Eliminar la violencia contra niños y niñas, seis estrategias para la accion. Fondo de las Naciones Unidas para la Infancia. La Paz: Unicef, 2014.

Unicef, Panorama estadístico de la violencia contra niñas, niños y adolescentes en México. Fondo de las Naciones Unidas para la Infancia, México. UNICEF, 2019, Recuperado de https://www.unicef.org/mexico/media/1731/file/UNICEF%20PanoramaEstadistico.pdf

Perspectivas de las relaciones laborales a partir de la inclusión de poblaciones minoritarias en Colombia

"HACIA UNA EFECTIVA INCLUSIÓN EN LAS RELACIONES LABORALES"

INÉS RODRÍGUEZ LARA*
VALENTINA ROA GONZÁLEZ**
JAIRO ENAMORADO ESTRADA***

---

* Investigadora Senior Minciencias, Maestra, abogada, Especialista en Derecho Procesal, Magister en Educación, Conjuez del Tribunal Superior del Atlántico, Sala Laboral, docente de los cursos de seguridad social, procesal del trabajo e investigación. Líder del grupo de investigación Derechos Humanos, Tendencias Jurídicas y Socio Jurídicas Contemporáneas, Categoría A Minciencias, responsable de la línea de investigación Tendencias de las relaciones laborales y de la Seguridad Social. ORCID: 0000-0001-5954-0034.

** Estudiante de noveno semestre del programa de Derecho, integrante activo del semillero de investigación de la línea de investigación Tendencias de las Relaciones Laborales y de la seguridad Social del grupo de investigación Derechos Humanos, Tendencias Jurídicas y Socio Jurídicas Contemporáneas Categoría A Minciencias.

*** Investigador asociado Minciencias, Abogado, Especialista en Derecho Ambiental, Magíster en Derecho Procesal, Doctor en Filosofía con Orientación en Ciencias Políticas, profesor Universidad Simón Bolívar, Facultad de Ciencias Jurídicas y Sociales. ORCID: 0000-0002-6991-9811. Líder de la línea de Tendencias Ambientales Contemporáneas.

Sumario: I. Introducción. **II.** Consideraciones éticas. **III.** Inclusión en las relaciones laborales desde la perspectiva de las personas con discapacidad laboral **IV.** La inclusión en las relaciones laborales desde una mirada de las víctimas del conflicto armado. **V.** Inclusión en las relaciones laborales de comunidades afro y LGBTIQ+. **VI.** Inclusión en las relaciones laborales desde la perspectiva de trabajadores que ejercen la libertad de culto. **VII.** Conclusiones. **VIII.** Fuentes de investigación.

I. INTRODUCCIÓN

Las categorías de investigación que se desarrollan en el presente capítulo son Relaciones laborales e Inclusión. La primera categoría comprendida como el conjunto de actos, acciones, omisiones que se dan en el interactuar entre el empleador y los trabajadores a consecuencia de la institución jurídica del trabajo como derecho fundamental - social reconocido por la sociedad tanto nacional, como internacional. La segunda como el proceso mediante el cual se integra al ritmo de las relaciones sociales cotidianas y contemporáneas a aquellas personas que presentan o manifiestan una situación de discapacidad, pensar e identidad distinta.

En la posmodernidad la inclusión en las relaciones laborales en muchos países de Latinoamérica se define como aquel Derecho que tienen todas las personas y que se ha venido vulnerando en diferentes factores. Es por esto que mediante este capítulo queremos establecer que desafío implica lograr la regulación y protección de las garantías laborales de las personas, debido a que en muchos casos no cuentan con unos lineamientos claros que el trabajador o la persona deben conocer, colocando en contexto toda la normatividad y reglamentación que debe salvaguardar a las personas que cuenten con una discapacidad laboral, que sea víctima del conflicto armado, que pertenezca a la población LGBTI, que hagan parte de las comunidades Afro o que profesen un culto diferente al empleador.

La reglamentación del Derecho Laboral o de las Relaciones Laborales colombianas, convenios y tratados donde se reflejan las garantías traídas por el Código Sustantivo del Trabajo y de la Carta Magna de 1991, como son el Derecho de la dignidad humana, debido proceso, derecho a la libertad, derecho a la igualdad en aras de salvaguardar la relación que debe existir entre el trabajador- empleador.

El presente capítulo de libro se realiza bajo los lineamientos orientadores del paradigma histórico hermenéutico, que, reconociendo la importancia de la comprensión de los hechos, para alcanzar un conocimiento profundo. Tipo de investigación es una investigación Acción por ende responde a una investigación cualitativa por la manera de abordar el problema.

El nivel de profundidad corresponde al nivel Descriptiva – explicativo para lograr una mejor compresión enmarcada en una investigación analítica. Las técnicas que se utilizaron fueron una recopilación documental de diferentes tipos de datos bibliográficos y entrevistas a conveniencias o aleatorias con la técnica de grupos focales que permitieron obtener unas voces. El universo, población y muestra está representado en documentos y voces de miembros de *focus group.*

II. CONSIDERACIONES ÉTICAS

Como parte de los compromisos éticos para quienes participaron en el proceso de recolección de información de la investigación, se optó por seguir el manual de ética de derechos de autor, reserva de la información, esto es asegurarse de que los futuros participantes se sientan seguros de que sus nombres no serán revelados; además de garantizar que no sufrirán perjuicio alguno derivado de sus declaraciones y participación en esta investigación.

Se diseñó un formato de consentimiento, como parte de este último y a los participantes también se les informó con detalles sobre los propósitos de la investigación, su carácter académico y sobre la forma en que se gestionarían los datos recopilados. Aunque la naturaleza de la investigación cualitativa no suponga un riesgo físico para las personas se hizo la salvedad sobre el uso de las convenciones x, y, z para hacer referencia al dato obtenido en campo.

III. INCLUSIÓN EN LAS RELACIONES LABORALES DESDE LA ERSPECTIVA DE LAS PERSONAS CON DISCAPACIDAD LABORAL

Teniendo en cuenta, las estadísticas de la Organización mundial de la salud, determinó que en el año 2022 existen 1300 millones de personas con discapacidad, siendo 1 de cada 6 personas en el mundo y con un porcentaje de un 16 % de las personas que cuentan con alguna discapacidad a nivel mundial.

Al revisar sobre la reglamentación por medio de la cual se busca la protección de las personas con discapacidad en Colombia encontramos diferentes normas, entre ellas:

La ley 1996 de 2019, esta ley cuenta con principios como el reconocimiento y la protección de las personas mayores de edad que cuenten con alguna discapacidad en Colombia, el respeto a la igualdad de condiciones, a la no discriminación, dignidad como ser humano, primacía de la voluntad, accesibilidad, entre otros, los cuales los describe en su artículo 4. Adicionalmente, encontramos que esta ley tiene por objeto garantizar el derecho a la capacidad legal plena y que puedan tener acceso a los apoyos en la relación de los actos jurídicos.

En la actualidad, las personas con discapacidad son afectadas por diversos factores como en el factor Laboral, factor Económico, factor Social entre otros, debido a que cuentan con pocas oportunidades de demostrar que, a pesar de la situación de discapacidad, cuenta con habilidades y destrezas que permitirían cumplir con un trabajo como derecho inherente y deber social.

Desde el factor laboral, en la Constitución Política de 1991 nos describe en su artículo 23 "todos los ciudadanos tienen los mismos derechos y entre esos el derecho de un trabajo digno". De igual manera, según la convención de Derechos de las personas con discapacidad "Todas las personas son iguales ante ley, reafirmando que cuentan con las mismas garantías, oportunidades, libertades para ejercer sus actividades laborales" Medida que fue adoptada por la Asamblea General de las Naciones Unidas.

También, el factor económico de estas personas se ve afectado porque las empresas no brindan oportunidades debido a sus limitaciones, lo que ha conllevado a una alta tasa de desempleo.

Además, el factor social conlleva a que las personas que se encuentran en alguna situación de discapacidad pueden ser discriminados. Teniendo en cuenta que en Colombia el Ministerio de trabajo establece que las personas que cuentan con alguna discapacidad son destacadas por tener sentido de pertenencia y responsabilidad.

Adicionalmente, Por medio de la Ley 1618 de 2013, rige por unos principios de igualdad, inclusión, equidad, protección, no discriminación y define de una manera amplia algunos conceptos, haciendo énfasis en la inclusión que asegura que todas las personas cuenten con las mismas oportunidades de acceder, participar, contribuir al mejoramiento de la vida de todas las personas que cuenten con alguna discapacidad.

IV. LA INCLUSIÓN EN LAS RELACIONES LABORALES DESDE UNA MIRADA DE LAS VÍCTIMAS DEL CONFLICTO ARMADO

La población víctima del conflicto armado, se contempla en la ley 1448 de 2011, donde "Se consideran víctimas, para los efectos de esta ley, aquellas personas que individual o colectivamente hayan sufrido un daño por hechos ocurridos a partir del 1o de enero de 1985, como consecuencia de infracciones al Derecho Internacional Humanitario o de violaciones graves y manifiestas a las normas internacionales de Derechos Humanos, ocurridas con ocasión del conflicto armado interno.

A su vez, el artículo 130 de esta misma ley dispone como obligación del Gobierno Nacional, por medio del Ministerio del Trabajo y el SENA, el diseño de programas y proyectos especiales para la generación de empleo rural y urbano, con el propósito de apoyar el auto sostenimiento de las víctimas, como una de las medidas de la reparación.

Es por eso, que el gobierno nacional expidió el decreto 4800 de 2011, y en su título IV, le otorgó en los artículos 66 y 67 al Ministerio del Trabajo la competencia del diseño, coordinación y seguimiento de los programas y proyectos especiales para la generación de empleo rural y urbano; como también el de formular, adoptar, dirigir y evaluar la política de generación de empleo e incremento del nivel de empleabilidad de la población víctima del conflicto armado.

Así mismo, mediante una estrategia que implementó la unidad del servicio público de empleo, la agencia de estados unidos para el desarrollo (USAID) y la Organización Internacional para los Migrantes (OIM), que potenció las competencias que tienen las personas que fueron víctimas del conflicto armado, con el objetivó de promover, contribuir y generar empleo u otros beneficios desde diferentes sectores en el ámbito laboral para esa comunidad.

Ahora bien, este grupo poblacional también tienen que afrontar el desconocimiento de los contextos geográficos en los cuales les toca vivir, el desconocimiento de las nuevas oportunidades laborales que prevalecen en los nuevos territorios, los nuevos escenarios laborales que muchas veces son total adverso a su cualificación laboral.

V. INCLUSIÓN EN LAS RELACIONES LABORALES DESDE LAS PERSPECTIVAS DE LAS COMUNIDADES AFRO Y LGBTIQ+

En los últimos años se han visto avances importantes en Colombia para lograr la protección y garantía de los derechos de estas comunidades afrocolombianas, principalmente teniendo en cuenta que Colombia es un Estado social de derecho fundado en el respeto de la dignidad humana, en el trabajo y la solidaridad de las personas y en la prevalencia del interés general, de acuerdo con el Artículo 1 de la Constitución política colombiana.

Es importante destacar que la Constitución Política de 1991 es muy garantista y esto se ve reflejado en los diferentes artículos que buscan lograr un reconocimiento y protección efectiva de la diversidad étnica y cultural del país. El artículo 7 de la carta magna establece que el Estado reconoce y protege la diversidad étnica y cultural de la Nación colombiana.

Ahora bien, enfocándonos en la comunidad afro según las estadísticas del Dane, la población nacional en el país representa el 9,34% contando con comunidades Palenqueras y Raizales que se encuentran ubicadas en la Costa pacífica, Caldas, Quindío, Antioquia, Risaralda y la franja costera del Caribe.

Por otro lado, el Censo Nacional de Población y Vivienda (2018) las cifras de educación en los últimos 15 años cuentan con un 6,1 % de la población negra, Raizal, afrocolombiana y Palenquera que no sabe leer y escribir.

Según el estudio del grupo de investigación de la Universidad de los Andes, exponen que existe una problemática debido a las barreras de inclusión en las relaciones laborales con las personas que pertenecen a estas comunidades, puesto a que existe una discriminación Racial (2022). Debido a que realizaron un estudio experimental con 16 personas que pertenecen a esta comunidad, aspirando a un empleo con alrededor de 700 vacantes y con unas características fenotípicas y dejando como resultados que los individuos de piel blanca tuvieron el 19% de probabilidad a un empleo y con el 9% de probabilidad de a las personas negras.

Se puede concluir que las comunidades afrocolombianas cuentan con dos aspectos importantes que son la falta de educación y la falta de oportunidades laborales. A pesar de los avances normativos como la Ley 1833 de 2017 que protege los derechos de las comunidades, en nuestro país hay un tema que no se ha podido superar y es la discriminación, es por esto que es importante resaltar el Proyecto del Ministerio de la igualdad, una propuesta basada en sugerencia realizada por el actual presidente Gustavo Petro, mientras era candidato, resaltaba en su discurso que en su candidatura como presidente de Colombia se iba a encargar de crear un Ministerio de Igualdad desde cero. Mauricio Lizcano, director del Departamento Administrativo de la Presidencia de la República (Dapre), anunció que el Departamento de Prosperidad Social (DPS) se convertirá en la base fundamental del nuevo Ministerio de la Igualdad.

Este proyecto fue radicado el pasado 18 de octubre de 2022 en el Congreso de la República por parte del Presidente Gustavo Petro, la Vicepresidenta Francia Márquez, el Ministro del Interior y los presidentes del Senado y Cámara de Representantes. El objetivo principal de este ministerio es formular, adoptar, dirigir, coordinar y ejecutar las políticas, planes, programas, proyectos y medidas para promover la eliminación de las desigualdades económicas, políticas y sociales; impulsar el goce del derecho a la igualdad; el cumplimiento de los principios de no discriminación y no regresividad y la defensa de los sujetos de especial protección constitucional y de grupos discriminados o marginados.

Aludiendo a la comunidad LGBTIQ+, en la encuesta realizada por el Dane en el año 2018 se refleja que hasta el año 2018 en Colombia existen 501.000 mil personas LGBTIQ, en el mes de junio del año 2022 se realizó una nueva encuesta de forma anónima para establecer las condiciones socioeconómicas y los datos de la población. Durante el año 2021 al mes de abril del 2022, se estima que 513.000 mil son personas LGBTIQ+.[157]

Según Nary Chaves- Barbara Ester este movimiento LGBTIQ+ tuvo inicio en los años 60 en América Latina, principalmente en Sudamérica y México.[158] En el país de Ecuador fue el pionero en incorporar en su constitución la prohibición de la discriminación y una amplia protección jurídica, que fue en el año 2003, en el segundo lugar lo ocupa Bolivia en el año 2010 y México en el año 2011. Posteriormente a estos en Colombia en 2011, luego Chile 2012, Perú en el 2017, Cuba en el año 2019 y entre otros. (2022)

En Colombia, la normatividad que protege a esta comunidad, encontramos en el artículo 13 de la constitución política "todas las personas nacen libres e iguales ante la ley, recibirán

---

157 Dane, Grupos étnicos - Información técnica. Población Negra, Afrocolombiana, Raizal y Palenquera (NARP), Población Gitana o Rrom, Pueblos indígenas, 2018, https://www.dane.gov.co/index.php/estadisticas-por-tema/demografia-y-poblacion/grupos-etnicos/informacion-tecnica

158 Bárbara, Ester & Nery Chaves García, Los derechos LGBTI+ en América Latina, CELAG, 28 de junio 2021, https://www.celag.org/los-derechos-lgbti-en-america-latina/

la misma protección y trato de las autoridades y gozarán de los mismos derechos, libertades y oportunidades sin ninguna discriminación por razones de sexo, raza, origen nacional o familiar, lengua, religión, opinión política o filosófica.

Además, en la ley 1752 de 2015 que tiene como objetivo sancionar de forma penal todo acto de discriminación, ya sea por sexo u orientación sexual, ideología política o filosóficas, entre otras.

Ahora bien, a pesar de que contamos hoy en día con una normatividad y reglamentación evidenciamos una alta tasa de discriminación para las personas que pertenecen a esta comunidad. Encontramos, por ejemplo:

Según el abogado laboralista Daniel Cardona, "No es fácil probar que en serio una persona no fue contratada por su orientación sexual, es complejo. Ahora, el caso llega a los juzgados, pero lastimosamente la protección especial del grupo diverso se enfrenta con la autonomía de la empresa y es el juez el que decide qué prima, aunque nos parezca obvio qué puede ser más importante".

El estudio que realizó el Dane durante el año enero - diciembre 2022, la tasa global de participación (TGP) de la población LGBTIQ+ fue de 78,8%, siendo 11,8 puntos porcentuales mayor que la de la población no LGBTiq* (67,0%). La tasa de ocupación de la población LGBTIQ* fue de 67,0%, siendo mayor en 7,4 puntos porcentuales respecto a la de la población no LGBT (59,6%). Por su parte, la tasa de desempleo se ubicó en 14,9% para la población LGBT, siendo 3,8 puntos porcentuales mayor a la de la población no LGBT (11,1%).[159]

[159] Dane, Población LGTB- Boletín GEIH de encuesta integrada en población LGTB, 2022, Obtenido de Microsoft Word - Boletin especial anual LGBT abril 21- mar 22_VF.doc (dane.gov.co)

VI. INCLUSIÓN EN LAS RELACIONES LABORALES DESDE LA PERSPECTIVA DE TRABAJADORES QUE EJERCEN LA LIBERTAD DE CULTO

La libertad de culto es un derecho inherente y en la Constitución Política de Colombia de 1991 se consagra en el artículo 19 cuando expresa: Se garantiza la libertad de cultos. **Toda persona tiene derecho a profesar libremente su religión y a difundirla en forma individual o colectiva**. Todas las confesiones religiosas e iglesias son igualmente libres ante la ley.

Este derecho constitucional fundamental se materializa en saber ser de la persona, pero también el saber hacer, es decir cuando la persona tiene que desarrollarse en el ámbito laboral. Pero así mismo, algunas veces se encuentra con un empleador que profesa religión distinta a la del trabajador, y el primero dentro de sus facultades de Imponer órdenes y este último, en las obligaciones de obediencia y fidelidad.

Lo anterior, sin dejar por fuera que desde las instalaciones de la empresa se imparten imágenes y acciones que corresponden a un culto diferente al que el trabajador profesa y frente a las cuales el trabajador tiene que prestar sus servicios. Entré las cuales tenemos una imagen de un Dios o de una presentación de la virgen María, la celebración de una eucaristía de miércoles de ceniza, entre otros.

VII. CONCLUSIONES

Finalmente se decantan las siguientes afirmaciones a modo de síntesis:

PRIMERO: La inclusión no solo debe mirarse en el ámbito de las relaciones educativas, es necesario (re)pensarse desde la perspectiva de otros ámbitos, como es de las relaciones de trabajo, porque en estas se hace necesario la materialización de la inclusión para el óptimo clima laboral.

SEGUNDO: Las poblaciones minoritarias tales como personas en situación de discapacidad, Víctimas de conflicto armado, comunidades Afro, comunidades LGTBIQ+, ciudadanos que profesan la libertad de culto además de enfrentarse a las pocas oportunidades laborales, también se enfrentan a la poca cristalización del principio de la inclusión, entendido como el conjunto de posibilidades de desarrollar habilidades y destrezas

TERCERO: Para construir la ruta de una efectiva inclusión en las relaciones laborales de Colombia o del ámbito internacional se requieren mente abierta de empleadores, reglamentos internos de trabajo flexibles y

VIII. FUENTES DE INVESTIGACIÓN

Avendaño, María Alejandra, Álvarez Luna, María Fernanda, & Luna Moreras, Eerika, Inclusión laboral en población LGBTI desde el marco de la responsabilidad social empresarial (Doctoral dissertation, Corporación Universitaria Minuto de Dios), 2019, Obtenido de TE.GS_AvendañoMaría-ÁlvarezMaría-LunaErika_2019.pdf (uniminuto.edu).

Bárbara, Ester & Nery Chaves García, Los derechos LGBTI+ en América Latina, CELAG, 28 de junio de 2021, https://www.celag.org/los-derechos-lgbti-en-america-latina/

Colombia Informa, La importancia del movimiento LGTBIQ+ en Colombia: Del orgullo a la acción política - Colombia Informa Destacadas. Colombia Informa, 2 de julio de 2021, https://www.colombiainforma.info/la-importancia-del-movimiento-lgtbiq-en-colombia-del-orgullo-a-la-accion-politica/

Dane, Población LGTB- Boletín GEIH de encuesta integrada en población LGTB, 2022. Obtenido de Microsoft Word - Boletin especial anual LGBT abril 21- mar 22_VF.doc (dane.gov.co)

Dane, Grupos étnicos - Información técnica. Población Negra, Afrocolombiana, Raizal y Palenquera (NARP), Población Gitana o Rrom, Pueblos indígenas, 2018, https://www.dane.gov.co/index.php/estadisticas-por-tema/demografia-y-poblacion/grupos-etnicos/informacion-tecnica

DANE, Mercado laboral de la población LGBT, s.f., Recuperado 21 de febrero de 2023, de https://www.dane.gov.co/index.php/estadisticas-por-tema/mercado-laboral/mercado-laboral-de-la-poblacion-lgbt

Daniela Liévano, ¿Cómo está el tema de inclusión laboral étnica en Colombia? 17 de enero de 2022, Recuperado 21 de febrero de 2023, de https://www.asuntoslegales.com.co/consultorio/como-esta-el-tema-de-inclusion-laboral-etnica-en-colombia-3286957

Editorial La República, El Dane informó que población que se reconoce afro asciende a 2,98 millones de personas. Diario La República, 7 de noviembre de 2019. Recuperado 21 de febrero de 2023, de https://www.larepublica.co/economia/el-dane-informo-que-la-poblacion-afro-asciende-a-2-98-millones-de-personas-2929745

El Economista, Sólo 30% de las empresas en México son intencionalmente Inclusivas, 4 de junio de 2021, https://www.eleconomista.com.mx/capitalhumano/Solo-30-de-las-empresas-en-Mexico-son-intencionalmente-inclusivas-20210603-0127.html

El País, El Dane pidió a la población Lgbtiq+ llenar encuesta para actualizar estadísticas, 3 de julio de 2022, https://www.elpais.com.co/colombia/el-dane-pidio-a-la-poblacion-lgbtiq-llenar-encuesta-para-actualizar-estadisticas.html

Fucsia, Discriminación laboral en la diversidad: Qué pasa con la comunidad LGBTIQ+ en Colombia. *Revista de moda, belleza, entretenimiento, horóscopo, turismo y maternidad,* 9 de septiembre de 2022, en Fucsia.co. https://www.fucsia.co/actualidad/articulo/discriminacion-laboral-en-la-diversidad-que-pasa-con-la-comunidad-lgbt-en-colombia/202206/

LEY 1346 DE 2000, Por medio de la cual se aprueba la "Convención sobre los Derechos de

las personas con Discapacidad", adoptada por la Asamblea General de la Naciones Unidas el 13 de diciembre de 2006. 31 de julio de 2009. CXLIV. N. 47427.

LEY 1618 DE 2013, Por medio de la cual se establecen las disposiciones para garantizar el pleno ejercicio de los derechos de las personas con discapacidad. 27 de febrero de 2013. CXLVIII. N. 48717. Obtenido de Ley 1618 de 2013 - Gestor Normativo - Función Pública (funcionpublica.gov.co)

Ley 1752 de 2015—Gestor Normativo—Función Pública. (s. f.). Recuperado 21 de febrero de 2023, de https://funcionpublica.gov.co/eva/gestornormativo/norma.php?i=61858

Organización de las Naciones Unidad, Inclusión laboral, Obtenido de https://www.cepal.org/es/subtemas/inclusion-laboral

Ortiz Fonnegra, María Isabel, ¿Cuántos colombianos son LGBT? Dane hizo primera medición estadística, El Tiempo, 13 de agosto 2020, https://www.eltiempo.com/justicia/servicios/encuesta-del-dane-midio-por-primera-vez-cantidad-de-personas-lgbt-en-colombia-529124

OIM Colombia, Avanza estrategia para emplear a 1300 víctimas de la violencia, 11 de marzo de 2021, Recuperado 21 de febrero de 2023, de https://colombia.iom.int/es/news/avanza-estrategia-para-emplear-1300-victimas-de-la-violencia

Ministerio de Trabajo, Guía para el proceso de inclusión laboral de personas con discapacidad, 2023,

Obtenido de 1d8631c0-58d5-8626-69cb-780b169fcdf7 (mintrabajo.gov.co)

Norma Mexicana NMX R 025 SCFI 2015, Igualdad laboral y no discriminación. https://www.gob.mx/inmujeres/acciones-y-programas/norma-mexicana-nmx-r-025-scfi-2015-en-igualdad-laboral-y-no-discriminacion

Secretaría Distrital de Planeación, *Diagnóstico y recomendaciones para la inclusión laboral de los sectores sociales LGBTI*, s.f.

Unidad para las Víctimas, Comunidades negras, afrocolombianas, raizales y palenqueras, s.f., https://www.unidadvictimas.gov.co/es/comunidades-negras-afrocolombianas-raizales-y-palenqueras/277

La convención de los derechos de los niños y su efecto en la inclusión social en México

OMAR DAVID JIMÉNEZ OJEDA*
MARÍA JOSÉ OSEGUERA NARVÁEZ**

SUMARIO: I. Introducción. II. La convención de los derechos de los niños en el siglo XXI. III. La inclusión social en contextos de niñez. IV. Visión histórica-jurídica del interés superior del niño. V. Comité de los derechos de los niños. VI. Contexto general en México y Chiapas en cuanto al ejercicio de derechos de niñas, niños y adolescentes. VII. Conclusiones. VIII. Fuentes de investigación.

I. INTRODUCCIÓN

Los contextos social, económico y cultural presentan actualmente desafíos importantes para la sociedad por la compleji-

---

* Profesor Investigador de Tiempo Completo de la Universidad Autónoma de Chiapas (UNACH) de la Licenciatura y el Doctorado en Derecho, programa inscrito en el PNPC-CONAHCYT. Integrante del Sistema Nacional de Investigadores nivel I, CONAHCYT México. Doctor en Derecho, correo electrónico: omar.jimenez@unach.mx ORCID: 0000-0002-0944-9555.

** Estudiante del Doctorado en Derecho de la Universidad Autónoma de Chiapas (UNACH), programa inscrito en el PNPC-CONAHCYT. Profesora de la Licenciatura en Derecho del Instituto de Investigaciones Jurídicas de la UNACH. Correo electrónico: maria.oseguera@unach.mx.

dad y diversidad de problemas que impactan a la población en general, pero, sobre todo, a los grupos con mayor desventaja por sus características de exclusión social, y ahí la niñez está incluida. El objetivo del capítulo es generar una visión panorámica del estado del arte que guardan los derechos de los niños en México, partiendo necesariamente del principio del interés superior de la niñez a 30 años de la Convención de los derechos del niño, adoptada por la Asamblea General de la Organización de las Naciones Unidas y a partir del problema global que sin duda persiste en su aplicación irrestricta. Para su realización, seguimos el método cualitativo a partir del análisis de los derechos de niñas y los niños, además de las obligaciones de los Estados ante el Comité de los Derechos de los Niños y las responsabilidades de los padres, las madres y la sociedad en su conjunto para lograr su inclusión social. Los hallazgos permiten plantear los aspectos que deben ayudar a catapultar la observancia de obligaciones, responsabilidades y derechos de las niñas, niños y adolescentes.

Sin duda, nuestra sociedad genera la necesidad de llevar a cabo una evaluación y análisis del estado actual de la niñez y de las instituciones del Estado mexicano encargadas de velar por la supremacía de su interés, amén de que es un compromiso internacional; porqué en efecto, las violencias, la explotación y el trabajo infantil por citar algunos, presentan acepciones diferentes a las que tuvieron a finales del siglo pasado, en aquellos años 80´s y 90´s, el maltrato y la explotación comercial infantil ni siquiera estaban previstos normativamente como tales; las adopciones –cuando eran legales– fueron incidentales y no se diferenciaba entre simple y plena; invocar el interés superior de la niñez prácticamente era nulo en sede judicial, era incipiente su presencia en los foros académicos y la doctrina con la que se contaba, era aún modesta por decir lo menos. 30 años después, el escenario es diferente, se contempla un cambio en su visibilización e impacto en el marco jurídico.

Previo al nuevo siglo aún no se tenía claridad y consenso internacional respecto a que niñas y niños son titulares de derechos humanos. Esta titularidad de derechos prácticamente se incorpora en los últimos 30 años, con la convencionalidad y también por la protección de los sistemas regionales de derechos humanos desde una perspectiva política, social y jurídica de su ejercicio real y cuando se transgreden, se cuenta con mecanismos que permiten exigir su cumplimiento. Es en este sentido que debe entenderse a la infancia como un espacio separado de la edad adulta en la cual las niñas y niños deben gozar de una serie de derechos específicos que les permitan desarrollarse plenamente en todos los ámbitos de la vida y con la garantía de su cumplimiento.

Pero alcanzar ese escenario no fue tarea fácil, debe recordarse que en 1979 la Asamblea General de las Naciones Unidas, conmemoró también el Año Internacional del Niño, al celebrarse los 20 años de la Declaración Universal de Derechos del Niño, lo que fue una ocasión singular para la propuesta de formulación de una Convención en la materia. Finalmente, y solo después de décadas de trabajo y esfuerzo de defensores de los derechos humanos, la Asamblea General de las Naciones Unidas aprobó el 20 de noviembre de 1989 la Convención de los Derechos del Niño.[160] Este instrumento convencional es el primero que incorporó un amplio catálogo de derechos humanos internacionales, entre ellos los derechos civiles, culturales, económicos, políticos y sociales, así como aspectos de la legislación humanitaria.[161]

---

[160] Un completo estudio de la evolución de la protección de los derechos de los niños se halla en Veerman, PH, 1992, *The Rights of the Child and the Changing Image of Childhood,* Netherlands, Martinus Nijhoff Publishers, 1992.

[161] La Convención de los Derechos de los Niños no ha sido firmada por los Estados Unidos de América, esto obedece a que en ese país la

El presente capítulo pretende atraer la mirada de aquellos que se han cuestionado sobre los procesos de inclusión social y derechos, presentando la evolución de los derechos de la niñez y sus implicaciones para su ejecución, destacando dentro del escenario legislativo la unificación que en México empieza a generarse.

II. LA CONVENCIÓN DE LOS DERECHOS DE LOS NIÑOS EN EL SIGLO XXI

Una de las temáticas contemporáneas más analizadas, discutidas, en ocasiones polémicas y muchas veces transgredida es lo concerniente a los Derechos Humanos, en las bibliotecas universitarias es común la presencia de cientos de libros que se ocupan de esta materia desde áreas de conocimiento disímbolas, lo mismo desde el derecho, como la antropología, la ciencia política o la sociología por citar tan solo algunas, con base en lo anterior podemos afirmar que los Derechos Humanos son diferentes entre sociedades, evolucionan de acuerdo a la época y tratan de responder a exigencias modernas. Daniel Barceló[162] nos clarifica los antecedentes de los derechos fundamentales, al develar que primero fueron principios y sólo después obtendrían sus garantías, cuando sostiene:

Los derechos fundamentales y sus garantías nacen en la Edad Moderna a partir de los principios de convivencia social formados en Occidente en la Edad Antigua y en la Edad Media. Los derechos fundamentales y sus garantías se fraguaron para

---

pena de cadena perpetua a personas menores de 18 años de edad es legal en 29 de 50 estados de la Unión Americana.

162 Barceló, Daniel, *Teoría del federalismo y del derecho constitucional estatal mexicano,* México, Instituto de Investigaciones Jurídicas de la UNAM, 2016, p. 151,

servir como dispositivos técnicos, para que los citados principios pudiesen tener más eficacia en la ordenación de las relaciones humanas, por eso, mucho tiempo, "derechos individuales" y "garantías individuales" fueron considerados sinónimos, pero en realidad son elementos diferentes dentro del derecho.

Los principios son ideas intuidas y reconocidas como valiosas por todos los miembros de la sociedad, rigen el pensamiento y la conducta de los individuos en su convivencia social. Pero éstos no pueden ser exigibles sino hasta que se establecen en una norma jurídica superior obligatoria para gobernantes y gobernados, llamada "Constitución".

Por lo anterior, pese a la amplia historia en materia de derechos humanos y tratados, al menos en lo que se refiere a los derechos de las niñas y los niños no se aprecia con exactitud un antecedente como se pudiera suponer, pues como se dijo en líneas anteriores, lo que aconteció no tiene relación con la actualidad en donde la niñez es sujeto de derechos, puesto que la figura de niñas y niños en el ámbito jurídico antes del siglo pasado, se reducía a la de un mero objeto de protección, es decir a un menor que se debía tutelar.

En efecto, el mundo resultante posterior a la posguerra del siglo XX detonó una reflexión general que permitió visibilizar los derechos, y los primeros fueron los relativos a las niñas y los niños, lo anterior generó el inicio de la armonización con los Derechos Humanos y sus garantías. Esto es así porque al término de la segunda guerra mundial, el panorama era desolador en general, pero en lo particular miles de niños en Europa, Asía y África se hallaban refugiados en un tercer país, huérfanos y sin apoyo de estructura gubernamental, pues el nuevo orden mundial impuso la delimitación de nuevas fronteras y estableció, además, países estados nuevos. Sería hasta el año 1959 cuando la recientemente creada Organización de las Naciones Unidas retomó el liderazgo en la cuestión y se proclamó la Declaración de los Derechos del Niño, contenida en su Resolución 1386 del 20 de noviembre de 1959. En esa Declaración se presentaron 10 principios básicos para su efectiva implementación por parte de los Estados contratantes y en ese sentido la Declaración considera que el niño, por su lógico y natural estado de inmadurez física y mental, reclama cuidados especiales y protección desde el momento de su concepción y a lo largo de su desarrollo.

Dos décadas transcurrieron de discusiones, con altas y bajas en la sensibilización de los actores y líderes políticos pues la guerra fría acaparaba el escenario y sería hasta 1979, que se declararía el Año Internacional del Niño. Lo anterior marcó un hito y fue posible gracias a los representantes de cuarenta y tres países que no descansaron hasta finalizar el trabajo de redacción de la Convención, esta tarea culminaría el 20 de noviembre de 1989 y abierta a la firma y ratificación por la Asamblea General de la ONU (Resolución 44/25), con ese impulso el 2 de septiembre del año 1990 entró en vigor. Por su parte México la ratificó casi inmediatamente, el 21 de septiembre del mismo año.

Los 54 artículos de la Convención se organizan de la siguiente manera:

- Preámbulo, contiene los fines que persiguen los Estados parte en la Convención;
- Primera parte, presenta todos los derechos y garantías para proteger y promover el desarrollo armonioso del niño;
- Segunda parte, establece la creación de un Comité de los Derechos del Niño;
- Tercera parte, contiene el procedimiento para que la Convención entre en vigor y los trámites

de enmiendas y reservas que pueden formular los Estados.[163]

Una parte fundamental de la Convención es la relativa a la conformación del Comité de los Derechos de los Niños que entró en funciones el 27 de febrero de 1991, integrado por 18 personas expertas e independientes quienes ostentan una representación profesional y a título personal, su designación procura una representación equitativa por regiones mundiales y también por familia o sistema jurídico, los países que firmaron la convención se obligan a subsanar las observaciones generales que se emiten desde el Comité, que tienen una frecuencia de dos años a partir de la ratificación de la Convención para presentar su primer informe y posteriormente de cinco años entre los informes. No obstante, la supervisión de la Convención, se identificaron otros derechos en particular que eran susceptibles a ser sistemáticamente transgredidos y se elaboraron protocolos para su atención. El Comité además supervisa el cumplimiento de tres protocolos facultativos[164] y se reúne en tres ocasiones en el año 1994 en Ginebra, Suiza.

III. LA INCLUSIÓN SOCIAL EN CONTEXTOS DE NIÑEZ

El concepto de inclusión social es abordado ampliamente desde la perspectiva de las ciencias sociales, normalmente se asume como aspecto positivo de lo que debería ser, sin embar-

---

163 Convención de los Derechos del Niños, 20 de noviembre de 1989, Naciones Unidas, https://www.ohchr.org/sites/default/files/crc_SP.pdf

164 Los protocolos facultivos son los relativos a la participación de los niños en conflictos armados (OPAC), a la venta de niños, la prostitución infantil y la utilización de niños en la pornografía (OPSC) y el relativo al procedimiento de comunicaciones (OPIC).

go, la realidad aun nos da muestras de que estamos en contextos de exclusión y esta es sinónimo de privación del ejercicio de derechos. La inclusión social parecería que es privilegio de unos cuantos, de una élite y para las masas solo queda la exclusión social, ya que se encuentra presente en todos los sectores de la sociedad, impactando más duramente en los sectores menos favorecidos. UNICEF en su informe mundial del estado de la Infancia del año 2006 advirtió:

> Para los efectos de este informe, se considera que un niño o niña está excluido con respecto a otros niños y niñas cuando se cree que corre el riesgo de no beneficiarse de un entorno que le proteja contra la violencia, los malos tratos y la explotación, o cuando no tenga posibilidades de acceder a servicios y bienes esenciales y esto amenace de alguna manera su capacidad para participar plenamente algún día en la sociedad. Quienes excluyen a estos niños pueden ser sus familias, la comunidad, el gobierno, la sociedad civil, los medios de comunicación, el sector privado y otros niños y niñas.[165]

De lo anterior nos queda claro que esa privación se manifiesta materialmente en el ejercicio de un derecho, bien sea económico, social o político. Sin duda esta privación es una violación a los derechos humanos, a la dignidad humana en particular y al mínimo vital de lo que se han encargado los teóricos en definir. Ahora bien, la exclusión social es un fenómeno multicausal que en países en mediania de desarrollo como México presenta por lo menos un binomio indisoluble: la mar-

---

[165] UNICEF. *Estado Mundial de la Infancia 2006. Excluidos e invisibles*, Nueva York. Disponible en: https://www.unicef.org/colombia/media/2411/file/Estado%20Mundial%20de%20la%20Infancia%202006.pdf p.7

ginación y la pobreza. Además, en los últimos veinte años se ha recrudecido el factor excluyente alentado por las violencias, la falta de educación y el magro acceso a la salud. La tasa de mortalidad infantil por ejemplo es alta en países en desarrollo comparada con las economías industrializadas, pongamos el ejemplo de una niña en la montaña de Guerrero que tienen que cuidar –por los estereotipos de género que le son asignados– a 3 o 4 hermanos menores y además debe contribuir al ingreso familiar, prácticamente estará excluida de muchas condiciones que favorecerían su desarrollo y hablar de un proyecto de vida es impensable. Lo mismo pasa con una niña en los Balcanes que con una en los Andes Peruanos, finalmente la exclusión social estará ahí.

Miguel Laparra refuerza lo anterior cuando realiza una clasificación de exclusión que incluye las dificultades o barreras en al menos tres dimensiones:

1. Participación económica (pobreza económica),
2. Participación social (aislamiento social, conflictividad familiar y otros), y
3. Participación política (entendida como el acceso limitado a los sistemas de protección social, sanidad, vivienda, educación o prestaciones sociales).[166]

La exclusión social llegó incluso a niveles de "limpieza social" como ocurrió en Guatemala en la década de los noventa del siglo pasado que llevo incluso a la Corte Interamericana a sancionar a ese Estado en el Caso de los "Niños de la Calle" (Vi-

---

[166] Laparra, Miguel.; et al, Una propuesta de consenso sobre el concepto de exclusión. Implicaciones Metodológicas. *Revista española del Tercer Sector,* 5: 15-58. Disponible en: https://dialnet.unirioja.es/servlet/articulo?codigo=2376685 p. 27

llagrán Morales y otros) Vs. Guatemala en 1999.[167] Por razones como las anteriores, *Save the Children* afirmó:

> "A 700 millones de niños y niñas en el mundo, y probablemente a cientos de millones más, le han robado la infancia antes de tiempo".[168]

En efecto, la descripción anterior corresponde a que las enfermedades, conflictos armados, migración no acompañada, las violencias, el matrimonio infantil tan común en Chiapas, el embarazo en adolescentes, la desnutrición, la falta de acceso a la educación y el trabajo infantil abonan a volver invisibles a las niñas y niños, cuando deberían tener condiciones de inclusión social como un derecho humano, derivado del bloque de convencionalidad y del bloque de constitucionalidad que en el caso mexicano, obliga al gobierno a su atención irrestricta y demanda de la sociedad su colaboración.

IV. VISIÓN HISTÓRICA-JURÍDICA DEL INTERÉS SUPERIOR DEL NIÑO

El Interés Superior del Niño puede ser un concepto abstracto, pero debe ser considerado de corte garantista y progresivo por lo que sin duda es uno de los principios que mayor influencia ha tenido en el mundo en las últimas décadas. No obstante, estamos en condiciones de exponer que no es algo relativamente novedoso ya que existen antecedentes que dan cuenta de referencias al principio a manera de reconocimiento gradual

---

167 Vease en: https://www.corteidh.or.cr/docs/casos/articulos/seriec_63_esp.pdf

168 Véase Infancias Robadas. Informe mundial sobre la infancia. Disponible en: https:// https://www.savethechildren.es/sites/default/files/imce/docs/construyendo_una_vida_mejor.pdf

de los derechos de la niñez. En efecto, es posible identificar un antecedente como acto tendiente a proteger los derechos de la niñez, y así ubicarnos en el siglo XIX cuando surge la primera limitación a empleados para trabajar en las minas del Reino Unido, se calcula que en esa época unas 270 mil personas laboraban en condiciones paupérrimas en la extracción de contenidos de diversos tipos mineros a lo largo del Imperio Británico, eran los tiempos del reinado de la Reyna Victoria y fue esta primera acta la que prohibiría toda contratación de mujeres y de niños menores de 10 años.[169] Posteriormente Francia en 1881 garantizaría en su ley el derecho de los niños a la educación, así, existe un consenso reciente en cuanto a que el principio del "interés superior del menor" apareció por primera vez en el Preámbulo de la Convención de La Haya de 1980[170], expresando que se trata de un "estándar jurídico", es decir, es la de un "principio o regla aplicable", que en forma clara la define como "medida media de conducta social correcta".

Esto es así en razón a que el Interés Superior de la Niñez es *per se* un principio rector en materia de derechos humanos, que se materializa en un cúmulo de acciones efectivas para impulsar un desarrollo integral y un proyecto de vida digna que permitan a los niños vivir en condiciones de bienestar y dignidad personal.

Sostiene Miguel Cillero, que el interés superior es una garantía de que las niñas, niños y adolescentes, tienen derecho a que antes de tomar una decisión respecto de ellos, se adopten

---

169 Esta regulación laboral conocida como *Mines Act* además prohibía totalmente la contratación femenina y fue aprobada por el Parlamento Inglés en 1842.

170 Veáse el Convenio sobre los aspectos civiles de la Sustracción Internacional de Menores, suscrito en La Haya, Países Bajos el 25 de octubre de 1980.

medidas que promuevan y protejan sus derechos.[171] Si esto es así, entonces las interpretaciones jurídicas deben reconocer el carácter integral y transversal de los derechos del niño y la niña, incidiendo en el desarrollo de su autonomía y en el ejercicio de sus derechos, al permitir que estos prevalezcan sobre otros intereses, sobre todo si entran en conflicto y coadyuvar a que el Estado a través de sus políticas públicas de prioridad a los derechos de la niñez. Conviene para los efectos anteriores recordar que el Estado es a la familia, lo que los Padres son a los hijos.

En efecto, el denominado Interés Superior del niño no puede tener una definición a la ligera, debemos entenderlo a manera de principio rector para la actuación de las autoridades para que los derechos fundamentales de los niños sean respetados por lo que, en aquellos casos en que tales derechos se encuentren involucrados en una controversia, por ejemplo de carácter judicial deberán solucionarse atendiendo a las circunstancias de cada caso particular prevaleciendo el interés del niño sobre cualquier otro, siendo estas ideas doctrinarias -inspiradas en la Convención de los Derechos del Niño[172]-. Por ello, en sede judicial la Primera Sala de la Suprema Corte de Justicia de la Nación sostuvo que: *En el ámbito jurisdiccional, el*

---

171 Cillero Bruñol, Miguel, El interés superior del niño en el marco de la Convención Internacional sobre los Derechos del Niño, Ponencia presentada en el I Curso Latinoamericano "Derechos de la Niñez y la Adolescencia, "Defensa Jurídica y Sistema Interamericano de Protección de los Derechos Humanos". San José de Costa Rica, 1999.

172 Para una consulta detallada de los derechos de los niños contenidos en la Convención, véase el documento *Guiding principles: general requirements for all rights* elaborado por UNICEF (Principios rectores: Requisitos generales para todos los derechos), Consultado el 01 de febrero de 2023 en: https://www.unicef.org/globalinsight/media/2796/file/UNICEF-Global-Insight-Guiding-Principles-for-children-on-the-move-in-the-context-of-climate-change-2022.pdf

interés superior del niño es un principio orientador de la actividad interpretativa relacionada con cualquier norma jurídica que tenga que aplicarse a un niño en un caso concreto o que pueda afectar los intereses de algún menor.[173]

La evolución legislativa en el tema que nos ocupa no ha estado exenta de desinterés y de tardías atenciones por los representantes del pueblo, pues tanto las normas internacionales como la propia sociedad por conducto de promotores de los derechos humanos, han evolucionado a mayor velocidad. Conviene recordar a manera de ejemplo de lo anterior, que entre la aprobación por el Senado de la República de la Convención de los Derechos del Niño [174] (19 de junio de 1990) y la promulgación de la primera Ley Para la Protección de los Derechos de Niñas, Niños y Adolescentes (29 de mayo de 2000) transcurrieron diez años; sin embargo, aun cuando sea de manera tardía e insuficiente, se contó con el instrumento jurídico que dirige y obliga al juez a llevar a cabo la actividad necesaria para que prevalezca el bien de la niña o niño, sobre cualquier otro interés y por fin apartarlo de todo ejemplo o conducta perniciosa en que incurren quienes lo tienen bajo su custodia, aún hace falta sin duda profundizar en las causas que generan estos lamentables fenómenos. El interés superior de la niñez es un principio de rango constitucional previsto en el artículo 4, párrafos nueve, diez y once, de la Constitución Política de los

---

173 Sentencia recaída a la Contradicción de Tesis 115/2010, resuelta el 19 de enero de 2011, p. 25.

174 Seis tratados fundamentales conforman el marco internacional de derechos humanos que son: el Pacto Internacional de Derechos Civiles y Políticos; el Pacto Internacional de Derechos Económicos, Sociales y Culturales (PIDESC); la Convención sobre los Derechos del Niño (CDN); la Convención contra la Tortura y Otros Tratos o Penas Crueles, Inhumanos o Degradantes; la Convención Internacional sobre la Eliminación de todas las Formas de Discriminación Racial; y la Convención sobre la Eliminación de todas las Formas de Discriminación contra la Mujer (CEDAW).

Estados Unidos Mexicanos, a partir de su publicación el 12 de octubre de 2011. Sería a partir de ahí que la Suprema Corte de Justicia de la Nación elaboraría en el año 2012 un protocolo para juzgar con perspectiva de infancia y recientemente en el año 2021 se cuenta con una versión más amplia y armonizada que incluye los nuevos criterios derivadas de tesis y jurisprudencia al respecto.

V. COMITÉ DE LOS DERECHOS DE LOS NIÑOS

El Comité de los Derechos del Niño (CRC, por sus siglas en inglés), es el órgano que supervisa la aplicación de la Convención sobre los Derechos del Niño por los Estados Parte, así como la aplicación de tres Protocolos Facultativos de la Convención, relativos a la participación de los niños en conflictos armados (OPAC), la venta de niños, la prostitución infantil y la utilización de niños en la pornografía (OPSC) y el relativo al procedimiento de comunicaciones (OPIC). El Comité inició formalmente sus funciones el 27 de febrero de 1991 en Ginebra Suiza, y tiene la misión de realizar observaciones sobre el cumplimiento de la Convención por los países signantes y de la progresividad de marco jurídico y políticas públicas que aplica para armonizarse al interés superior del menor y otros principios convencionales, recordemos que al inicio de las funciones del Comité era normal que los países tuvieran una visión tutelar de los niños, a quiénes se les percibía como objetos y no como sujetos de derecho, la misma expresión de menor de edad por ejemplo, emitía el mensaje que a su lado había alguien "mayor", que era el que le tutelaba.

La composición y organización del Comité se encuentran delimitadas en el artículo 43 de la Convención Internacional sobre los Derechos del Niño. Así, desde su puesta en marcha, el Comité se integró por primera vez como un órgano internacional e independiente que vigila que los Estados parte cumplan con la Convención sobre los Derechos del Niño. Actualmente, está compuesto por 18 personas autónomas y especializadas en los derechos de los niños y que son reconocidas por sus aportaciones en la materia. Las sesiones del Comité se celebran en Ginebra, Suiza tres veces por año, para desahogar la agenda con el apoyo del Secretario General de la ONU. Todos los países contratantes se obligan a rendir informe sobre la progresividad de los derechos y del cumplimiento de observaciones. El primer informe debe rendirse a los dos años de su incorporación a la Convención y posteriormente con una frecuencia de cinco años. México adquirió la obligación de informar al Comité periódicamente sobre la recepción que se hizo de la Convención, así los siete informes que el estado Mexicano ha presentado datan de 1994, 1999, 2006, 2015, en tanto que el sexto y séptimo informe se presentaron consolidados en 2021.

El Comité emitió al estado mexicano 19 observaciones, mismas a las que México se encontraba obligado a responder en 2021, fecha en la que presentó el sexto y séptimo informe consolidados. A continuación reproducimos las observaciones:[175]

I. Velar por la aplicación efectiva a nivel federal, estatal y municipal, de la Ley General de los Derechos de Niñas, Niños y Adolescentes (LGDNNA), publicada en diciembre de 2014.
II. Facilitar a niñas, niños y adolescentes mecanismos amigables de denuncia de actos discriminatorios en los establecimientos educativos, centros de salud, de detención juvenil, instituciones de cuidado alternativo, entre otros.
III. Intensificar la elaboración de procedimientos y criterios que sirvan de referencia a todas las personas

---

175 Tomado de: https://www.cndh.org.mx/sites/all/doc/Programas/Ninez_familia/Material/trip-observaciones-comite-ninos.pdf

competentes para determinar el interés superior de la niñez y la adolescencia en todos los ámbitos.

IV. Garantizar la inscripción universal de los nacimientos realizando las reformas legales necesarias y adoptando los procedimientos que correspondan a nivel federal, estatal y municipal.

V. Tipificar de manera explícita el reclutamiento de niñas, niños y adolescentes por grupos de la delincuencia organizada y revisar la legislación federal y estatal para evitar que la infancia sea objeto de violencia, en especial de explotación y abusos sexuales.

VI. Asegurar que el castigo corporal en todos los escenarios sea explícitamente prohibido a nivel federal y estatal, y que el "derecho a corregir" de madres y padres sea derogado de todos los códigos civiles.

VII. Prohibir la realización de adopciones privadas.

VIII. Crear el Registro Nacional de Instituciones de Cuidado Alternativo para supervisar la calidad de la atención de niñas, niños y adolescentes en hogares de acogida.

IX. Garantizar los derechos de niñas, niños y adolescentes con discapacidad desde un enfoque basado en los derechos humanos; velar porque ejerzan su derecho a la salud y rehabilitación y no se conviertan en víctimas de violencia o explotación.

X. Adoptar medidas específicas para la implementación de un sistema educativo inclusivo para todas las niñas, niños y adolescentes, que ofrezca, por ejemplo, escuelas y materiales educativos accesibles, docentes habilitados y transporte en todas las zonas del país.

XI. Redoblar esfuerzos para reducir la mortalidad materno-infantil mediante la aplicación del enfoque de derechos humanos propuesto por el Alto Comisionado de las Naciones Unidas para los Derechos Humanos (ACNUDH) en las políticas y programas destinados a reducir y eliminar la mortalidad y morbilidad prevenibles de niñas y niños menores de 5 años.

XII. Intensificar los esfuerzos para prevenir asesinatos, secuestros, desapariciones, violencia sexual, explotación y abuso de niñas, niños y adolescentes migrantes, e investigar, enjuiciar y sancionar a los responsables, inclusive cuando el autor es un agente del Estado.

XIII. Intensificar esfuerzos para eliminar la pobreza infantil, mediante la adopción de una política pública que se realice en consulta con las familias, niñas, niños y adolescentes y organizaciones de la sociedad civil.

XIV. Establecer un Proceso de Determinación del Interés Superior del Niño en las decisiones relativas a la niñez y adolescencia migrante, prestando especial atención a la reunificación familiar.

XV. Fortalecer el sistema de inspección laboral y aplicar de manera efectiva sanciones para aquellos que explotan económicamente y abusan de niñas, niños y adolescentes, incluidos los que realizan trabajo en el hogar remunerado y no remunerado, se dedican a la agricultura o son obligados a realizar actividades de mendicidad.

XVI. Desarrollar, con plena participación de niñas, niños y adolescentes y organizaciones de la sociedad civil, una política integral para ayudarlos cuando se encuentren en situación de calle, para prevenir y eliminar este fenómeno.

XVII. Intensificar esfuerzos para armonizar la legislación de justicia para adolescentes en todas las entidades federativas.

XVIII. Garantizar la aplicación de la Ley General para Prevenir, Sancionar y Erradicar los Delitos en Materia de Trata de Personas.
XIX. Poner fin a la práctica de reclutamiento temprano en el servicio militar para los adolescentes de 16 y 17 años de edad.

De las 19 observaciones es evidente que algunas muestran rezago aún, y otras se vislumbra complicado su cumplimiento debido al estado actual de la realidad mexicana en lo que respecta a la inseguridad. Lo anterior presenta el reto para todo el estado mexicano de al menos el cumplimiento real de las observaciones V, XII, XIII, XV y XVII.

En el sexto y séptimo informe consolidado se dio cuenta de los avances logrados por el Estado mexicano de 2015 a 2020.[176] En su elaboración, participaron 36 instancias de la Administración Pública Federal (APF), el Poder Legislativo, el Poder Judicial y las Secretarías Ejecutivas de los 32 SIPINNA estatales, así como organizaciones de la sociedad civil (OSC), lo que permitió responder bajo la conducción de la Secretaría de Relaciones Exteriores y de la Secretaría Ejecutiva del SIPINNA con una visión integral, lo que no acontecía de tal manera en anteriores informes, en síntesis, los informes consolidados responden a las observaciones generales en buena parte, sin embargo en temas como el reclutamiento de niños por la delincuencia organizada aún se percibe complicada dadas las condiciones sociales en regiones muy identificadas en del país. Sin embargo, creemos que se dio un gran avance, y se espera la respuesta del Comité.

---

[176] La consulta a los informes consolidados se encuentra disponible en: https://tbinternet.ohchr.org/_layouts/15/treatybodyexternal/Download.aspx?symbolno=CRC%2fMEX%2f6-7&Lang=en

VI. CONTEXTO GENERAL EN MÉXICO Y CHIAPAS EN CUANTO AL EJERCICIO DE DERECHOS DE NIÑAS, NIÑOS Y ADOLESCENTES

Para el año 2020 existían 39 millones 705 mil 613 niñas, niños y adolescentes en México[177], de los cuales se desprenden los siguientes datos por grupos de edad:

- 0-5 años: son 13,059,148.
- 6-14 años: son 13,286,430.
- 12-17 años: son 13,360,035.

Un 49.6% de ese universo infantil se encontraba en situación de pobreza. Los datos anteriores dan pauta a que a partir de la aprobación de la Convención de los Derechos del Niño, el Estado mexicano quedó obligado a tomar las medidas necesarias para garantizar la protección de niñas, niños y adolescentes, así como adoptar las medidas administrativas, legislativas y de otra índole para dar efectividad a sus derechos reconocidos en dicho documento, lo cierto es que esa adopción ha atravesado por un largo y sinuoso camino; particularmente consideramos que son dos las acciones más sobresalientes:

1. La reforma constitucional al artículo 4 de la constitución federal relativa al interés superior de la niñez, y
2. La publicación de la Ley General de los Derechos de Niñas, Niños y Adolescentes.

Esta última que retoma los postulados de la Convención de los Derechos de la Niñez, y que establece los principios generales de los derechos de niñas, niños y adolescentes: de no dis-

---

177 CONAPO. Proyecciones de población, 2015-2030.

criminación; derecho a la vida, desarrollo y la supervivencia; participación; e interés superior de la niñez, definiéndose tales principios como ejes rectores de un Sistema de Protección Integral, con lo cual se crea un punto de partida para la protección amplia, pertinente y necesaria para el ejercicio de sus derechos.

Bajo esta consideración es la Ley General en la materia la que establece las bases sobre las cuales los tres órdenes de gobierno, deben crear e instalar un Sistema de Protección de los Derechos de las Niñas, Niños y Adolescentes, regidos por un programa de acción que permita garantizar esa protección integral; en esa tesitura el 17 de junio de 2015 se publicó la Ley de los Derechos de Niñas, Niños y Adolescentes del Estado de Chiapas, cuyo objetivo también es establecer instrumentos políticas, procedimientos, servicios y acciones de protección en su favor.

El escenario que atraviesan actualmente los derechos de niñas, niños y adolescentes podemos entenderlo solamente si encontramos respuesta a la pregunta ¿en qué medida los están ejerciendo?; la respuesta a esta interrogante de forma muy general, es que no todos los ejercen a plenitud o que quienes los ejercen no lo hacen en las mejores condiciones, esto se desprende de una somera revisión a los datos que se ofrecen por ejemplo para Chiapas en donde:

- Hay más de 2 millones 057 mil 412 de niñas, niños y adolescentes de entre 0 y 17 años, de los cuales 49.49% son mujeres y 50.51% hombres.
- En el ámbito rural viven 55.91% del total de niñas, niños y adolescentes de Chiapas en localidades menores a 2,500 habitantes y el restante 44.09% en el medio urbano, en localidades mayor o igual a 2,500 habitantes.

- La cantidad de población de niñas, niños y adolescentes indígena representa el 41.2% y hablan al menos alguna lengua indígena 549,178. Cuentan con una vivienda con características de construcción adecuadas, techos de materiales resistentes solamente 24.94% de NNA y 73.91% tiene viviendas con todos los servicios básicos, agua, luz y drenaje.[178]
- Chiapas es la entidad con mayor porcentaje de población infantil y adolescente en pobreza, con 82.3% (1.72 millones de personas), de ellas viven en pobreza moderada 46.3%, mientras que el 36.0% viven en pobreza extrema.[179]
- En Chiapas 1.3% de la población menor de 18 años tienen discapacidad y 2.3% presentan limitación para realizar alguna actividad de la vida cotidiana, en suma, 3.6% de ese sector de la población.[180]
- Para el 2014, la mortalidad infantil en Chiapas fue del 13.1%, con un total de 1,479 niñas y niños. (SNIEG 2014), esto se incrementó en el año 2016 al alcanzar una tasa del 13.5%.[181]
- La tasa de suicidios en adolescentes en el estado de 2010 a 2015 pasó de 1.89 a 7.47, es decir, un

---

178 Instituto Nacional de Estadística y Geografía (INEGI), Encuesta Intercensal 2015. México, INEGI, 2015.

179 Consejo Nacional de Evaluación de la Política de Desarrollo Social, Fondo de las Naciones Unidas para la Infancia (2016), Pobreza y Derechos Sociales de niñas, niños y adolescentes en México 2014, México, CONEVAL-UNICEF.

180 INEGI, Encuesta Nacional de la Dinámica Demográfica 2014 (ENADID 2014), México, INEGI, 2014.

181 Sistema Nacional de Información Estadística y Geografía (SNIEG), Catálogo Nacional de Indicadores, México, SNIEG, 2014.

aumento de 5.58 puntos porcentuales,[182] estableciendo la línea de tendencia en el siguiente gráfico a fechas más recientes.

- En 2012 del total de menores de cinco años evaluados en Chiapas, 31.4% presentó baja talla, 8.4% bajo peso y 2.4% emaciación.[183]

La lista de agravios es larga y no se agota en la sola exposición de cifras o acciones que han realizado los gobiernos en turno para tratar de contener los fenómenos que limitan los derechos de niñas, niños y adolescentes, sin embargo, tenerlos presentes deben servir para incidir en la toma de decisiones al momento de diseñar políticas públicas, basadas, no solo en un enfoque de derechos humanos, sino además con énfasis en infancia.

VII. CONCLUSIONES

La agenda pública de derechos de niñas, niños y adolescentes es variada y compleja, según sea el territorio en donde se pretenda atender, lo cierto es que si existen aspectos comunes y básicos que deben establecerse para hacer funcionar ese marco jurídico de protección integral que involucre tanto a las instituciones públicas como a la sociedad. En la actualidad como nunca antes en la historia de la humanidad se había tenido acceso al conocimiento y a la tecnología, pero paralelamente nunca tampoco se habían experimentado los niveles de exclusión en todos los sectores de la población aparejada a una

---

182 Consejo Nacional de Población (CONAPO), Estadísticas de mortalidad. Proyecciones de la Población 2010-2030, México, CONAPO, s.f.

183 Instituto Nacional de Salud Pública, Encuesta Nacional de Salud y Nutrición 2012, México, Instituto Nacional de Salud Pública, 2012.

violación sistemática de los derechos humanos, dentro de esa falta de inclusión social las niñas y niños padecen en primera línea sus efectos, bajo la mirada muchas veces desinteresada de los gobiernos y la sociedad.

Dicho lo anterior los aspectos que deben ayudar a observancia de las obligaciones, responsabilidades y derechos, desde nuestra perspectiva son:

1. Garantizar el funcionamiento de los Sistemas Nacional, Local y Municipal de Protección Integral (SIPINNAS) como eje articulador de la política pública de infancia.
2. Establecer un sistema de información estadística y geográfica para la construcción de indicadores de la niñez que permita incidir en la toma de decisiones y aspirar al diseño de un presupuesto de infancia.
3. Dotar al sistema de educación básica de un proceso de formación con valores cívicos, cultura de paz y tolerancia.
4. Incorporar al sistema educativo a docentes con formación y destrezas en materias de derechos humanos.
5. Fortalecer a la familia como eje de desarrollo del individuo.
6. Incrementar las acciones de promoción y difusión de los derechos de niñas, niños y adolescentes.
7. Dar paso a la conformación de Agendas de Derechos Humanos que visibilicen los derechos de niñas, niños y adolescentes.
8. Establecer esquemas de protección integral diferenciados en todo el país, acorde las características y necesidades de las personas

9. Retomar los postulados y metas de la Agenda 2030 para el Desarrollo Sostenible como fin último de las sociedades globalizadas.
10. Trabajar a nivel preventivo en materia de salud y desarrollo emocional.

Si el Estado procura estos elementos básicos para la atención integral de niñas, niños y adolescentes, solo entonces podemos declararnos atentos para combatir el infinito número de problemáticas que enfrentan estas generaciones que nacen y se desarrollan en un escenario de derechos no garantizados.

En el siglo XXI los derechos de las niñas y los niños impulsados por supuesto desde la Convención son universalmente aceptados. Pero es necesario advertir que su funcionamiento debe y puede ser mejor. En un mundo en donde un niño muere de hambre cada 5 segundos, es inaplazable armonizar la teoría con la práctica, no se hizo desde el principio, pero podemos empezar ya.

VIII. FUENTES DE INVESTIGACIÓN

Azaola, Elena, *Diagnóstico de las y los adolescentes que cometen delitos graves en México, México,* Fondo de las Naciones Unidas para la Infancia (UNICEF), 2015

Barceló Rojas, Daniel, *Teoría del federalismo y del derecho constitucional estatal mexicano,* México, Instituto de Investigaciones Jurídicas de la UNAM, 2016.

Barrera, María Dilia, Espitia, María Victoria y Gaitán, Renan, "Las instituciones educativas y la comunidad frente al maltrato infantil: una experiencia de investigación acción participativa". *Educação e Pesquisa,* vol. 38, núm. 1, 79-98, 2012, Doi: https://doi.org/10.1590/S1517-97022011005000010

Bott, Sarah, Guedes, Alessandra, Goodwin, Mary y Adams Mendoza, Jennifer, Violencia contra las mujeres, Washington, OMS, 2012.

Brena Sesma, Ingrid, Las adopciones en México y algo más, Instituto de Investigaciones Jurídicas, UNAM, México, 2005.

Cámara de Diputados del H. Congreso de la Unión, Ley General de los Derechos de Niñas, Niños y Adolescentes, 04 de diciembre de 2014, (Modificado 20 de junio de 2018).

Cillero Bruñol, Miguel, Evolución Histórica de la Consideración Jurídica de la Infancia y Adolescencia en Chile", en Pilotti, F. (coord.), "Infancia en Riesgo Social y Políticas Sociales en Chile", Montevideo, Instituto Interamericano del Niño, 1994.

Congreso del Estado de Chiapas, Ley de los Derechos de Niñas, Niños y Adolescentes del Estado de Chiapas, 17 de junio de 2015.

Consejo Nacional de Evaluación de la Política de Desarrollo Social, Fondo de las Naciones Unidas para la Infancia (2016), Pobreza y Derechos Sociales de niñas, niños y adolescentes en México 2014, México, CONEVAL-UNICEF.

Consejo Nacional de Evaluación de la Política de Desarrollo Social, Fondo de las Naciones Unidas para la Infancia, Pobreza y Derechos Sociales de niñas, niños y adolescentes en México 2014, México, CONEVAL-UNICEF, 2016.

Consejo Nacional de Población (CONAPO), Estadísticas de mortalidad. Proyecciones de la Población 2010-2030, México, CONAPO, s.f.

Ferrajoli, Luigi, *Derechos y garantías, La ley del más débil,* Madrid, Trotta.

Galvis Ortíz, Ligeia, Las niñas, los niños y los adolescentes, *Titulares activos de derechos,* Bogotá, Colombia, Ediciones Aurora, 2006.

González Contró, Mónica, Derechos Humanos de los Niños: Una propuesta de fundamentación, México, Instituto de Investigaciones Jurídicas, UNAM, 2008.

INEGI, Encuesta Nacional de la Dinámica Demográfica 2014 (ENADID 2014), México, INEGI, 2014.

Instituto Nacional de Salud Pública, Encuesta Nacional de Salud y Nutrición 2012, México, Instituto Nacional de Salud Pública, 2012.

Instituto Nacional de Estadística y Geografía (INEGI), Encuesta Intercensal 2015. México, INEGI, 2015.

Instituto Nacional de Estadística y Geografía, micro datos de mortalidad 2004-2016 preliminares de mortalidad por homicidio 2016, consultado el 22 de mayo de 2017.

Jiménez Ojeda, Omar David, El interés superior del niño y su vinculación a las adopciones, México, Editorial UBIJUS, 2020.

Sistema Nacional de Información Estadística y Geografía (SNIEG), Catálogo Nacional de Indicadores, México, SNIEG, 2014.

Sistema Nacional para el Desarrollo Integral de la Familia, Diagnóstico de la Familia Mexicana Análisis comparativo de la Legislación Familiar en México, México, Sistema Nacional para el Desarrollo Integral de la Familia, 2005.

Oficina del Alto Comisionado de las Naciones Unidas para los Derechos Humanos en México, Diagnóstico sobre la situación de los derechos humanos en México, México, Oficina del Alto Comisionado de las Naciones Unidas para los Derechos Humanos en México, 2003.

Organización Mundial de la Salud [OMS], Informe mundial sobre violencia y salud, Washington, DC, 2022.

Polakiewicz, Marta, La infancia abandonada como una violación de sus derechos humanos personalísimos, El papel del Estado en los derechos del niño en la familia, discurso y realidad, Buenos Aires, Editorial Universidad, 1998.

Rabanales García, Marvin, El sentido real de la Convención sobre los Derechos de la Niñez en Corona, Y. (coord), Infancia, legislación y política, México, UNAM, 2000.

UNICEF, Estado Mundial de la Infancia 2007, La mujer y la infancia, el doble dividendo de la igualdad de género, Nueva York, UNICEF, 2006.

Veerman, Phillip, The Rights of The Child and The Changing Image of Childhood, Netherlands, Martinus Nijhoff Publishers, 1992.

Watson, Alan, Legal transplants an approach to comparative law, 2da Ed., Athens, London, The University of Georgia Press, 1993.

Fuentes de internet

De La Cruz Díaz, Eduardo & Arcos Vélez, Víctor Manuel, "La violencia cometida al adolescente en conflicto con la ley del Centro de Justicia Penal del estado de Guerrero, y su relación con la conducta antisocial", *RICSH*, México, 2020 https://doi.org/10.23913/ricsh.v9i18.222

Cillero Bruñol, Miguel, El interés superior del niño en el marco de la Convención Internacional sobre los Derechos del Niño, s.f. Recuperado de: http://www.iin.oea.org/cursos_a_distancia/el_interes_superior.pdf

Comisión Nacional de los Derechos Humanos [CNDH], Informe sobre centros de tratamiento interno para adolescentes que infringen la ley penal, México, CNDH, 2018, Recuperado de http://informe.cndh.org.mx/menu.aspx?id=111

Congreso de la Unión, Ley General de Acceso de las Mujeres a una Vida Libre de Violencia, Congreso de la Union, DOF 13-04-2018, México, 2018, Recuperado de http://www.diputados.gob.mx/LeyesBiblio/pdf/LGAMVLV_130418.pdf

Hague Conference on Private Internacional Law, Convenio de 29 de mayo de 1993 relativo a la Protección del Niño y a la Cooperación en materia de Adopción Internacional, s. f. Recuperado de: http://www.hcch.net/index_es.php?act=conventions.status&cid=69#mem

Hague Conference on Private International Law, Annual Adoption Statistics Forms, 2010, http://www.hcch.net/upload/wop/adop2010pd05_us.pdf

Hague Conference on Private Internacional Law, Estadistica Anual de adopción para países de origen, s. f. Recuperdado de: http://www.hcch.net/upload/adostats_mx.pdf

INEGI, Encuesta Nacional de Ocupación y Empleo, IV trimestre 2018, Base de datos, 2018, Disponible en https://www.inegi.org.mx/programas/enoe/15ymas/default.html

INEGI, Estadísticas A Propósito Del Día Del Niño (30 De Abril), 2019, Datos Nacionales. https://www.inegi.org.mx/contenidos/saladeprensa/aproposito/2019/nino2019_Nal.pdf consultado el 16 de diciembre de 2022.

INEGI, Estadística a propósito del día internacional de la juventud, 2022, Disponible en: https://www.inegi.org.mx/contenidos/saladeprensa/aproposito/2022/EAP_juventud.pdf INEGI.

Laparra, Miguel, Obradors, Anna, Pérez, Begoña, Renes, Víctor, Sarasa, Sebastián, Subirats, Joan y Trujillo, Manuel, "Una propuesta de consenso sobre el concepto de exclusión. Implicaciones Metodológicas". *Revista española del Tercer Sector*, 2007, vol. 5, pp. 15-58. Disponible en: https://dialnet.unirioja.es/servlet/articulo?código=2376685

Muñoz, Marina, Gámez, Manuel y Jiménez, Guadalupe, "Factores de riesgo y de protección para el maltrato infantil en niños mexicanos. Revista Mexicana de Psicología", vol. 25, núm. 1, 2018, pp.

165-174. Recuperado de https://www.researchgate.net/publication/272157268_Munoz_Gamez_y_Jimenez_Factores_de_riesgo_y_de_proteccion_para_el_maltrato_infantil_en_ninos_mexicanos

Reinserta Un Mexicano, A. C., Estudio de factores de riesgo y victimización en adolescentes que cometieron delitos de alto impacto social, 2018, Recuperado del sitio de Internet de Reinserta Un Mexicano A.C: https://reinserta.org/wp-content/uploads/2020/10/estudio-defactoresderiesgoyvictimizacionenadolescentes.pdf

Save the children, Infancias Robadas. Informe mundial sobre la infancia, 2019, Disponible en: https://www.savethechildren.es/sites/default/files/imce/docs/construyendo_una_vida_mejor.pdf

Secretaría de Salud [SSA], Informe Nacional Sobre Violencia y Salud, México, 2017, Recuperado de https://www.unicef.org/mexico/spanish/Informe_Nacional-capitulo_II_y_III(2).pdf

Secretaria de Gobernación, Diario Oficial de la Federación, 2013, http://www.dof.gob.mx/nota_detalle.php?codigo=5294761&fecha=08/04/2013

Suprema Corte de Justicia de la Nación (SCJN,2011). Tesis 1ª. XV/2011, Semanario Judicial de la Federación y su Gaceta, Novena Época, t. XXXIII, febrero de 2011. Recuperado de: http://ius.scjn.gob.mx/paginas/DetalleGeneralV2.aspx?Epoca=3c78fffff3f7f&Apendice=1101010101010&Expresion=interes%20superior%20del%20niño&Dominio=Rubro&TA_TJ=2&Orden=1&Clase=DetalleTesisBL&NumTE=19&Epp=20&Desde=-100&Hasta=

United Nations, Treaty Collecction, s.f. Recuperado de: http://treaties.un.org/Pages/ViewDetails.aspx?src=TREATY&mtdsg_no=IV11&chapter=4&lang=en

UNICEF, The Convention on the Rights of the Child, **s.f.** Recuperado de: http://www.unicef.org/spanish/crc/images/Guiding_Principles.pdf

UNICEF, Panorama estadístico de la violencia contra niñas, niños y adolescentes en México, Fondo de las Naciones Unidas para la Infancia, México, UNICEF, 2019, Recuperado de https://www.unicef.org/mexico/media/1731/file/UNICEF%20PanoramaEstadistico.pdf

Inclusión social para la protección de los derechos humanos de las mujeres afrodescendientes en Colombia

MARGARITA ROSA RODELO GARCÍA*

SANDRA VILLA VILLA**

Sumario: I. Introducción. II. Análisis de las categorías de mujer, género y mujeres Afrodescendientes. III. Análisis de la normativa nacional e internacional para la protección y garantía de los derechos humanos de las mujeres afrodescendientes. IV. Revisión ante el Sistema Interamericano de los derechos humanos de las mujeres afrodescendientes. V. Conclusiones. VI. Fuentes de investigación.

---

* Doctoranda en Derecho por la Universidad Rovira I Virgili. Máster en Derechos Constitucional por la Universidad De Valencia España. Especialista en Derecho Administrativo de la Universidad Libre de Barranquilla. Abogado de la Corporación Universitaria Rafael Núñez. **Docente Investigadora** de la Corporación Universitaria Rafel Núñez, Miembro del Grupo de investigación: Andrés Bello Correos electrónicos: margarita.rodelo@curnvirtual.edu.eco; margaritarosa.rodelo@estudiants.urv.cat. ORCID: 0000-0002-9901-7632

** SANDRA IRINA VILLA VILLA. Doctorarte en Educación con énfasis en Investigación y docencia. Magister en Psicología y consejería familiar. Magister en Educación. Especialista en Derecho Comercial y Derecho de Familia. Docente. Abogada. Directora del Centro de Investigación Jurídica y Sociojurídica de la Universidad Libre Seccional Barranquilla. Investigadora Asociada (IA) Colciencias, Correo electrónico: sandra.villa@unilibre.edu.co; ORCID: 0000-0002-6500-7946

I. INTRODUCCIÓN

La desigualdad de género siempre ha sido uno de los temas más debatidos y es conocida como uno de los primeros grandes hitos históricos del feminismo, entre ellos la Revolución Francesa de 1789. Su relevancia radica en que las mujeres de París marcharon a Versalles cantando libertad, igualdad y fraternidad, y exigiendo por primera vez el sufragio femenino. La relevancia de contar una voz para la protección y reconocimiento de los derechos de las mujeres.

En la contemporaneidad, la igualdad de género significa que hombres y mujeres deben tener los mismos derechos, beneficios, oportunidades en igualdad respeto a todos los aspectos de la vida cotidiana, incluidos el trabajo, la salud, la educación y la vivienda digna, dicho en cierto sentido. Pero esto es exactamente lo que no se ve a menudo, y como observaremos en capítulos posteriores, todavía hay un gran número de residentes que dirigen el poder judicial debido al género y las desigualdades preexistentes.

Aunado a estos factores las mujeres auto reconocidas como afrodescendientes viven en América Latina y el Caribe, la discriminación y el racismo, estos son componentes de los problemas regionales junto con la pobreza, la exclusión y la desigualdad afectando la vida de millones de mujeres, especialmente entre los indígenas y afroamericanos. Es decir que no solamente les afecta los problemas de la desigualdad y otras problemáticas que vive el género en un carácter general, sino también los factores como la discriminación y el racismo lo que produce una categoría más de victimización de estas poblaciones.

Ahora bien, si bien es cierto que el ser humano es un ser social por naturaleza y, a medida que ha evolucionado, ha desempeñado roles cada vez más complejos, tanto hombres como mujeres. No obstante, en muchos casos, la distribución de roles está influenciada por el patriarcado y resulta difícil aceptarlos.

La competitividad intrínseca entre hombres y mujeres genera una brecha de desigualdad de género, en la que se cuestiona por qué una persona puede hacer algo y la otra no. Esta problemática se ha evidenciado en diferentes áreas, como la educación, la salud y el trabajo.[184]

A pesar de que se han logrado avances en cuanto a la participación de las mujeres en cargos ejecutivos y políticos, la brecha de género sigue siendo evidente. En Colombia, por ejemplo, las mujeres ocupan solo el 38% de los cargos ejecutivos de los principales partidos políticos, mientras que el 90% de los jefes de estado del mundo son hombres. A pesar de que las mujeres tienen la opción de pensionarse antes que los hombres, cotizan menos horas laborales, lo que genera debate en cuanto a la igualdad de género.

La violencia es una de las formas más extremas de desigualdad de género y representa una de las principales barreras para el desarrollo personal y social. La violencia contra las mujeres es un riesgo transcendental que viola sus derechos fundamentales y humanos, y tiene graves repercusiones en su salud física y mental. Es necesario prestar atención a esta problemática para reducir la brecha de desigualdad de género en la sociedad.[185]

La falta de educación basada en la perspectiva de género es uno de los principales factores que impiden avanzar hacia la igualdad de género en América Latina. La ley debe ser igualitaria en todos sus ámbitos, y tanto hombres como mujeres deben

---

184 Rodelo Garcia, M, «Estereotipos y ausencia de perspectiva de género como factores que aumentan las brechas de desigualdad en América Latina bajo el enfoque de los ODS n° 5 y 10.» *Legem 8*, nº 1, 2022, p.3.

185 Sánchez, E H, y A Valera, "Desafíos actuales de la extensión en relación al ODS 10", *Masquedós-Revista de Extensión Universitaria*, núm. 6, 2021, p. 15

tener el mismo monto salarial y las mismas oportunidades en el trabajo. Además, el Estado debe garantizar la inclusión para reducir la tasa de violencia y trabajar en conjunto para disminuir las brechas de desigualdad de género en la región. Es necesario realizar un cambio cultural y educativo que permita avanzar hacia una sociedad más justa e igualitaria para todos en todos los ámbitos laborales, políticos que permitan romper con las estructuras sociales.[186]

Gracias a las luchas de las mujeres se han conseguido algunos avances en esta materia. Comenzando por el reconocimiento de las mujeres desde la categoría de ser humano, ello propugna los derechos humanos de las mujeres. Según la ONU, la igualdad de género es un derecho humano fundamental que debe ser protegido en todo momento. La importancia de este derecho se ve reflejada en la Declaración Universal de Derechos Humanos, que establece que todos los seres humanos deben ser tratados de manera igualitaria, sin importar su género, raza, religión, idioma o cualquier otra condición. Además, la Convención sobre la Eliminación de Todas las Formas de Discriminación contra la Mujer y la Declaración y Plataforma de Acción de Beijing demuestran el compromiso de la comunidad internacional para promover la igualdad de género y el empoderamiento de las mujeres.[187]

Dicho lo anterior surge el cuestionarse la existencia de la categoría mujer y mujer negra es necesario responder a la existencia de un grupo social invisibilizado. Ello permite realizar un análisis sobre la protección de las mujeres y particularmente las mujeres afrocolombianas, a partir de instrumentos in-

---

186 Villa Villa, S. Berrocal Duran, J. C. & Osorio Gutiérrez, M, "Vinculación laboral de la mujer cabeza de familia en alcaldías del área metropolitana de Barranquilla", *Revista de Ciencias Sociales (Ve)*, vol. XXVII, núm. 3, 2021, p. 201-218.

187 ONU, *Conferencias Mujeres e igualdad de género,* s.f. https://www.un.org/es/conferences/women

ternacionales que reconocen las obligaciones de los Estados frente a los derechos humanos de las personas. La necesidad de aportar políticas de Estado para garantizar la efectiva protección de los derechos y no solo eso sino el reconocimiento de una deuda histórica con estos grupos poblacionales. Ya que la colonialidad del ser sigue presente en nuestras estructuras sociales y en la educación que se imparte en las escuelas, donde se perpetúa la idea de que la cultura blanca es superior y la negra es inferior. Las niñas y niños afrodescendientes son discriminados por su color de piel y su cabello, se les llama "negritos" y se les hace sentir que no pertenecen al mismo nivel intelectual que los demás. Esta negación del ser negro, de su identidad y cultura, lleva a una deshumanización y a la perpetuación de la opresión.[188]

Lo que implica que la colonialidad del ser ha llevado a la negación del ser negro como ser humano, a su deshumanización y a la perpetuación de la opresión. Esta negación se ha extendido en la sociedad y se ha reforzado en la educación, donde se perpetúa la idea de que la cultura blanca es superior y la negra es inferior. Es necesario un cambio profundo en la educación y en la sociedad en general, que permita la valoración y el reconocimiento de la cultura y la identidad afrodescendiente, así como la promoción de una educación intercultural que tenga en cuenta la diversidad cultural y étnica de la sociedad.[189]

En este capítulo se pretende hacer un acercamiento a la normativa nacional e internacional para la protección de los Derechos Humanos de las mujeres afrocolombianas, puntualmente se revisará las categorías de mujer, género y mujeres afrodescendiente, pasando por una revisión de los aspectos

---

188 Navarro Cáseres, E., y Angélica Rebolledo P, *Los Turbantes y peinados Afrocolombianos una alternativa pedagógica,* Bogotá, Todo aretea publicidad, 2017, p. 13.

189 Idem.

normativos y legales, para finalmente ante el Sistema Interamericano el reconocimiento de los derechos humanos de las mujeres afrocolombiana por parte del Estado, bajo el paradigma Hermenéutico, con un enfoque cualitativo, basados en el método inductivo, de tipo descriptivo, histórico y documental, usando técnicas como la revisión de texto, sentencia y normas jurídicas.

II. ANÁLISIS DE LAS CATEGORÍAS DE MUJER, GÉNERO Y MUJERES AFRODESCENDIENTES

El vocablo mujer según Araya Umaña se conceptualizó diferente de acuerdo con la década, en la década de los 70, fue definido como si existieran bloques homogéneos cuyas características y experiencias comunes permitieran la integración de movimientos sociales de mujeres con objetivos y luchas comunes.[190] Posteriormente en los años 80, el movimiento de mujeres se enfrenta a unas realidades específicas con el lenguaje, pues se hizo evidente a medida que fue creciendo de las diversas realidades de las mujeres, es decir, mujeres de diversa clase social, religión, etnia y orientación sexual no encontraran una inclusión bajo ese mundo de homogeneidad.

Ello implica, expresar la historicidad, la diversidad y la pluralidad de situaciones vividas por las mujeres son, por tanto, superadas por estas lo que necesariamente conlleva a rescatar la existencia del grupo de mujeres dimensionadas como un subconjunto colectivamente diferenciado más que como un bloque homogéneo. Sin embargo, la fragmentación dentro del feminismo y, paradójicamente, la oposición de las mujeres que decía representar llevó al hecho de que las categorías de muje-

---

190 Araya Umaña, S., "La categoría analítica del género: notas para un debate", *HALLAZGOS*, núm. 23, 2014, p. 291.

res fueran consideradas distintas pues es claro que la categoría mujer para muchas colectivas es incompleta y no es totalmente incluyente para identificar las clases, etnia y sexualidad en busca de encontrar toda la plenitud como lo dice la autora en palabras De Barbieri.[191]

Así, en palabras de la autora la discusión actual se centra en las políticas y la representativa de las mujeres llegándose a preguntar: ¿Lo que siempre se ha criticado a lo largo de la historia es que las mujeres eran representadas por los hombres y ahora las mujeres blancas representan a todas las mujeres? Así la autora, responde argumentando que es necesario repensar las estructuras ontológicas de la identidad y formular una política de representación. Dicha política debe superar una visión frágil de "unidad" y reconocer y contextualizar las diferencias y desventajas de poder dentro de los grupos de mujeres, dando lugar a "coaliciones abiertas" que reconozcan múltiples convergencias y divergencias sin tener que ceñirse a objetivos normativos de naturaleza definitoria.[192]

Sumado a la consecuente homogeneidad es claro que la conceptualización de mujer se presenta tradicionalmente ligado al sexo y a su vez este se ha asociado con las características biológicas que definen a un organismo como masculino o femenino, y la presencia de células germinales o gametos (óvulo o espermatozoide) o ambos (hermafroditismo) u otro tipo de puede identificarse como portador.[193]

Por el contrario, en el diccionario de la Real Academia de la Lengua Española se destaca un concepto profundamente patriarcal, esta alude inicialmente que el vocablo mujer proviene de la palabra en latín Del lat. mulier, -ēris, no siendo este el problema de discusión, se refleja más adelante con el con-

---

191 Idem.

192 Idem

193 Ibidem, p. 290.

cepto de mujer pues se asocia a la feminidad y el valor de la mujer bajo el rol maternal que debe ocupar en sociedad, así lo define como persona del sexo femenino y precisa otras categorías como mujer que tiene las cualidades consideradas femeninas por excelencia, es decir, que el concepto mujer se asocia desde el punto de vista de un rol dentro de la sociedad.

La definición de mujer como ser humano con anatomía femenina parece ser sencilla, pero esta definición no resuelve el problema cultural que rodea a este concepto. En nuestra sociedad, es posible referirse a alguien como "muy mujer" o decir que alguien de sexo femenino "es un hombre con faldas", lo que indica que hay algo más allá de la anatomía que define a una mujer. De hecho, para muchos, una mujer fuerte no es considerada una verdadera mujer,[194] no se puede suponer que se ha superado la mentalidad que equipara a la mujer con la sexualidad, pues sigue ligando la concepción de mujer bajo el rol donde se ubica socialmente, prevaleciendo esa mentalidad desde la edad antigua hasta la modernidad.[195]

Esto nos lleva a conceptualizar el termino de género, por su parte, se refiere a las características, roles y expectativas que la sociedad asigna a las personas en función de su sexo biológico. En otras palabras, el género no se refiere a lo que somos, sino a lo que se espera que seamos en función de nuestro sexo.[196]

Algunos autores destacan que el análisis de género es una síntesis que surge de la teoría de género y la perspectiva feminista del mundo y la vida. Esta perspectiva se basa en la ética y lleva a una filosofía posthumanista que critica la concepción androcéntrica de la humanidad que excluyó a las mujeres. A

---

194 Arango, L. G. "Existe la mujer? Género, lenguaje y cultura", En *Género e Identidad*, Ensayos sobre lo femenino y lo masculino., de Magdalena León, Tercer Mundo, 1995, p. 13.

195 Ibidem, p. 39.

196 Idem

pesar de vivir en un mundo patriarcal, las mujeres han sido invisibilizadas y es notable que el humanismo no las haya reconocido. La perspectiva de género tiene como objetivo principal contribuir a la construcción subjetiva y social de una nueva configuración, resignificando la historia, la sociedad, la cultura y la política desde las mujeres y con las mujeres. Esta perspectiva reconoce la diversidad de géneros y la existencia de mujeres y hombres como un principio esencial en la construcción de una humanidad diversa y democrática.[197]

Sin embargo, la dominación de género produce la opresión de género, obstaculizando esta posibilidad. Para lograr una humanidad diversa y democrática, es necesario que mujeres y hombres seamos diferentes a lo que hemos sido, para ser reconocidos en la diversidad y vivir en la democracia de género. Ello supone que, desde un análisis antropológico de la cultura, es importante reconocer que todas las culturas elaboran cosmovisiones sobre los géneros, y cada sociedad, pueblo, grupo y persona tienen una concepción particular de género basada en su propia cultura. Por tanto, es fundamental tomar en cuenta las diferentes perspectivas y concepciones culturales para avanzar hacia una sociedad más justa e igualitaria.[198]

Es importante reconocer desde esta óptica, que todas las culturas tienen una cosmovisión diversa sobre el género y en ese sentido cada sociedad, Nación o grupos de personas tienen una concepción específica de su género.[199]

Por otra parte, el género debe ser entendido no desde el yo, pues considera que cuando se habla de la sexualidad o género, se hace referencia algo complejo. No se trata de algo que po-

---

197 Idem

198 Lagarde, M. "El género", fragmento literal: 'La perspectiva de género', en Género y feminismo. Desarrollo humano y democracia", Madrid, ed. horas y HORAS, 1996, pp. 13-38.

199 Ibidem, p. 14.

seemos, sino de una forma de ser desposeídos, de existir para otro o, de hecho, gracias a otro. Es importante entender que esto implica una visión relacional del yo, más que una visión autónoma del mismo. El término "relacionalidad" ayuda a unir la brecha en la relación que estamos tratando de describir, una brecha que es constitutiva de nuestra identidad misma.[200]

Por su parte, otras autoras expresan que el concepto de género es un término socialmente construido que hace referencia a las expectativas, roles y comportamientos que una sociedad espera de las personas que se identifican como hombres o mujeres. A diferencia del sexo, que se basa en características físicas y biológicas. El género no es algo fijo o inmutable, sino que está en constante evolución y puede cambiar a lo largo del tiempo y en diferentes contextos culturales. Por lo tanto, es importante entender que el género no es algo que está determinado de antemano por la biología, sino que es una construcción que se aprende y se internaliza a través de la socialización.[201]

Sin embargo, es necesario comprender que la categoría de género no se reduce a la biología y que la identidad de género no se determina exclusivamente por las características físicas o biológicas de una persona. Es así como el sexo y género son dos categorías diferentes que deben ser analizadas de forma separada pero interrelacionada para entender mejor la complejidad de la construcción de las identidades de género. Ya lo decían las autoras en palabras de Careaga (1996), el género es esa construcción social que precisa lo que significa ser de un

---

[200] Butler, J. *Deshacer el género-Undoing Gender.* Traducido por Patrícia Soley-Beltran, México, Litográfica Ingramex, S.A. de C.V., 2021, p. 38.

[201] Hardy, E., y Jiménez. A. "Políticas y Estrategias en Salud Pública", *Rev Cubana Salud Pública* 27, nº 2, 2001, p. 79.

sexo dentro de la sociedad.[202] Entender el género como una construcción social no como una verdad universal.[203]

El género, puede ser comprendido desde una categoría dinámica, bajo las bases de las diferencias. Como consecuencia de ello se establece el papel social de hombres y mujeres, es decir, el género como parte de una construcción que tiene un sexo definido al que generalmente se le adjudican ciertas características de índole psicosocial, social y económicas, como consecuencia de ello se derivan unos comportamientos específicos traducidos en relaciones de poder unilaterales dominación masculina vs. sumisión.[204]

Esto nos permite ingresar a la última categoría, pues es necesario mirar la categoría de género desde una cosmovisión ya que cada etnia, cultura, pueblo tiene una visión distinta del género que es integrada a la identidad cultural y a la etnicidad, de la misma manera que sucede en otras configuraciones culturales.[205] Es decir, la etnicidad tiene su propia cosmovisión de género que incluye ideas, prejuicios, valores, interpretaciones, estándares, obligaciones y prohibiciones en la vida de mujeres y hombres. Ahora bien, la cosmovisión de género es decididamente etnocéntrica, lo que permite inferir que el género está influenciado por las visiones culturales de la etnia a la que per-

---

202 Ibidem, p. 78. Tiene el potencial de cuestionar y transformar las estructuras de poder y las normas sociales que perpetúan la discriminación y opresión de las mujeres y otros grupos marginados sobre la base de su identidad de género. En definitiva, este concepto de género ayuda a construir una sociedad más justa e igualitaria para todos.

203 Ibidem, p. 79

204 Hardy, E., y Jiménez A. "Políticas y Estrategias en Salud Pública", Op Cit, p. 79.

205 Lagarde, Marcela, "El género", fragmento literal: 'La perspectiva de género', en Género y feminismo. Desarrollo humano y democracia", Op Cit, p. 13.

tenece. Es importante enfatizar que es una parte integral de la identidad de un individuo, ya que ayuda a moldear su forma de pensar y actuar.[206]

Sin embargo, algunos autores hablan de la categoría de “mujer negra” o mujer afrodescendiente bajo la concepción de una categoría meramente política asignada, así describe que, en América, las mujeres negras o afrodescendientes han realizado aportes de gran relevancia al cuestionar la categoría universal de "mujeres" y al relacionar la categoría de "raza" con el género/sexo. Estos aportes demuestran cómo el patriarcado tiene efectos diferentes en las mujeres cuando se les atraviesa por categorías como la raza.[207]

En esta misma posición el Instituto Nacional de Mujeres, sostiene que la identidad afrodescendiente se entiende como resultado de un proceso histórico, sociocultural y político. Se ha caminado desde una identidad adjudicada por otras personas (negras/os), hacia la construcción de un concepto identitario autodefinidos como personas con derechos específicos.[208]

Ahora bien, el concepto de "mujeres de color", que más que una categoría biológica es una categoría política que cuestiona el predominio de la supremacía blanca y las prácticas patriarcales. Las organizaciones feministas afrodescendientes, como la Organización Nacional de Feministas Negras y el Colectivo Combahee River, han articulado múltiples opresiones para buscar una transformación social a partir de las experiencias

---

206 Idem.

207 Curiel, O., Los aportes de las afrodescendientes a la teoría y la practica feminista, Desuniversalizando el sujeto “Mujeres”, *Perfiles del Feminismo Iberoamericano* III, 2007, p. 1.

208 Ministerios de Desarrollo Social de Uruguay. *Mides.* 2017. http://repositorio.mides.gub.uy:8080/xmlui/bitstream/handle/123456789/968/folleto-afro-inmujeres.pdf?sequence=1&isAllowed=y.

históricas de las mujeres. La "raza", al igual que la clase y el sexo, es una categoría social de poder basada en la ideología de la diferencia fenotípica, y estas estructuras son interdependientes y constitutivas entre sí.[209]

La pregunta se centra en que el feminismo estadounidense no explica las diferencias entre las mujeres y con ello las marcadas diferencias en los factores de opresión, pues es inexplicable como las mujeres blancas asisten a sus congresos feministas mientras que las que limpian y cuidan sus hijos son mujeres empobrecidas y de color, preguntándose entonces ¿Qué teoría respaldas un feminismo racista? Esa visión marcadamente racista no permite observar cómo se producía los sistemas de dominación entre las mujeres.[210]

El feminismo negro ha evolucionado como una reacción crítica al feminismo, que está dominado por mujeres blancas de clase media que ignora la experiencia de otras mujeres. En este sentido, el feminismo negro abrazó la teoría feminista, pero la introdujo su propia perspectiva única. La noción de diferencia es vista como resultado de la experiencia histórica en las relaciones sociales de poder y dominación, producto del colonialismo y la esclavitud.

En su definición del pensamiento feminismo negro, Hill Collins. P, explica que una comprensión completa del mismo debe tener en cuenta las complejidades de la taxonomía biológica, la estructura social y la unidad de la estructura social. Las condiciones adjuntas a estas estructuras, los problemas sociales y las percepciones de las mujeres negras sobre estos problemas. Esta mentalidad se caracteriza por una localización específica de las mujeres negras y experiencias e ideas compartidas que las ayudan a centrarse en sí mismas, sus comunidades y la socie-

---

209 Curiel, O. Los aportes de las afrodescendientes a la teoría y la practica feminista, Desuniversalizando el sujeto "Mujeres", Op. Cit., p. 5-6.

210 Ibidem.

dad. La lucha por una conciencia feminista autodeterminada y centrada en África se libra a través de una combinación de pensamiento y acción.[211]

La práctica política antirracista y antisexista del feminismo negro en Estados Unidos busca reconstruir una feminidad negra resignificada de forma positiva. Esta reconstrucción valora los aportes de las mujeres negras a una historia de la que han sido invisibles, reconoce otros valores no racializados y sexualizados, y promueve la solidaridad política para convertirse en sujetos políticos capaces de lograr transformaciones sociales desde su propia visión. Es decir, "lo negro" no es una categoría biológica sino histórica, lo que genera una perspectiva única del mundo y les permite definir su propia identidad feminista.[212]

En este texto se aborda el tema de la racialización, entendida como la construcción de categorías imaginarias que se utilizan como herramientas de poder para justificar desigualdades sociales, políticas y culturales. A pesar de que las razas no existen como categorías de clasificación humana, la idea de raza aún es útil para explicar los efectos del racismo sobre grupos humanos en el plano material, social, cultural e ideológico. Por eso, la autora propone utilizar términos como "racialización", "raza social" o "raza" entre comillas para denotar la intención ideológica y política detrás de la construcción de estas categorías.[213]

---

211 Ibidem, p.2.

212 Ibidem, p.2.

213 Curiel, O., "Superando la interseccionalidad de categorías por la construcción de un proyecto político feminista radical. Reflexiones en torno a las estrategias políticas de las mujeres afrodescendientes", En *Raza, etnicidad y sexualidades: ciudadanía y multiculturalismo en América Latina*, de Peter Wade, Fernando Urrea Giraldo y Mara Viveros Vigoya, Bogotá, Universidad Nacional de Colombia, 2008, p. 462.

Lo anterior, permite hablar sobre la teórica descolonial presentada por María Lugones, en el libro Mujeres afrodescendientes en América Latina y el Caribe publicado por la CEPAL, describe que, en Occidente, solo las mujeres burguesas blancas han sido consideradas como mujeres, mientras que las mujeres negras eran excluidas, en esa descripción eran vistas y tratadas como animales, marcadas sexualmente como hembras, pero sin las características de la femineidad. Según Lugones, esto fue posible debido a la existencia de una lógica de separación categorial que distorsiona los seres y fenómenos sociales que existen en la intersección. Lugones sostiene que la interseccionalidad muestra lo que se pierde cuando categorías como género y raza se conceptualizan separadas unas de otras.[214]

Ahora bien, Esta categoría de mujer "afrodescendiente" surge en el marco de la Conferencia Regional de las Américas contra el Racismo, la Discriminación Racial, la Xenofobia y otras formas conexas de Intolerancia, que tuvo lugar en Santiago en 2004. Esta conferencia, que fue una etapa preparatoria para la Cumbre Mundial contra el Racismo de Durban en 2001, ha tenido un papel fundamental en la articulación del movimiento afrodescendiente en la región, según señala Rosa Campoalegre Septien. Logrando así "desarticula el término colonial "negro(a)", para incluir la categoría "afrodescendiente" que propone las personas afro bajo la perspectiva de un sujeto político en resistencia, pleno de derechos y no solo como víctima, que se reconoce como una comunidad afrodiaspórica que trasciende las fronteras nacionales.

Por su parte, en la misma proporción en la Conferencia Mundial contra el Racismo, la Discriminación Racial, la Xenofobia y las Formas Conexas de Intolerancia desarrollada en

---

[214] Comisión Económica para América Latina y el Caribe (CEPAL), *Mujeres afrodescendientes en América Latina y el Caribe-Deudas de igualdad,* Santiago, Naciones Unidas, 2018, p.16.

Durban, se recome la importancia de las reuniones racionales en América Latina destacando que el racismo, la discriminación racial y la xenofobia afectan de manera diferente a las mujeres, lo que empeora su situación de desigualdad económica, social y cultural y viola sus derechos humanos. En consecuencia, las mujeres afrodescendientes fueron reconocidas como sujetos políticos y actores importantes en la formulación de políticas y compromisos gubernamentales. Este reconocimiento se logró en un contexto internacional liderado por Naciones Unidas, que identificó a las personas de ascendencia africana, y en particular a las mujeres, como un grupo prioritario en la lucha contra el racismo, la xenofobia y todas las formas relacionadas de intolerancia.[215]

Lo que resulta en el análisis del concepto "afrodescendiente", es que "integra tres elementos relevantes que separada o conjuntamente conforman lo que llamamos identidad afrodescendiente: elemento étnico (construcción identitaria) elemento racial (construcción social) elemento relacional (experiencias de discriminación)".[216]

En resumen, la mujer afrodescendiente es aquella que pertenece a la diáspora africana en América y cuyos antepasados fueron traídos a América como esclavos durante la época colonial. La mujer afrodescendiente es una categoría compleja que se refiere tanto a la pertenencia étnica como a la categoría de género. En muchos casos, las mujeres afrodescendientes enfrentan discriminación y opresión por parte de la sociedad en función de su género y su raza. Sin embargo, también han sido líderes en la lucha por la igualdad y la justicia, tanto en el pasado como en la actualidad. La mujer afrodescendiente es una

---

[215] Conferencia Mundial contra el Racismo, la Discriminación Racial, la Xenofobia y las Formas Conexas.» 2001. https://www.un.org/es/events/pastevents/cmcr/durban_sp.pdf.

[216] Ministerios de Desarrollo Social de Uruguay. *Mides. op. cit.*

categoría importante para entender la intersección entre género, raza y opresión en América. En ese sentido "lo negro" no es una categoría biológica sino histórica. Esta nueva propuesta ofrece un cuerpo teórico independiente y particular a partir de una experiencia concreta de opresión y una particular conciencia sobre esa opresión.[217]

Todas estas ideas preconcebidas que se tiene sobre las personas afrodescendientes, especialmente las mujeres, son un legado del colonialismo en la que se deshumanizaba a los africanos y se les negaban derechos sobre su propio cuerpo. La educación eurocéntrica, la invisibilidad de los efectos del tráfico y la trata de esclavos en América Latina, así como la negación del racismo, han contribuido a perpetuar la desigualdad social entre los diferentes grupos raciales existentes. La pervivencia de estos prejuicios y estereotipos en el imaginario colectivo ha dificultado la movilidad sociocultural y económica de la comunidad afrodescendiente, ya que se les asignan roles y lugares que limitan su libertad para elegir su propio proyecto de vida.[218]

III. ANÁLISIS DE LA NORMATIVA NACIONAL E INTERNACIONAL PARA LA PROTECCIÓN Y GARANTÍA DE LOS DERECHOS HUMANOS DE LAS MUJERES AFRODESCENDIENTES

Para hacer una análisis de la normatividad de nacional e internacional para la protección de la mujeres afrodescendientes en Colombia, es necesario puntualizar en tres escenarios; a) el primero hace referencia al reconocimiento de la población

[217] Curiel, O, Los aportes de las afrodescendientes a la teoría y la práctica feminista Desuniversalizando el sujeto "Mujeres", Óp. Cit., p. 5-6.

[218] Ministerios de Desarrollo Social de Uruguay. *Mides. op.cit.*

afrodescendiente y especialmente de las mujeres como sujetas de derecho, partiendo de este preceptos el reconocimiento de los derechos dentro del Sistema Universal de Derechos Humanos; b) luego en el plano regional las lucha y el reconocimiento de los pueblos ancestrales y el rol de las mujeres en América Latina, en este punto el reconocimiento dentro del Sistema Regional, Sistema Interamericano de Derechos Humanos; y c) por último es importante analizar las normativa en Colombia a partir de dos momentos históricos antes de la constitución de 1991 y después de entrar en vigencia de la misma como hoja de ruta para el reconocimientos de los derechos.

Este primer escenario permite hacer un análisis sobre el pensamiento moderno y el reconocimiento de los derechos humanos como atributos inherentes a las personas por el simple hecho de ser persona, indistintamente de la raza, la religión, etnia, sexo, edad, sin importar, tal como lo dice el artículo 2 de la Declaración Universal de los Derechos Humanos, cualquier condición, contexto social o político, que permita su reconocimiento bajo los preceptos de humanización y universalidad, centrado sobre las bases de la dignidad humana, como una respuesta para el respeto por la vida humana en las mejores condiciones posibles. Todos estos avances si bien generan la categoría de universalidad, sin embargo, históricamente la mujer no era considerada como sujeta de derecho y solo tenía el pleno ejercicio de alguno de ellos. Esto ha llevado a la necesidad de reconocer específicamente los derechos de las mujeres y llevar a cabo acciones para su promoción y protección para lograr una ciudadanía plena.[219]

Esta ciudadanía está relacionada estrechamente con el reconocimiento y ejercicio de los derechos de las personas por parte de los Estados modernos en ciertos territorios. Sin em-

---

219 Páramo, M y Romero. A. "Mujeres y derechos económicos, sociales y culturales", Bogotá, Gente Nuevo, s.f., p.14.

bargo, históricamente las primeras democracias de Occidente, surgidas tras la Revolución Francesa, con la Declaración de Derechos del Hombre y del Ciudadano escrita en 1789 excluyó a las mujeres y a otras personas, como los hombres pobres, analfabetos y los menores de edad.[220]

Esta constante exclusión se manifestó en la organización del Estado y la sociedad, donde a las mujeres se le restringió su papel a la esfera privada, mientras que a los hombres se les permitió actuar en la esfera pública. Además, se les prohibió educarse, manejar sus bienes y participar en la vida política de sus comunidades, y debían ser representadas por un hombre en asuntos públicos. El ideal femenino construido en aquel entonces las limitaba a ser "reinas del hogar" y "complemento" del hombre en aspectos emocionales, económicos, ideológicos y de demostración de fuerza o debilidad.[221]

A pesar de que pocas mujeres de las clases pobres trabajaban en empleos públicos, estaban excluidas de tomar decisiones políticas y, en general, las sociedades en las que vivían les inculcaban modelos de feminidad predominantes en las clases altas. Estos modelos se impusieron violentamente en América cuando los europeos colonizaron el continente y rompieron con las formas de relación entre hombres y mujeres en las sociedades aborígenes y, posteriormente, en las sociedades africanas esclavizadas.[222]

Esto no significa que las mujeres indígenas del continente americano o las sociedades tribales africanas no experimentaran formas de discriminación, exclusión o subordinación lo que se pretende es expresar que son formas distintas. Sin embargo, las formas de ser mujer impuestas por los conquistadores europeos se introdujeron en las formas de pensar y

---

220 Ibidem, p. 15.
221 Ibidem, p.23.
222 Idem.

actuar de los colonizados, resultando en la prohibición de las mujeres para ejercer actividades, liderazgos y ocupaciones que tradicionalmente les daban poder y prestigio. Esto llevó a la situación actual donde las mujeres aún sufren de violación a sus derechos, lo que ha generado la necesidad de reconocer de manera específica sus derechos y promover su protección para alcanzar una ciudadanía plena.[223] En esa línea, se puede decir que la existencia de la Declaración Universal de Derechos Humanos introdujo una concepción de reconocimiento de derechos, pero es necesario la creación de instrumentos jurídicos vinculantes en lo que resulta, el pacto de derechos políticos y civiles y el Pacto de derechos Políticos, Económicos y Culturales.

Puntualmente, el primero documento internacional se describe la existencia del mismo principio de Universalidad y la participación de sin distinción alguna en los aspectos de la vida pública (Artículo 1), de igual forma sienta las bases del principio de igualdad (artículo 2), sobre el que se describe que los Estados parte deben estar comprometidos con las garantías para pleno disfrute de los derechos políticos y civiles de ambos sexos, como también se proscriben toda forma de esclavitud (artículo 4), al consentimiento de tener o no una familia, el reconocimiento de los derechos de la mujer a la propiedad, el derecho a la educación entre otros que son del carácter político, incluso a la participación en la contienda político[224]. En el segundo Pacto, se habla de los derechos de segunda generación, los DESC. Este segundo pacto, presenta unas obligaciones precisas más específicas en cuanto al ejercicio de una ciudadanía plena, acceso igualitario a la educación al empleo y por fin la ruptura del derecho legal y cultural que tenían los hombres para ejercer un control sobre la vida y los cuerpos

---

223 Ibidem, p.23.

224 Pacto Internacional de Derechos Civiles y Políticos.

de las mujeres, es decir, contiene avances en materia derechos sexuales y reproductivos. Estos avances son producto de la lucha y movilización de las mujeres para lograr formal y materialmente el ejercicio de los derechos. Un ejemplo claro es el acceso al trabajo igual o el establecer la licencia de maternidad refuerzan los derechos laborales de las mujeres.[225]

Es clara la necesidad de comprometer a los Estados frente las acciones para la protección de los derechos de las mujeres y las mujeres afrodescendiente es así como 1979, los miembros de Naciones Unidas, se comprometen con lograr el cumplimiento de los principios de igualdad y no discriminación, firmando y posteriormente ratificando en la Convención sobre la eliminación de todas las formas de discriminación contra la mujer, teniendo presente la Declaración Universal, los pactos mencionados para lograr que toda persona pueda invocar los derechos y libertades proclamados en esa Declaración y pactos, sin distinción de sexo, recordando que los pactos generan una obligación de garantizar a hombres y mujeres la igualdad en el goce de todos los derechos económicos, sociales, culturales, civiles y políticos.[226] Esta convención (CEDAW), firmada y ratificada por Colombia, genera obligaciones claramente es jurídicamente vinculante para los países firmantes, en consecuencia, establece obligaciones para los Estados de abordar los usos y costumbres, así como las leyes discriminatorias y la discriminación contra la mujer en el ámbito tanto público como privado.

Ahora bien, en cuanto a la protección de las comunidades afros se encuentra mecanismos e instrumentos como la declaración de las Naciones Unidas sobre la Eliminación de todas las formas de Discriminación Racial de 1963 y la Convención

---

225 Pacto Internacional de derechos sociales, económicos y culturales, 1976.

226 Convención sobre la Eliminación de todas las formas de Discriminación contra la Mujer (CEDAW),1979.

Internacional sobre la Eliminación de todas las Formas de Discriminación Racial de 1979. De acuerdo con estos instrumentos, es obligatorio para todos los Estados implementar acciones efectivas para revisar sus políticas gubernamentales y otras políticas públicas, con el objetivo de eliminar las leyes y regulaciones que resulten en discriminación racial y perpetúen esta problemática donde aún exista. Asimismo, deben aprobar leyes que prohíban la discriminación racial y tomar todas las medidas necesarias para combatir los prejuicios que generan este tipo de discriminación.[227]

En efecto, los Estados se han comprometido ratificando estos instrumentos, así se refleja en la página de la ONU, donde se observar por ejemplo que la mayoría de los países de América latina han firmado esta Convención Internacional sobre la Eliminación de todas las Formas de Discriminación Racial y que Colombia en igual sentido ha firmado y ratificado tales acciones. Ahora bien, cuál es la problemática, el punto es que las mujeres afrodescendientes no son reconocidas en muchos espacios y continúan siendo violentadas bajo un mundo totalmente racializado, que en apariencia se encuentra comprometido con los aportes a la instrumentalización de los derechos, pero materialmente aún tiene muchos arraigos culturales.[228]

De otro lado tanto el Sistema Regional Interamericano, se encuentran Instrumentos como la Convecino para la eliminación de todas formas de violencia contra la mujer que se encuentra firmado y ratificado por Colombia, mientras que instrumentos como la Convención Interamericana Contra toda forma de Discriminación e Intolerancia y la Convención Inte-

---

227 Oficina del Alto Comisionado. *Los derechos de las Mujeres son Derechos Humanos,* Naciones Unidas, 2014.

228 Naciones Unidas, International Convention on the Elimination of All Forms of Racial Discriminatio, recuperado en: https://indicators.ohchr.org/

ramericana contra el Racismo, la Discriminación Racial y formas conexas de Intolerancia (a-68), no se encuentra firmados por el Estado colombiano, lo que resulta que evidentemente el país, así como varios de Latinoamérica, presentan un gran número de desigualdad y discriminación, los Estados no asumen compromisos y políticas para erradicar estos flagelos. Pues la falta de compromisos políticos de la región muestra el poco interés en asumir políticas de Estado para lograr la igualdad y erradica la no discriminación[229]. Se analiza ejemplo, en la Segunda Reunión de la Conferencia Regional sobre Desarrollo Social de América Latina y el Caribe, realizada en 2017, mediante resolución 2(II), que se insta a los Estados a prestar atención a la situación de desigualdad, discriminación y exclusión social y económica que enfrentan ciertos grupos, incluyendo a la población afrodescendiente, dentro de la Agenda Regional de Desarrollo Social Inclusivo (ARDSI).

Además, se hace un llamado para involucrar a los miembros de la sociedad civil, sector académico y privado en el proceso de formulación y discusión de la agenda regional, en línea con el enfoque de múltiples actores establecido en la Agenda 2030 para el Desarrollo Sostenible.[230]

Ahora bien, en el carácter interno existen algunas normas antes de la constitución del 91 ley de libertad de vientres 1814, esta ley considera que a partir del 20 de abril de ese mismo año los hijos nacidos de mujeres esclavas serían libres; la ley del 21 de julio de 1821, esta ley, trata de la libertad de partos, manu-

---

229 ONU, "Conferencia Mundial contra el Racismo, la Discriminación Racial, la Xenofobia y las Formas Conexas", 2001, https://www.un.org/es/events/pastevents/cmcr/durban_sp.pdf.

230 CEPAL, "La protección social y las mujeres afrodescendientes latinoamericanas: desafíos para una reconstrucción con igualdad", Recuperado en: https://www.cepal.org/es/eventos/conversatorio-virtual-la-proteccion-social-mujeres-afrodescendientes-latinoamericanas

misión y abolición de tráfico de esclavos, emitida en el Congreso de Cúcuta, José Félix de Restrepo hizo algunos cambios menores a la ley de libertad de vientres emitida por el Estado de Antioquía en 1814; la ley del 21 de mayo de 1815, ley que liberaba a todos los esclavos en la República. La ley establecía que los antiguos amos podían cambiar a los esclavos por vales de manumisión y el Estado reconocería gradualmente su valor. La comisión de la verdad explicó que cuando surge la ley se compensó a los esclavistas mas no a la población afro; por último, ley 22 de 1981, en esta norma se aprueba la Convención Internacional para la Eliminación de todas formas de Discriminación Racial. Por su parte después del 91 se dilucidan avances normativos en materia de protección a la mujer afrocolombiana descritos en siguiente cuadro:

NORMATIVIDAD NACIONAL SOBRE LAS MUJERES AFRODESCENDIENTES EN COLOMBIA.	
DESPUÉS DE 1991.	
CONSTITUCIÓN POLÍTICA DE COLOMBIA 1991:	Artículo 13: Que describe la igualdad entre hombres y mujeres, así como describe la importancia de la no discriminación por razones de raza, sexo, origen, lengua, región, etc.; Artículo 14: describe la participación como también la no discriminación en la vida pública y privada para las mujeres; Artículo 42: Protección de los derechos humanos dentro de la familia. No violencia intrafamiliar. Igualdad de deberes; Artículo 43: Genera una descremación positiva para el grupo poblacional de mujeres.[231] (Mosquera Mosquera 2014)

[231] Mosquera Mosquera, J., *Mujeres Afrocolombianas en los Espacios de Participación, Construcción de Paz. Exigibilidad de los Derechos Humanos, Étnicos y de Género*, Bogotá, Ubicación del Movimiento Nacional por los Derechos Humanos de las Comunidades Afrocolombianas -Cimarrón, 2014.

LEY 21 DE 1991 CONVENIO 169 DE LA OIT SOBRE PUEBLOS INDÍGENAS Y TRIBALES EN PAÍSES INDEPENDIENTES	Esta ley introduce al bloque de constitucionalidad las obligaciones de los Estados miembros frente a los derechos de los pueblos ancestrales, ordenando un trato diferencial y una protección especial para los grupos, étnicos, afro e indígena a través de las consultas previas entre otros mecanismos[232]
LEY 70 DE 1993 DERECHOS ÉTNICOS AFROCOLOMBIANOS	Reconoce por primera vez a la población negra, raizal y palenquera como sujeto de derecho dentro de un Estado democrático y pluralista, se originó a partir de la perseverancia y las batallas libradas por hombres y mujeres negros, raizales y palenqueros. Desde entonces, este ha sido el principal marco legal para la defensa de los derechos fundamentales de la población afrocolombiana.[233] Entre otras cosas reconoce la titularidad colectiva de algunos territorios baldíos, los estudios afrocolombianos y la participación de estas poblaciones como ciudadanos.[234]
LEY 294 DE 1996/ LEY 575 DE 2000 LEY DE NO VIOLENCIA INTRAFAMILIAR	Esta ley protege a las familias y la mujer, disponiendo de medidas para prevenir y erradicar toda violencia en el núcleo familiar, pero no va más allá de la vida privada
LEY 387 DE 1997	Se han tomado medidas para prevenir el desplazamiento forzado y garantizar la atención, protección, consolidación y estabilización socioeconómica de las personas desplazadas internamente por la violencia en Colombia.
LEY 581 DEL 31 DE MAYO DE 2000 LEY DE CUOTAS	Busca la participación de las mujeres en todas las ramas del poder público, estableciendo un 30% como cuota mínima.

232 Ibidem.

233 Óp. Cit., Informe Final - Comisión de la Verdad.

234 Óp. Cit., Mosquera Mosquera, J., Mujeres Afrocolombianas en los Espacios de Participación.

LEY 725 DE 2001 DÍA NACIONAL DE LA AFROCOLOMBIANIDAD: 21 DE MAYO	Es instituido el 21 de mayo como el Día Nacional de bajo el propósito de reconocer los aportes de la población Afro, raizal y palenquera a la identidad cultural nacional.
DECRETO 3323 DE 2005	En este decreto se reglamenta el concurso docente, en él se establece la selección del ingreso de personal etnoeducador a la carrera docente entre otras disposiciones.
LEY 1257 DE 2008 Y SUS DECRETOS REGLAMENTARIOS.	Luego de casi 13 años de adoptada la Convención Belen Do Para, Colombia adopta la ley 1257 o Ley de no violencia contra las mujeres, en mirar de garantizar una vida libre de violencia tanto en el espacio público como privado, pero teniendo muchos problemas en cuanto a su implementación y reglamentación, pues existen muchos vacíos y poca voluntad política y presupuestal.
LEY 1482 DE 2011 (LEY ANTIDISCRIMINACIÓN) MODIFICA EL CÓDIGO PENAL COLOMBIANO, ART: 134A-134B-134C – 134D	Se sugiere castigar a aquellos individuos que realicen acciones que limiten o dificulten que otras personas ejerzan sus derechos debido a su raza, nacionalidad, género u orientación sexual. Estas conductas son penalizadas con una sentencia de prisión de 12 a 36 meses y una multa que varía entre 10 y 15 salarios mínimos mensuales legales vigentes[235].
CONPES 3784 DE 2013	Se establece el lineamiento sobre la política pública para la protección y las garantías de las mujeres víctimas del conflicto, así como la prevención de todo riesgo en el marco del conflicto.
CONPES 161 DE 2013	En este CONPES se establece la política pública nacional de equidad de género, en este documento se disponen las acciones pertinentes para lograr una efectiva equidad entre hombres y mujeres.
LEY 1761 DE 2015-LEY ROSA ELVIRAS CELIS	En esta norma se establece el delito de feminicidio como un delito autónomo.

[235] Óp. Cit., Mosquera Mosquera, J., Mujeres Afrocolombianas en los Espacios de Participación.

LEY 2281 DE 2023	Por medio de esta norma se dio creación al ministerio de la igualdad, sin embargo, en este momento la norma fue demandada por algunos congresistas. Esta norma es el primer paso para llegar a una igualdad material en Colombia.

Fuente: propia de los autores.

Estas normas son las principales normas que orientan la protección de los derechos de las mujeres, en algunas se explica y se centran en principios como la igualdad, la equidad y la no discriminación. Sin embargo, se observa que aun cuando hay un plano normativo la violencia de género especialmente a las mujeres afrodescendientes sigue siendo una violencia del plano estructural y cultural que no se hace visible. Un ejemplo, son las políticas públicas, que se implementa en los territorios, departamentos como el Atlántico, costa caribe colombiana, que cuenta con política pública para la población afrodescendiente, en esta no se incluyó el enfoque de género, o viceversa en la política pública de género no desarrolla bajo un enfoque étnico, esto hasta este momento, pues se pretende hacer una actualización de este última para incluir este enfoque.

IV. REVISIÓN ANTE EL SISTEMA INTERAMERICANO DE LOS DERECHOS HUMANOS DE LAS MUJERES AFRODESCENDIENTES

Es claro que tanto la Comisión como la Corte Interamericana, han señalado en diversos casos que los Estados han vulnerado los derechos de las poblaciones afroamericana, así por ejemplo, en el Caso de las comunidades afrodescendientes desplazadas de la cuenca del río cacarica (operación génesis) vs. Colombia, la Comisión Interamericana de Derechos Humanos presentó un caso ante la Corte el 25 de julio de 2011, relacionado con la Operación Génesis llevada a cabo por la República de Colombia entre el 24 y el 27 de febrero de 1997 en el área cercana a los territorios de las comunidades afrodescendientes de la cuenca del río Cacarica. El caso se refiere a la responsabilidad del Estado colombiano por violaciones de derechos humanos, incluyendo la muerte de Marino López Mena y el desplazamiento forzado de cientos de personas, incluyendo miembros de las comunidades afrodescendientes. También se alega la violación del derecho a la propiedad colectiva de dichas comunidades sobre los territorios que han poseído ancestralmente y que el Estado les ha reconocido.[236]

En este caso el grupo de afrodescendientes que fue desplazado sufrió varias consecuencias graves, especialmente las mujeres y los niños, como la desnutrición, la falta de alimentos, el acceso a servicios básicos y de salud adecuados, entre otros. La Comisión afirmó que las mujeres han sido especialmente afectadas porque deben encargarse del sustento económico de sus familias y aprender a desenvolverse en el mundo público y privado para reclamar sus derechos y obtener asistencia humanitaria para su comunidad. Según la Comisión, el Estado colombiano no cumplió con sus obligaciones internacionales de proteger los derechos de la comunidad afrodescendiente, que es un grupo vulnerable y requiere protección especial. La falta de protección, además de ser discriminatoria, es un incumplimiento del deber del Estado de proteger la integridad sociocultural de estas comunidades.

La Comisión recomendó al Estado colombiano que incluya a las víctimas y a la comunidad afrodescendiente del Cacarica en la implementación de medidas reparadoras especiales para los desplazados afrodescendientes, que incluya su identidad,

---

[236] Corte Interamericana, *Caso Comunidades afrodescendientes desplazadas de la cuenca del río Cacarica (Operación Génesis) vs. Colombia,* (Sentencia de 20 de noviembre del 2013).

reconocimiento y respeto por sus territorios, necesidades y la participación de sus representantes en las decisiones que puedan afectarlos. Aunque se condena al Estado por las diversas violaciones, la Corte Interamericana acepta que los esfuerzos del Estado colombiano se encuentran orientados en el capítulo Étnico y su principal desafío es consolidar el derecho a la paz de las comunidades étnicas y de los pueblos en el contexto del Acuerdo de Paz. Por consiguiente, se llama al Estado al fortalecimiento de los esfuerzos institucionales y presupuestales para la efectiva implementación de este Capítulo. Ello quiere decir que se busque avanzar con la legalización de los territorios a favor de los pueblos y comunidades étnicas, pero garantizando su protección y respeto.[237]

En otros casos Acosta Martínez y otros contra Argentina, por ejemplo, la corte se expresa sobre el perfilamiento racial, en la sentencia del 31 de agosto de 2020, este caso se refiere a la detención ilegal y posterior muerte de José Delfín Acosta Martínez el 5 de abril de 1996. La Comisión considerar pasar a la Corte Interamericana de Derechos Humanos, pidió en su momento se declare al Estado argentino responsable por violar los derechos a la vida, la integridad personal, la libertad personal, la igualdad y la no discriminación establecidos en la Convención Americana sobre Derechos Humanos en perjuicio de la presunta víctima.

La Comisión Interamericana señala que la discriminación estructural o sistémica se refiere a un conjunto de normas, reglas, hábitos, patrones, actitudes y estándares de conducta que producen sistemáticamente una situación de inferioridad y exclusión de un grupo de personas. Esta discriminación se mantiene a lo largo del tiempo y por las distintas generaciones. Además de la discriminación por motivos de raza, las personas afrodescendientes sufren diversas formas de discriminación

---

237 Idem.

debido a otros aspectos de su identidad, como el origen étnico, la religión o las creencias, el país de origen, la identidad y la expresión de género, la orientación sexual, la salud, la edad, la discapacidad y la clase, entre otros.

La invisibilizarían de la población afrodescendiente y de sus problemáticas se refleja en el mapa de la discriminación realizado por el Instituto Nacional contra la Discriminación, la Xenofobia y el Racismo (INADI), que muestra que, aunque el 38% de las personas entrevistadas en 2014 admitió tener aversión contra las personas de ascendencia africana, solo el 3% reconoció que este grupo era el más afectado por la discriminación racial. En cambio, el 61% de los afrodescendientes entrevistados reconocieron haber sido víctimas de discriminación.

En esa revisión también se analiza el Caso empleados de la fábrica de fuegos en Santo Antonio de Jesús y sus familiares vs. Brasil, en este caso, la Corte Interamericana de Derechos Humanos emitió una sentencia en la que se responsabiliza a la República Federativa de Brasil por las violaciones de derechos humanos en la explosión de una fábrica de fuegos artificiales en Santo Antonio de Jesús, estado de Bahía. Más de 50 personas murieron y seis resultaron heridas, y se encontró que se violaron los derechos a la vida, integridad personal, igualdad y no discriminación, trabajo en condiciones equitativas y satisfactorias, derechos de la niña y del niño, protección y garantías judiciales. La mayoría de las víctimas eran mujeres afrodescendientes que vivían en condiciones de pobreza extrema y se encontraban en un patrón de discriminación estructural e interseccional debido a su situación. El Estado brasileño no adoptó medidas para garantizar la igualdad material de estas personas ni para cambiar la situación de discriminación de estas comunidades. Además, el Estado tenía conocimiento de la situación de vulnerabilidad de la población afrodescendiente que se encontraba en este sector y no fiscalizó adecuadamente la fábrica, lo que agravó la situación de discriminación estructural.[238]

En igual sentido, la Comisión Interamericana presentó un caso ante la Corte Interamericana de Derechos Humanos respecto a la discriminación racial que Neusa dos Santos Nascimento y Gisele Ana Ferreira sufrieron en su lugar de trabajo en Brasil en 1998, así como la falta de justicia en el caso. Las mujeres afrodescendientes solicitaron empleo en una empresa que publicó un anuncio en el periódico, pero fueron rechazadas por una persona que las atendió. Más tarde, la misma persona contrató a una mujer blanca que se presentó a la compañía. Las dos mujeres presentaron una denuncia por discriminación en 1998, pero no se les garantizó el debido proceso. Además, Neusa Dos Santos inició una acción civil por reparación del daño causado, pero fue rechazada. El peticionario argumenta que el Estado violó varios artículos de la Convención Americana sobre Derechos Humanos y la Convención sobre la Eliminación de Todas las Formas de Discriminación Racial. La Comisión concluyó que Brasil es responsable de violar los derechos de las víctimas y la Corte Interamericana recomendó que se les brinde una reparación integral y se adopten políticas públicas y marcos legislativos para prevenir la discriminación racial en el ámbito laboral, especialmente para las mujeres afrodescendientes.[239]

Por otro lado, en el caso Comunidades del bajo y medio Atrato chocoano y antioqueño Colombia, bajo el informe no. 30/16 petición 554-03, la Comisión Interamericana de Derechos Humanos (CIDH) analizó las posiciones de las partes y

---

[238] Corte Interamericana, *Caso empleados de la fábrica de fuegos en Santo Antonio de Jesús y sus familiares Vs. Brasil,* (sentencia del 15 de julio de 2020).

[239] Corte Interamericana, *Caso Comunidades del bajo y medio Atrato chocoano y antioqueño Colombia*, bajo el informe no. 30/16 petición 554-03.

determinó que el caso es admisible para examinar las presuntas violaciones de varios artículos de la Convención Americana y otras convenciones interamericanas, relacionados con el derecho a la personalidad jurídica, la vida, la integridad personal, la libertad personal, las garantías judiciales, la protección de la familia, los derechos del niño, la propiedad privada, el derecho de circulación y residencia, la protección judicial, la tortura, la desaparición forzada y la violencia contra la mujer. La CIDH notificará su decisión a las partes, la publicará y la incluirá en su Informe Anual para la Asamblea General de la OEA. Cabe anotar que este caso se demanda el incumplimiento de la convención Belém do pará, por los hechos ocurridos con Algarita Cansari Bailarín y Marleni Bailarín ambas pertenecientes a una comunidad étnica. Se identifica que la población mayoritariamente es afrodescendiente y se expresan las condiciones de vulneración de estos grupos en medio del conflicto armado.[240]

Así, es importante destacar el compromiso del sistema frente a los derechos de la población afro en América, para ello, en el año 2005, la Comisión Interamericana estableció la Relatoría sobre los Derechos de las Personas Afrodescendientes y la Discriminación Racial. La Relatoría tiene como objetivos principales trabajar con los Estados miembros de la OEA para aumentar el conocimiento sobre las obligaciones de los Estados de respetar los derechos humanos de las personas afrodescendientes y eliminar todas las formas de discriminación racial. Esto se logra a través del análisis de los desafíos actuales que enfrentan los países de la región en esta área, la elaboración de recomendaciones para superar los obstáculos, la identificación y el intercambio de mejores prácticas en la región, y la provisión de asistencia técnica solicitada por los Estados miembros

---

240 Ibidem.

para implementar las recomendaciones en la legislación y en la práctica.[241]

La discriminación estructural es una situación que afecta a las personas afrodescendientes en las Américas, pero particularmente a las mujeres afrodescendientes y esto se refleja en los obstáculos para el goce y ejercicio de sus derechos civiles y políticos, económicos, sociales y culturales, que por siglos han sido excluidas y revictimizadas. La Comisión también ha expresado que existe una estrecha relación entre el racismo y discriminación, explicando de qué forma la invisibilización de las necesidades de las personas afrodescendientes, la continuidad de estereotipos y prejuicios, contribuyen a mantener situaciones históricas de exclusión y segregación.[242]

V. CONCLUSIONES

Es importante reconocer que históricamente se ha invisibilizad a las mujeres afrodescendiente y sus luchas, por ellos es un reto que se expresó incluso en la conferencia previa a Durban, donde se hizo necesario conceptualizar y reconocer a la mujer afrocolombiana como sujeta de derecho, posteriormente en la Conferencia de Durban, se reconoce el sufrimiento que generado el colonialismo, reconoce la exclusión, la desigualdad, la pobreza y la marginación están ligados a el racismo, la discriminación y la xenofobia, así como establece la necesidad de establecer compromisos reales frente a los principios de igualdad y no discriminación, en ese sentido se insta para que junto con otros países, organizaciones e instituciones financieras regio-

---

241 Comisión Interamericana de Derechos Humanos. *Derechos económicos, sociales, culturales y ambientales de las personas afrodescendientes*, OEA, 2021, p. 9.

242 Comisión Interamericana de Derechos Humanos. *La situación de las personas afrodescendientes en las américas,* Washington, OEA, 2011, p. 7.

nales e internacionales, impulsen el uso de inversiones tanto públicas como privadas en consulta con las comunidades afectadas para erradicar la pobreza, también se insta a los Estados a que adopten las medidas necesarias para poner fin a la esclavitud y a las formas contemporáneas de prácticas análogas, y que inicien un diálogo constructivo entre Estados y tomen medidas para solucionar los problemas y reparar los daños causados.[243]

Es necesario priorizar y rescatar desde los organismos a nivel local, nacional e internacional, todos los esfuerzos que realizan para encarar la violencia de género particularmente en poblaciones que históricamente han sido vulneradas particularmente las mujeres pertenecientes a una etnia.

Si bien es cierto, los países que han firmado y ratificado los compromisos frente a los distintos instrumentos internacionales no son claros y se genera dudas sobre la situación de las mujeres afrodescendientes. Hasta aquí, se habla de un ámbito general de esos instrumentos de protección para las mujeres sin observar la diferenciación de la categoría de mujer afrodescendiente en las políticas de mujer, lo que implica, que las mujeres afrodescendientes viven una doble discriminación. Esto lleva a reflexionar sobre la importancia de establecer una protección especial y reconocer la existencia del racismo y la violencia contra la población afro.

Así Lugones, explicó que la historia de las mujeres afrodescendientes y negras en América Latina y el Caribe lleva impregnada las marcas y las consecuencias de la colonización europea, incluso en la actualidad, después de terminadas las administraciones coloniales e instituidos los Estados nacionales en la región. Como también lo expresó Quijano que describe en el siglo XVI, el colonialismo construye e integra a su estructura

---

[243] *Convención Internacional sobre la Eliminación de todas las Formas de Discriminación Racial,* 1965, recuperado en: https://www.ohchr.org/sites/default/files/cerd_SP.pdf

ideológica y funcional un sistema jerárquico basado en la idea de raza, luego codificada en el color de piel y en los rasgos fenotípicos de los sujetos colonizados, que sirvió para otorgar legitimidad a la dominación impuesta por la conquista. Este esquema mental, que significó una nueva manera de legitimar las ya antiguas ideas y prácticas de relaciones de superioridad/inferioridad entre dominados y dominantes, fue fundamental en el proceso de conquistas territoriales y sometimiento de pueblos enteros para beneficio de las metrópolis europeas.[244]

Esto permite concluir que pese a los esfuerzos realizados, avances y normas, estas no han logrado garantizar la materialización del cumplimiento de la proyección de los derechos de la mujer dentro del Estado Colombiano y por su parte la implementación de normas al estándar internacional requiere de compromisos políticos no solo en Colombia sino en toda la región. En concordancia se rescatan los avances de la Comisión Interamericana y de la Corte por sentar algunos precedentes judiciales para la materialización de las garantías de protección para la población Afrodescendiente y la aplicación del enfoque de género en algunas de sus sentencias.

VI. FUENTES DE INVESTIGACIÓN

Arango, Luz Gabriela. «Existe la mujer? Género, lenguaje y cultura.» En *Género e Identidad. Ensayos sobre lo femenino y lo masculino.*, de Magdalena León. Tercer Mundo, 1995.

Araya Umaña, Sandra. «La categoría analítica del género: notas para un debate.» *HALLAZGOS*, nº 23, 2014, pp. 287-30.

---

244 Comisión Económica para América Latina y el Caribe (CEPAL). *Mujeres afrodescendientes en América Latina y el Caribe-Deudas de igualdad.* (Santiago: Naciones Unidas, 2018), p.16.

Butler, Judith. *Deshacer el género-Undoing Gender.* Traducido por Patrícia Soley-Beltran. Mexico: Litográfica Ingramex, S.A. de C.V., 2021.

CEPAL. «CEPAL, La protección social y las mujeres afrodescendientes latinoamericanas: desafíos para una reconstrucción con igualdad.» s.f. https://www.cepal.org/es/eventos/conversatorio-virtual-la-proteccion-social-mujeres-afrodescendientes-latinoamericanas.

Chaves, María Eugenia y Espinal Palacio, Juan José, «Los usos de las leyes de libertad de vientres de 1814 y 1821 entre los esclavos antioqueños, Ejemplos e indicios para una hipótesis de trabajo», Memorias, Revista Digital de Historia y Arqueologí, 2020.

Comisión de la Verdad, *La abolición de la esclavitud y la libertad de vientres,* Comisión de la verdad, 2023.

Comisión Económica para América Latina y el Caribe (CEPAL), *Mujeres afrodescendientes en América Latina y el Caribe-Deudas de igualdad,* Santiago, Naciones Unidas, 2018.

Comisión Interamericana de Derechos Humanos. *Derechos económicos, sociales, culturales y ambientales de las personas afrodescendientes,* OEA, 2021.

Comisión Interamericana de Derechos Humanos, *La situación de las personas afrodescendientes en las américas,* Washington, OEA, 2011.

«Conferencia Mundial contra el Racismo, la Discriminación Racial, la Xenofobia y las Formas Conexas.», 2001, https://www.un.org/es/events/pastevents/cmcr/durban_sp.pdf.

Convención Internacional sobre la Eliminación de todas las Formas de Discriminación Racial, 1965.

Corte Interamericana de Derechos Humanos, *Caso empleados de la fábrica de fuegos en Santo Antonio de Jesús y sus familiares Vs. Brasil,* (Corte Interamericana De Derechos Humanos, 15 de julio de 2020).

Corte Interamericana de Derechos Humanos, *Caso de las comunidades afrodescendientes desplazadas de la cuenca del río Cacarica Vs. Colombia,* (Corte interamericana de Derechos Humanos, 2013) https://www.corteidh.or.cr/docs/casos/articulos/seriec_270_esp.pdf

Corte Interamericana de Derechos Humanos, *Caso Comunidades del bajo y medio Atrato chocoano y antioqueño Colombi*a, (bajo el informe no. 30/16 petición 554-03).

Corte Interamericana de Derechos Humanos. *CIDH llama a Colombia a adoptar medidas urgentes para garantizar los derechos de los pueblos indígenas y comunidades negras, afrocolombianas, raizales y palenqueras.* 29 de diciembre de 2021. https://www.oas.org/es/CIDH/jsForm/?File=/

es/cidh/prensa/comunicados/2021/354.asp (último acceso: 16 de marzo de 2023).

Curiel, Ochy. «Los aportes de las afrodescendientes a la teoría y la práctica feminista Desuniversalizando el sujeto "Mujeres".», *Perfiles del Feminismo Iberoamericano* III, 2007.

Curiel, Ochy. Superando la interseccionalidad de categorías por la construcción de un proyecto político feminista radical. Reflexiones en torno a las estrategias políticas de las mujeres afrodescendientes. En *Raza, etnicidad y sexualidades: ciudadanía y multiculturalismo en América Latina,* de Peter Wade, Fernando Urrea Giraldo y Mara Viveros Vigoya, 462-484. Bogotá: Universidad Nacional de Colombia, 2008.

Espinal Palacio, Juan José, y María Eugenia Chávez. Los usos de las leyes de libertad de vientres de 1814 y 1821 entre los esclavos antioqueños. Ejemplos e indicios para una hipótesis de trabajo. *Memorias: Revista Digital de Historia y Arqueología desde el Caribe,* nº 41, 2020, pp. 81-102.

Hardy, Ellen, y Jiménez Ana Luisa. «Políticas y Estrategias en Salud Pública.» *Rev Cubana Salud Pública* 27, nº 2, 2001, pp. 77-88.

Lagarde, Marcela. Lagarde, Marcela, "El género", fragmento literal: 'La perspectiva de género', en Género y feminismo. Desarrollo humano y democracia, Ed. horas y HORAS. En *Género y feminismo,* pp. 13-38, Madrid, ed. horas y HORAS, 1996.

Ministerios de Desarrollo Social de Uruguay, *Mides,* 2017, http://repositorio.mides.gub.uy:8080/xmlui/bitstream/handle/123456789/968/folleto-afro-inmujeres.pdf?sequence=1&isAllowed=y (último acceso: 2 de febrero de 2023).

Mosquera Mosquera, Juan de Dios. *Mujeres Afrocolombianas en los Espacios de Participación, Construcción de Paz. Exigibilidad de los Derechos Humanos, Étnicos y de Género,* Bogotá, ubicación del Movimiento Nacional por los Derechos Humanos de las Comunidades Afrocolombianas -Cimarrón, 2014.

Navarro Cáseres, Ereilis, y Angéica Rebolledo Pajaro, *Los Turbantes y peinados Afrocolombianos una alternativa pedagógica,* Bogotá, Todo aretea publicidad, 2017.

Oficina del Alto Comisionado, *Los derechos de las Mujeres son Derechos Humanos,* Naciones Unidas, 2014.

ONU, *Conferencias Mujeres e igualdad de género.* s.f. https://www.un.org/es/conferences/women (último acceso: 25 de 01 de 2023).

Páramo, Milena y Amanda Romero, "Mujeres y derechos económicos, sociales y culturales", S.f. Bogotá, Gente Nueva.

Rodelo Garcia, Margarita Rosa, Estereotipos y ausencia de perspectiva de género como factores que aumentan las brechas de desigualdad en América Latina bajo el enfoque de los ODS n° 5 y 10, *Legem* 8, nº 1, 2022, pp. 1-12.

Sánchez, E H, y A Valera, Desafíos actuales de la extensión en relación con el ODS 10.», *Masquedós-Revista de Extensión Universitaria* 6, 2021, pp. 15-15.

Villa Villa, Sandra Irina, Berrocal Duran, Juan Carlos & Osorio Gutiérrez, Maritza, "Vinculación laboral de la mujer cabeza de familia en alcaldías del área metropolitana de Barranquilla", *Revista de Ciencias Sociales (Ve)*, vol. XXVII, núm. 3, 2021, pp. 201-218

Inclusión laboral: una falacia sistémica de la decadencia civilizatoria. Un análisis jurídico crítico del comercio informal en Chilpancingo, Guerrero, México.

ESMERALDA HERNÁNDEZ HERNÁNDEZ*
DANIEL MORA MAGALLÓN**
SAMUEL TORRES BUSTOS***

Sumario: I. Introducción. II. Análisis categorial de justicia y trabajo. III. Conceptualización y contextualización del comercio informal en América Latina.

---

* Doctorante por el Instituto Internacional del Derecho y el Estado. Profesora - Investigadora de la Licenciatura y Coordinadora de la Maestría en Derecho de la Universidad Autónoma de Guerrero. Integrante del Cuerpo Académico "Democracia y Sociedad" de la UAGro. Perfil Deseable PRODEP. Correo electrónico: 11670@uagro.mx

** Sociólogo. Estudiante de la Maestría en Desarrollo Comunitario e Interculturalidad por la Universidad Autónoma de Guerrero. Colaborador del Cuerpo Académico Consolidado "Problemas Sociales, Humanos y de la Naturaleza" de la UAGro. Correo electrónico: adidaniel_82@yahoo.com.mx

*** Abogado. Estudiante de la Maestría en Derecho por la Universidad Autónoma de Guerrero Analista del Derecho del Trabajo y Comercio Informal en Guerrero y México. Correo electrónico: 12434907@uagro.mx

IV. Contextualización del comercio informal en México y Guerrero y Chilpancingo. V. Conclusiones. VI. Fuentes de investigación.

I. INTRODUCCIÓN

En la posmodernidad la humanidad ha transitado por diversos cambios funcionales en lo social, político, cultural y ambiental; sin embargo, no trastocan la estructura económica. Dichos cambios han propiciado que la sociedad se "adapte" a las condiciones y situaciones del contexto, no obstante, esas adaptaciones están sostenidas en la trivialidad que conducen a falsear la verdad y mimetizar el bienestar de la humanidad.

Las actividades económicas que desarrolla la población en gran parte del mundo, han retomado una dirección con poca certeza o seguridad social entre los tantos otros beneficios que se encuentran establecidos en la "*Declaración de la OIT relativa a los principios y derechos fundamentales en el trabajo*", que los gobiernos, las organizaciones de empleadores y de trabajadores se comprometen a respetar y defender en el plano económico y social (entre los derechos laborales más relevantes están: el salario, la jornada de trabajo, los días de descanso, las vacaciones y el aguinaldo; mismos que debes estar plasmados en un contrato de trabajo). Ante este opacamiento y fragilidad de los derechos laborales, emergen conductas que realiza la clase trabajadora para atender sus necesidades básicas, las cuales son ajenas a sus actividades laborales centrales; además, se enfrentaba a la digitalización de la maquinaria que sustituía a la mano de obra en la producción mas no en la distribución y comercialización.

En este capítulo se pretende hacer un aporte sociojurídico crítico, donde se explique y comprenda la realidad de las relaciones sociales y de producción de la humanidad; la cual no se puede entender ni analizar desde una sola disciplina; en ese sentido, para lograr resultados integrales, es necesario analizar los problemas desde la *complejidad*, en donde no sólo se contemple una visión, perspectiva o enfoque disciplinar, sino que se realice desde la inter, multi y transdisciplina.

La investigación desarrollada tuvo como objetivos: 1) desmitificar esa *legalidad dogmática tradicional de occidente*; 2) hacer un *análisis sociojurídico crítico contextual*; 3) evidenciar la existencia de una epistemología jurídica crítica emergida desde Nuestra América, que no se somete al imperio jurídico de occidente que escuda y refuerza las funciones del Estado burgués creando sociedades capitalistas y pos-capitalistas.

Por ello, en la investigación se recurrió a la inter y transdisciplina mediante la investigación histórica, la investigación filosófica y la investigación sociológica para desmitificar esa teoría jurídica hegemónica. Se trabajó desde el enfoque de la teoría del *Derecho Alternativo*, que ha emprendido la defensa del llamado *Pluralismo Jurídico*, es decir, de aquellos sistemas jurídicos que coexisten territorialmente con los sistemas jurídicos modernos, que tienen la posibilidad de potenciar la desmitificación de la legalidad fetichizada en la figura del Estado burgués.

En el presente trabajo, se expone uno de los tantos problemas que existen en Nuestra América, México, Guerrero y Chilpancingo: el comercio informal. Cabe destacar que se presentan resultados parciales de la investigación en proceso, la cual realiza un aporte sociojurídico crítico, que desmitifica ese dogma tradicional de legalidad de occidente; asimismo, retoma la realidad histórica y concreta y el contexto social, político y económico; y reivindica la(s) epistemología(s) jurídica(s) emergida(s) desde Nuestra América que quebrante la ideología hegemónica y construya una conciencia de clase que conduzca a una transformación cualitativa de la realidad de las personas que realizan dicha actividad productiva; asimismo, se pretende que el estudio sirva a las autoridades locales para el diseño, implementación y evaluación de políticas públicas para atender las necesidades esenciales y reales de la población.

II. ANÁLISIS CATEGORIAL DE JUSTICIA Y TRABAJO

Se considera pertinente mencionar que la realidad concreta se posiciona bajo las lógicas del *sistema capitalista*; Wallerstein define al capitalismo como "*un sistema en que la prioridad esencial es la acumulación incesante de capital. No hay otra lógica de capitalismo que la acumulación por sí, se acumula a fin de acumular más, es lo esencial de lo que es capitalista y ello lo cambia todo*".[245] A decir de Marx "*el capital viene al mundo chorreando sangre y lodo por todos los poros, de los pies a la cabeza*".[246]

Con esa aportación de Wallerstein, pero sobre todo de Marx, permite comprender cuál es la esencia, naturaleza y lógica del capitalismo.

En ese sentido, Valqui considera que el "*abandono de la teoría marxista, conduce a falsear la naturaleza expoliadora, opresora, depredadora y antihumana del capitalismo en el siglo XXI*".[247] Esta postura permite posicionarse epistémicamente frente a la naturaleza opresora y cosificadora del capitalismo, el cual ha homogenizado teorías, modelos, enfoques y perspectivas, invisibilizando otras epistemologías asentadas en otros territorios.

Ante lo externado, se expone lo que algunos intelectuales definen al respecto considerando que el sistema capitalista está presente en sus análisis funcionales y críticos de la justicia y el trabajo.

Dentro del análisis funcional se encuentra esa categoría presuntuosa y banal como la *inclusión*, la cual permite reproducir los planteamientos de la estructura social establecida y sostenida por el capital. Desde esta perspectiva, expresa Tubino "*la*

---

245 Wallerstein, I, *El capitalismo ¿qué es? Un problema de conceptualización*, UNAM, México, 1999.

246 Marx, C., *El Capital*, Editorial Progreso, URSS, 1990.

247 Valqui, C., *Marx vive. Derrumbe del capitalismo. Complejidad y dialéctica de una totalidad violenta*, EÓN-UAGro, México, 2012.

inclusión es funcional al sistema existente, no toca las causas de la asimetría y desigualdad sociales, tampoco cuestiona las reglas del juego, por eso es compatible con la lógica del modelo neoliberal existente".[248]

No obstante, es pertinente reconocer las aportaciones de algunos filósofos y pensadores clásicos quienes han analizado el concepto de *justicia* desde diferentes enfoques en el siglo XIX y principios del XX, entre ellos es posible mencionar a Platón, Aristóteles, Kant, Descartes, Hobbes, Locke, Rousseau, Marx, Weber, Durkheim y otros más. Sus aportaciones relevantes tuvieron un momento histórico y concreto; en ese sentido, hoy se requiere de aportaciones que permitan comprender la realidad en el contexto posmoderno.

En el mundo contemporáneo, algunos filósofos y pensadores razonan y debaten la categoría *justicia* desde la segunda mitad del siglo XX y XXI, cabe destacar que el avance y consolidación del capitalismo permite un análisis particular para comprenderla. Entre dichos pensadores contemporáneos es posible mencionar a Horkheimer, Habermas, Tourine, Bobbio, Kelsen, Ralws, Pound, Campbell, Finnis, Giddens, Negri, Zizek, Dussel, Echeverría, De Souza, entre otros.

Ante ello, es pertinente traer el análisis de Kelsen, quien indica que

> *la justicia es una característica posible pero no necesaria para un orden social. La aspiración de justicia es la eterna aspiración del hombre a la felicidad en la sociedad. La justicia es la felicidad social, es la felicidad que el orden social garantiza. Se entiende por felicidad un sentimiento subjetivo, es decir, lo que cada uno considera como tal. La*

---

248 Tubino, F., "La interculturalidad crítica como proyecto ético-político", En: *Encuentro continental de educadores agustinos.* Lima, 24-28 de enero de 2005, Disponible en: http://oala.villanova.edu/congresos/educación/lima-ponen-02.html.

> *felicidad de uno provoca irremediablemente la desgracia del otro. La felicidad sólo puede entenderse la satisfacción de ciertas necesidades que son reconocidas como tales por la autoridad social o el legislador, y que son dignas de ser satisfechas.*[249]

Este análisis de Kelsen permite comprender que no hay ni habrá *justicia absoluta* sino *justicia relativa*; donde esta justicia relativa se centra en los intereses humanos; por lo que, para la solución de los intereses humanos expone que hay dos soluciones:

1. Satisfacer el uno a costa del otro y,
2. Establecer un compromiso entre ambos.

Ante ello, se considera que el primero evidencia la naturaleza individualista y el segundo muestra su naturaleza colectiva, por lo que, en un Estado de Derecho se debería optar por la segunda.

Por otra parte, Pound expresa que "*la justicia se ha considerado como una virtud individual, como idea moral, como un régimen de control o como el fin o propósito de la organización social*". Sin embargo, considera que "*hoy ya no se busca definir la justicia sino se busca una teoría de valores, con la cual se pueda medir las expectativas en competencia, en conflicto o en superposición parcial recíproca*".[250]

Dentro de las aportaciones de Pound, se puede comprender que la justicia es una virtud metafísica (individual) que es utilizada por el Estado como medio de control para la organización social y sólo puede ser conmutativa y distributiva, es

---

249 Kelsen, H. "¿Qué es la justica?" en Tribunal Superior de Justicia del Distrito Federal, *Lecturas de Filosofía del Derecho*, Vol. II, México, 2001.

250 Pound, R. "¿Qué es justica?" en Tribunal Superior de Justicia del Distrito Federal, *Lecturas de Filosofía del Derecho*, Vol. II, México, 2001.

decir, aplicada sólo por un Juez o un Legislador. Es pertinente destacar el enfoque de las Escuelas social-filosóficas del siglo XX, que asumen a la sociedad como un ente de cooperación donde existen seres dotados de razón, los cuales resuelven sus conflictos (entre lo individual y lo universal).

En esta teoría de justicia, cada comunidad, asociación o grupo es un agente de promoción de la justicia. Pound considera que con la consolidación del Estado de servicio, la seguridad se redefine, considerando el poder de la sociedad civil organizada para ser coparticipe para afrontar problemas esenciales de la humanidad como la pobreza y la desigualdad.

Otra percepción de justicia la hace Rawls, considera que:

> *la justicia es la primera virtud de las instituciones sociales, como la verdad lo es de los sistemas de pensamiento. Si las leyes e instituciones están ordenadas y son eficientes: si son injustas han de ser reformadas o abolidas. Cada persona posee una inviolabilidad fundada en la justicia que ni siquiera el bienestar de la sociedad en conjunto puede atropellar. En una sociedad justa, las libertades de la igualdad de ciudadanía se dan por establecidas definitivamente; los derechos asegurados por la justicia no están sujetos a regateos políticos ni al cálculo de intereses sociales. Lo único que nos permite tolerar una injusticia sólo es evitar una injusticia aún mayor. Siendo las primeras virtudes de la actividad humana, la verdad y la justicia no pueden estar sujetas a transacciones*".[251]

El razonamiento de Rawls parece crítico y coinciden los autores con él, puesto que es el único que utiliza en su análisis la categoría de *clases,* lo que los intelectuales orgánicos o funcionalistas no consideran. Asimismo, distingue que "*el objeto prima-*

---

[251] Rawls, J., *Teoría de la justicia,* FCE, México, 2012.

rio de la justicia es la estructura básica de la sociedad o, mejor dicho, el modo en que las grandes instituciones sociales distribuyen los derechos y deberes fundamentales y determinan la división de las ventajas provenientes de la cooperación social".[252]

En otro sentido, corresponde ahora compartir lo que los intelectuales contemporáneos razonan respecto a la categoría *trabajo*; para ello, se retoma lo expuesto por Castel, Bauman y Maruani.

Se inicia compartiendo el análisis crítico que Castel realiza al pensamiento hegemónico capitalista de finales del siglo XX, temporalidad donde se consolida el neoliberalismo. Dentro de su análisis expone "*tres formas dominantes de cristalización de las relaciones de trabajo en la sociedad industrial, también tres modalidades de las relaciones del mundo del trabajo con la sociedad global*",[253] haciendo referencia a la *condición proletaria* (siglo XVIII), *condición obrera* (siglo XIX) y *condición salarial* (primera mitad del siglo XX). Las cuales se exponen a continuación:

- *En la condición proletaria, se considera que el proletario era un eslabón esencial en el proceso naciente de industrialización, pero estaba destinado a trabajar para reproducirse y acampar en la sociedad, sin ubicarse en ella. Era una situación de cuasi exclusión del cuerpo social.*
- *En la condición obrera, se menciona que se constituyó una nueva relación salarial, donde el salario dejó de ser sólo la retribución puntual de una tarea y se adjudicaron algunos derechos, como prestaciones y permitía una participación ampliada en la vida social.*
- *En la condición salarial, se señala que los trabajadores manuales fueron menos vencidos en una lucha de cla-*

[252] Ídem.

[253] Castel, R., La metamorfosis de la cuestión social. Una crónica del salario, Paidós, Francia, 1997.

> *ses que desbordados por la generalización del salariado. La sociedad salarial parecía arrastrada por un irresistible movimiento de promoción: acumulación de bienes y riquezas, creación de nuevas posiciones y de oportunidades inéditas, ampliación de los derechos y garantías, multiplicación de las seguridades y protecciones.*[254]

Castel cuestiona esa *nueva relación salarial* sustentada en la industrialización, al señalar que "*con la revolución industrial comenzó a desarrollarse un nuevo perfil de obreros de las manufacturas y las fábricas, que anticipaba la relación salarial moderna, pero sin desplegarla todavía en toda su coherencia*".[255]

La relación expuesta, conduce a analizar y debatir con esa tesis dominante que se refería *al fin del trabajo.* Dicha tesis argumentaba que, en la sociedad industrial, se requería cada vez menos mano de obra; se mostraba que el trabajo fue desplazado como ese espacio de construcción de identidades colectivas asumiendo ese rol los espacios extralaborales, lo que provocó dos acciones:

a) Que las personas buscaran "otras formas de ingreso" diferenciadas de la forma clásica del trabajo.
b) Que se naturalizara la exclusión y se aprendiera a convivir con el desempleo.

En su tesis central Castel expone que no se está ante el fin del trabajo sino, más bien, tiene un fin ideológico y político que se distingue en aceptar las mínimas condiciones laborales (calidad laboral, derechos, salarios) lo que conduce a la precarización laboral. Asimismo, el trabajo no es sólo un medio de subsistencia sino también es un articulador para garantizar

---

254 Ídem.
255 Castel, R., La metamorfosis, 1997, Op. Cit.

los medios de vida, la integración social, la identidad social y la socialización; es el principal organizador social. Por lo que, cuando uno pierde un trabajo, pierde más que un empleo.

Cabe destacar que, un siglo antes, Durkheim en su tesis doctoral expresa que la función división del trabajo se emplea en dos sentidos diferentes:

1. *"Designa un sistema de movimientos vitales o*
2. *Expresa la relación de correspondencia que existe entre esos movimientos y algunas necesidades del organismo*".[256]

En esa expresión de Durkheim se muestra esa la complejidad dialéctica de la función en la división del trabajo, la cual es un cúmulo de acciones que articuladamente responden entre sí; es decir, entre las partes y la totalidad.

Por otra parte, Bauman expone que en la sociedad occidental o sociedad de consumo "*la ética del trabajo es una norma de vida con dos premisas:*

1. *Si se quiere conseguir lo necesario para vivir y ser feliz, hay que hacer algo que los demás consideren valioso y digno de un pago.*
2. *Está mal conformarse con lo ya conseguido y quedarse con menos en lugar de buscar más*".[257]

Para Bauman desde la industrialización, "*la ética para el trabajo sirvió para desterrar el hábito que obstaculizaba el nuevo mundo en construcción: la tendencia a evitar las aparentes bendiciones ofrecidas por el trabajo en las fábricas y a resistirse al ritmo de vida fijado por*

---

256 Durkheim, E., *La división del trabajo social*, Colofón, México, 2007.

257 Bauman, Z., *Trabajo, consumismo y nuevos pobres*, Gedisa, Barcelona, 1998.

el capataz, el reloj y la máquina".[258] Y considera que "*el siglo XIX inició con la ética del trabajo puesto que el trabajo era la única fuente de riqueza; producir más y aumentar la mano de obra en el proceso de producción significaba lo mismo*".[259] En el mundo de las grandes corporaciones, el progreso es "reducción de personal" y el avance tecnológico equivale a reemplazar seres humanos por software electrónico. Asimismo, realiza una separación social respecto a la clase obrera, baja y marginada.

> *"La clase obrera corresponde a una sociedad en la cual las tareas y funciones de los ricos y los pobres se encuentran repartidas; son diferentes pero complementarias.*
>
> *La clase baja reconoce la movilidad de una sociedad, donde cada posición es momentánea y está sujeta a cambios.*
>
> *La clase marginada corresponde a una sociedad que ha dejado de ser integral, que renunció a incluir a todos sus integrantes y ahora es más pequeña que la suma de sus partes".*[260]

A decir de Bauman, la expresión "clase marginada" fue utilizada para señalar los peligros de la desindustrialización que llevaría a que grandes sectores de la población quedaran desempleados y sin posibilidad alguna de reubicarse en el mercado de trabajo.

Donde la exclusión era producto de la lógica económica, sobre la cual esos condenados no podían ejercer control alguno.

Además, Bauman expresa que "*la regla en la sociedad de consumo es que la libertad de elección requiere capacidad: tanto habilidad como decisión para usar el poder de elegir. La clase marginada es la suma de muchas elecciones individuales erróneas: su existencia demuestra la falta de capacidad para elegir de las personas que la*

---

[258] Ídem.
[259] Ídem.
[260] Ídem.

integran".[261] Al respecto, Mead señala que "*los pobres carecen de la capacidad de apreciar las ventajas de una vida de trabajo; se equivocan en su escala de valores, poniendo al "no-trabajo" por encima del trabajo*".[262]

Este análisis de las clases, permite comprender que en la posmodernidad existe una *hibridación* de dichas clases, por lo que, es difícil identificar a cada una de ellas, excepto que aterrizan en la clase marginada, en donde la desarticulación social se potencializa el individualismo.

Para Bauman, cada sociedad ha adoptado una actitud hacia sus pobres; por lo que, en esta sociedad de consumo considera "*una mezcla incómoda de temor y repulsión, por un lado; y misericordia y compasión, por el otro*". Los primeros permiten tratar a los pobres con la dureza y firmeza necesaria para garantizar el orden y la paz social; los segundos se posicionan por debajo de lo permitido, lo que los muestran como intrascendentes para cumplir con las normas.

A decir de Castoriadis "*la crisis del mundo occidental reside en el hecho de que dejó de cuestionarse a sí mismo*".[263] Ante ello, Offe señala que para encontrar una solución radical a la crisis de nuestro tiempo; el núcleo está en "*la idea de que el derecho a un ingreso individual puede ser disociado de la capacidad real de obtener un ingreso*".[264] Esta propuesta posee una esencia conservadora de valores éticos y estructuras sociales básicas de toda sociedad occidental.

Por otra parte, Maruani realiza una interesante reflexión acerca de la diferencia entre *trabajo* y *empleo* que, desde el punto de vista semántico, se asume la confusión cuando se habla

---

261 Bauman, Z.,. *Trabajo, consumismo,* 1998, *Op. Cit.*

262 Ídem.

263 Ídem.

264 Offe citado por Bauman, Z, Trabajo, consumismo, 1998, Op. Cit.

de que trabajo y empleo son sinónimos. Maruani expresa que "*el trabajo es una actividad de producción de bienes y servicios y conjunto de las condiciones de ejercicio de dicha actividad; mientras que el empleo es un conjunto de las modalidades de acceso y salida del mercado de trabajo*".[265]

Cabe mencionar que Maruani realiza un análisis más sociológico que jurídico y económico; ello permite otra perspectiva epistémica, asignándole un sentido más amplio e integral, dejando el criterio disciplinar. Con lo mencionado por Maruani se puede afirmar que, a través del empleo, se puede tener un trabajo y un salario; mientras que con un trabajo sólo se obtiene una posición social. Con un empleo puedes tener un salario, elemento que no obtendrías en un trabajo, sólo una identidad y posición social.

III. CONCEPTUALIZACIÓN Y CONTEXTUALIZACIÓN DEL COMERCIO INFORMAL EN AMÉRICA LATINA

A nivel mundial existen organismos que se crearon después de la Segunda Guerra Mundial para pacificar y brindar atención a las necesidades de la población; la principal fue la Organización de las Naciones Unidas (ONU) mediante la "*Carta de las Naciones Unidas*".[266] Dicho documento recoge los principios de las relaciones internacionales, desde la igualdad soberana de los Estados, hasta la prohibición del uso de la fuerza en las relaciones internacionales. En el artículo 1 de la Carta de las

---

265 Maruani, M., *De la sociología del trabajo a la sociología del empleo,* Iresco, París, 2000.

266 Organización de las Naciones Unidas (ONU), Carta de las Naciones Unidas, 10 de enero de 2023, en https://www.un.org/es/about-us/un-charter

Naciones Unidas se mencionan los propósitos de las Naciones Unidas son:

> *Mantener la paz y la seguridad internacionales, y con tal fin: tomar medidas colectivas eficaces para prevenir y eliminar amenazas a la paz, y para suprimir actos de agresión u otros quebrantamientos de la paz; y lograr por medios pacíficos, y de conformidad con los principios de la justicia y del derecho internacional, el ajuste o arreglo de controversias o situaciones internacionales susceptibles de conducir a quebrantamientos de la paz;*
> *Fomentar entre las naciones relaciones de amistad basadas en el respeto al principio de la igualdad de derechos y al de la libre determinación de los pueblos, y tomar otros medidas adecuadas para fortalecer la paz universal;*
> *Realizar la cooperación internacional en la solución de problemas internacionales de carácter económico, social, cultural o humanitario, y en el desarrollo y estímulo del respeto a los derechos humanos y a las libertades fundamentales de todos, sin hacer distinción por motivos de raza, sexo, idioma o religión; y*
> *Servir de centro que armonice los esfuerzos de las naciones por alcanzar estos propósitos comunes.*[267]

La Carta de las Naciones Unidas es un instrumento de derecho internacional y es vinculante para los Estados Miembros de la ONU. Tras la creación de la ONU, se crearon también diversos organismos especializados y organizaciones conexas que responden a las políticas de la ONU, entre ellas, interesa destacar a tres por la naturaleza de la investigación:

- La Corte Internacional de Justica (CIJ),

---

[267] Ídem.

- La Organización Internacional del Trabajo (OIT) y
- La Organización Mundial del Comercio (OMC).

"*La CIJ es el principal órgano judicial de la ONU y está encargada de decidir las controversias jurídicas entre Estados; así como también, emite opiniones sobre cuestiones que pueden someterle órganos o instituciones especializadas de la ONU*".[268] Según los estatutos de la CIJ, en el artículo 38 se especifican sus funciones en cuanto a decidir conforme al derecho internacional las controversias que le sean sometidas y deberá aplicar:

> *las convenciones internacionales que establecen reglas expresamente reconocidas por los Estados litigantes;*
> *la costumbre internacional como prueba de una práctica generalmente aceptada como derecho;*
> *los principios generales de derecho reconocidos por las naciones civilizadas;*
> *las decisiones judiciales y las doctrinas de los publicistas de mayor competencia de las distintas naciones, como medio auxiliar para la determinación de las reglas de derecho, sin perjuicio de lo dispuesto en el Artículo 59.*[269]

Por otra parte, se considera que la OIT "*es el único organismo 'tripartito', el cual vincula a gobiernos, empleadores y trabajadores de los Estados Miembros a fin de establecer las normas del trabajo, formu-*

---

268 Corte Internacional de Justicia (CIJ). Estatutos de la Corte Internacional de Justica, 12 de enero de 2023, https://www.un.org/es/icj/

269 Corte Internacional de Justica (CIJ). Estatutos de la Corte Internacional de Justica, 12 de enero de 2023, en https://www.un.org/es/documents/icjstatute/

lar políticas y elaborar programas promoviendo el trabajo decente de todos, mujeres y hombres".[270]

Cabe mencionar que, desde su creación en 1919, la OIT tuvo como esencia la justicia social. Se reconoce que, desde su origen, la OIT adoptó seis Convenios Internacionales del Trabajo, los cuales que se referían a: 1) las horas de trabajo en la industria, 2) desempleo, 3) protección de la maternidad, 4) trabajo nocturno de las mujeres, 5) edad mínima y 6) trabajo nocturno de los menores en la industria. Fue hasta 1946 cuando la OIT se convirtió en una agencia especializada de la ONU. Fue hasta 1970 cuando se reconoce su carácter universal y donde los países industrializados se diferenciaron de aquellos países en desarrollo.

Finalmente, se considera que la OMC "*es la única organización que se ocupa de las normas que rigen el comercio entre los países. El objetivo de la OMC es garantizar que los intercambios comerciales se realicen de la forma más fluida, previsible y libre posible*".[271] Lo que propugna la OMC es: "*construir un sistema comercial más inclusivo que permita a más mujeres y pequeñas empresas participar en el comercio y cosechar los beneficios económicos del comercio mundial*".[272]

Ante lo mencionado, es pertinente comentar que para exponer lo referente al *comercio informal*, tenemos que recurrir a lo que se concibe como *economía informal*. Por lo que, definir qué es la economía informal sería una acción académica muy simplificadora; por el contrario, se debe comprender a la eco-

---

270 Organización Internacional del Trabajo (OIT). Misión e impacto de la OIT, 15 de enero de 2023, en https://www.ilo.org/global/about-the-ilo/mission-and-objectives/lang--es/index.htm

271 Organización Mundial del Comercio (OMC). Misión e impacto de la OIT, 17 de enero de 2023, en https://www.wto.org/spanish/thewto_s/whatis_s/whatis_s.htm

272 Organización Mundial del Comercio (OMC), Misión e impacto de la OIT, 17 de enero de 2023, en https://www.wto.org/spanish/thewto_s/whatis_s/what_stand_for_s.htm

nomía informal como una categoría compleja "*la cual conlleva a una diversidad de interacciones e interferencias entre un número muy grande de unidades; comprende también incertidumbres, indeterminaciones, fenómenos aleatorios*".[273]

Se reporta que en la década de los 70´s, la informalidad surge como concepto cuando se introdujo el término *sector informal* para caracterizar el problema hallado en el empleo urbano en dos países de África (Kenia y Ghana); donde se expresa que "*las personas logran sobrevivir mediante el despliegue de oficios y tareas de pequeña escala, principalmente de índole familiar, poco estructuradas e incumpliendo el marco legal vigente al no estar ni registradas ni protegidas*".[274] Donde, "*la informalidad era la alternativa al desempleo de los sectores pobres*".[275]

En una investigación de la CEPAL, Espejo hace mención que "*en América Latina, a finales de los 70´s, se acuñó el concepto sector informal urbano (SIU), el cual fue utilizado e impulsado por el Programa Regional de Empleo para América Latina y el Caribe (PREALC) de la OIT*",[276] teniendo como objetivo explicar el crecimiento de amplios sectores de la población que no pudieron participar de los procesos de "*modernización productiva a través*

---

273 Morín, Edgar, *Introducción al pensamiento complejo,* Gedisa, México, 2004, pág. 35.

274 Organización Internacional del Trabajo (OIT), *Employment, Incomes and equality. A strategy for increasing productive employment in Kenya,* OIT, Ginebra, 1972.

275 Bertranou, F., "Reexaminando la informalidad laboral y las políticas para su reducción en América Latina" en Bertranou, F. y Marinakis, A. (Eds.), 2019), *Reflexiones sobre el Trabajo. Visiones desde el Cono Sur de América Latina en el Centenario de la OIT.* Santiago de Chile.

276 Espejo, Andrés, *Informalidad laboral en América Latina. Propuesta metodológica para su identificación a nivel subnacional,* Documentos de Proyectos (LC/TS.2022/6), CEPAL, Santiago, 2002.

de un mercado laboral formal".[277] No obstante, la Organización Internacional del Trabajo (OIT) expresa que:

> *La economía informal comprende más de la mitad de la mano de obra mundial y más del 90 por ciento de las microempresas y pequeñas empresas (MYPE) a escala mundial. La informalidad es una característica importante de los mercados laborales del mundo. Hay millones de unidades económicas en funcionamiento y cientos de millones de trabajadores que procuran ganarse la vida en condiciones de informalidad.*[278]

En la investigación de Espejo antes citada, se informa que a principios de los 90´s, "*en América Latina se generó un aumento de ocupaciones en actividades informales, destacándose los empleos en el sector de servicios y la ocupación de la microempresa. Siendo el 61 % de los empleos generados en los 90´s fueron informales*".[279]

Ante el escenario planteado, la OIT reconoció que la preocupación por este sector no podía aislarse del creciente proceso de precarización laboral que comenzó a observarse a partir de la década de los 80´s y que "*no solo afectaba a los que se ocupaban en el sector informal, sino también a los trabajadores en empresas formales*".[280]

---

[277] Maurizio, R. y A. Monsalvo, *Informality, labour transitions, and the livelihoods of workers in Latin America,* United Nations University World Institute for Development Economics Research (UNU-WIDER), Working Paper 2021/19, 2021.

[278] Organización Internacional del Trabajo (OIT). *Economía informal,* 20 de marzo de 2023, https://www.ilo.org/global/topics/dw4sd/themes/informal-economy/lang–es/index.htm#33

[279] Espejo, Andrés, *Informalidad laboral en América Latina. Propuesta metodológica para su identificación a nivel subnacional,* Documentos de Proyectos (LC/TS.2022/6), CEPAL, Santiago, 2022.

[280] Tokman, V., *Las dimensiones laborales de la transformación productiva con equidad,* CEPAL, Santiago, 2004.

Espejo menciona que "*en 1997 la Comisión de Estadística de las Naciones Unidas crea el Grupo de Delhi con el fin de abordar diversos asuntos metodológicos relativos al tratamiento del sector informal*".[281] El resultado de este grupo de trabajo se ve reflejado en la 17ª CIET, en donde se acuña el término de economía informal definido como: "*conjunto de* actividades *económicas desarrolladas por los trabajadores y las unidades económicas que, tanto en la legislación como en la práctica, están insuficientemente contempladas por sistemas formales o no lo están en absoluto*".[282]

De esta manera, se cree que se amplía la definición de sector informal basada en la empresa o unidad de producción, agregando la noción de *empleo informal*, basada en el puesto de trabajo; con esto, se abandona la lógica dualista imperante hasta esa fecha.

No obstante, existen nuevos enfoques para comprender y analizar la informalidad en América Latina. Por un lado, Perry y otros sostienen que:

> *el sector informal en los países de la región se manifiesta a través de lo que ellos denominan factores de exclusión y de escape. En cuanto al primer factor, los autores dan cuenta que los trabajadores o empresas son empujados hacia la informalidad debido a la exclusión de los beneficios sociales básicos esenciales. En cuanto al segundo factor, se alude al escape dado que los trabajadores o empresas evalúan el costo-beneficio de la conveniencia o no de ingresar al sector formal.*[283]

---

281 Espejo, Andrés, *Informalidad laboral en América Latina, Op. Cit*, 2022.

282 Organización Internacional del Trabajo (OIT), Organización Internacional del Trabajo, *Directrices sobre una definición estadística del empleo informal*, CIET/17/2003/R, Ginebra, 2003.

283 Perry, G., O. Arieas, O. Fajnzylber, W. Maloney, A. Mason y J. Saavedra Chanduvi, *Informalidad: escape y exclusión*, Banco Mundial, Washington D.C., 2007.

En esa perspectiva, Levy sostiene que "*el crecimiento del sector informal en México se debe en gran parte a las deficiencias de la política social*";[284] en otras palabras, ofrece incentivos sociales para que se opte por la informalidad laboral y las cargas sociales formales.

En 2015 el concepto de *economía informal* fue ratificado en la Conferencia Internacional del Trabajo de la OIT. En su recomendación núm. 204 reconoce que "*los trabajadores de la economía informal trabajan de esta forma principalmente por necesidad y no por elección*". En 2018 la CIET introdujo categorías nuevas como la de "*trabajador contratista dependiente, estableciendo una nueva condición para identificar situaciones generalmente caracterizadas como informales debido al limitado alcance de la protección laboral y de la seguridad social*".[285]

En ese sentido, Espejo sostiene, con base en los datos del INEGI, que "*a finales de 2019 en México la informalidad laboral afectaba a 31.3 millones de personas, es decir, al 56.2% de la población ocupada. Dentro de los resultados, se muestra que el territorio que concentra mayores niveles de propensión a la informalidad en la parte sureste de México y menores niveles en el norte del país. Las regiones centrales presentan una mezcla de niveles bajos y altos*".[286]

---

[284] Levy, S., *Good Intentions, Bad Outcomes: Social Policy, Informality and Economic Growth in México,* Brookings Institution Press, Washington D.C., 2008.

[285] Bertranou, F., "Reexaminando la informalidad laboral y las políticas para su reducción en América Latina", 2019, Op. Cit.

[286] Espejo, Andrés, *Informalidad laboral en América Latina. Propuesta metodológica para su identificación a nivel subnacional,* Documentos de Proyectos (LC/TS.2022/6), CEPAL, Santiago, 2022.

IV. CONTEXTUALIZACIÓN DEL COMERCIO INFORMAL EN MÉXICO Y GUERRERO Y CHILPANCINGO

México es un Estado Liberal y las características centrales de un Estado Liberal es que se profesa "*la doctrina de los derechos del hombre, en la que todos los hombres tienen por naturaleza derechos fundamentales como: el derecho a la vida, a la libertad, a la seguridad, a la felicidad que el Estado debe respetar y garantizar frente a cualquier intervención*".[287] No obstante, con el triunfo del bloque occidental en la Guerra Fría se estableció un nuevo orden mundial donde la economía sería el eje rector de la humanidad, puesto que era un elemento medible. Con ello se transitó al nuevo liberalismo o neoliberalismo; Bobbio precisa que "*en la doctrina económica consecuente el liberalismo político sólo es una manera de realización no siempre necesario; es una defensa a ultranza de la libertad económica de la que la libertad política es un corolario*".[288]

Ante ello, es menester cuestionar: ¿Cuál es el papel real y verdadero del Estado? Ello porque Bobbio muestra que el Estado queda rebasado y subordinado a los intereses del mercado. En ese sentido, Althusser considera que "*el Estado es una ´maquina´ de represión que permite a las clases dominantes asegurar su dominación sobre la clase obrera para someterla al proceso de extorsión de la plusvalía*".[289] Esta aportación, como las anteriores, muestra esa lógica opresora y cosificadora capitalista que subordina al Estado ante la economía de mercado.

Ante lo mencionado, es pertinente mencionar que el *comercio informal* es un problema a nivel mundial y no exclusivo de América, México, Guerrero o Chilpancingo. A decir de Espe-

---

287 Bobbio, N., *Liberalismo y democracia*, FCE, México, 1998.

288 Ídem.

289 Althusser, L., *Ideología y aparatos ideológicos del Estado. Freud y Lacan*, Nueva Visión, Buenos Aires, 2003.

jo, Consultor de la División de Desarrollo Social de la CEPAL, en América Latina "*la informalidad laboral es una característica estructural en los países de América Latina y el Caribe. Se reporta que el 53.1% de los trabajadores (lo que equivalía a 130 millones de personas) se encontraban en esa condición en 2016. La tasa de empleo informal es mayor entre las mujeres (54,3%), en la población joven (62,4%) y entre la población mayor (78%), y se concentra mayormente en zonas rurales (68,5%)*".[290]

Pero ¿cómo se ha entendido la informalidad? Espejo menciona que han existido una diversidad de debates sobre la *informalidad*, que se sustentan en las teorías económicas de la década de 1950; particularmente la "*teoría del mercado dual*".[291] Bajo este enfoque se argumentaba la existencia de dos sectores en la economía:

- Moderno o capitalista en el que predominaba la industria junto con los servicios y
- Tradicional de baja productividad, que se corresponde con el sector primario esencialmente agrario.

---

290 Espejo, A., *Informalidad laboral en América Latina. Propuesta metodológica para su identificación a nivel subnacional*, Documentos de Proyectos (LC/TS.2022/6), CEPAL, Santiago, 2022.

291 Según los planteamientos de la Teoría Dual, en los países en desarrollo existía una importante fuerza de trabajo en el sector tradicional en condiciones de desocupación, subocupación o inactividad. Dicho excedente promovía además las migraciones rurales-urbanas, que al no lograr ubicarse en el sector moderno de la economía empiezan a conformar las actividades de refugio para la generación de ingresos de subsistencia. Sobre la base de estas ideas se pensaba también que este sector era marginal por no poder vincularse con la economía formal ni con el desarrollo capitalista moderno. Ver Chen, M.A., *Rethinking the informal economy: Linkages with the formal economy and the formal regulatory environment. Economic and Social Affaire*, Working Paper, 2007, p. 46.

A decir de la CEPAL, "*el sector informal surge como resultado de la presión ejercida por el excedente de oferta de mano de obra y el consiguiente funcionamiento imperfecto del sector formal, que es incapaz de emplear y capacitar adecuadamente a las y los trabajadores*".[292] Es decir, la heterogeneidad de la estructura económica se traduce en una situación de heterogeneidad en el empleo. Bajo ese contexto, existe una propuesta en el Senado para expedir la *Ley del fomento del comercio informal*, que es el primer intento para atender las necesidades de este sector poblacional. En la exposición de motivos se menciona que:

> *En nuestro país, a lo largo del tiempo el comercio se ha convertido en algo esencial para la vida de todas las personas ya que es la principal actividad económica con la que contamos, como sabemos existen dos tipos de comercio: el Comercio Formal: el cual se encuentra debidamente registrado ante los órganos correspondiente; y el Comercio Informal: es aquel que se realiza de manera irregular, en el cual los propietarios no están registrados.*[293]

Mientras, en Guerrero no existen datos estadísticos ni alguna normatividad referentes al comercio o economía informal. Por lo anterior, resulta más que relevante esta investigación de la que se espera poder compartir a futuro más resultados.

En Chilpancingo tampoco existen datos estadísticos, pero se cuenta con una reglamentación al respecto: el *Reglamento para las actividades comerciales en el uso de la tenencia de la vía pública del municipio de Chilpancingo de los Bravo*, el cual data del año 1991.

---

292 Cimoli, M., A. Primi, y M. Pugno, *Un modelo de bajo crecimiento: la informalidad como restricción estructural*, *Revista de la CEPAL* 188, Santiago de Chile, 2006.

293 Gaceta del Senado, *Iniciativa con proyecto de Decreto para la expedición de la Ley del fomento del comercio informal*, México, 2021.

Dicho reglamento establece en su artículo 7, cinco modalidades de comercio:

I. *"VENDEDOR AMBULANTE: Es el comerciante que transita por calles y banquetas, transportando la mercancía sobre su propio cuerpo para ofrecerla al público.*
II. *VENDEDOR AMBULANTE CON VEHICULO: Es el comerciante que utiliza en su actividad muebles rodantes de cualquier tipo, y que no se estaciona en un solo lugar, si no que solo lo hace para brindar atención a quien lo solicita;*
III. *VENDEDOR CON PUESTO SEMI-FIJO: Es el comerciante que ejerce su actividad instalando muebles en la vía pública, los cuales retira al concluir sus labores del día, para instalarlos nuevamente en la próxima jornada, de acuerdo a la ubicación y horario establecido en su permiso;*
IV. *VENDEDOR CON PUESTO FIJO: Es aquel que ejerce su actividad instalando muebles en la vía pública en forma permanente, es decir, que no las retira al final de la jornada; y*
V. *TIANGUIS: Quien la obtenido autorización para efectuar el comercio en los lugares, días y horarios determinados.*

Dentro de estas modalidades, es posible observar lo complejo del problema, sin embargo, existen algunos intentos jurídicos basados en el pensamiento occidental para "establecer una norma" en actividades comerciales sólo bajo la formalidad y sancionar a todo lo que está fuera de ella.

V. CONCLUSIONES

Los problemas de la sociedad de consumo o de la sociedad capitalista, tienen la particularidad de ser complejos. Por lo que, definir las categorías justicia y trabajo no ha sido ni será una tarea simple y sencilla puesto que se conciben esas categorías como una construcción *social*, donde su naturaleza es dinámica. No obstante, es pertinente señalar que la precarización social y laboral viene de la mano con este sistema económico que cosifica, enajena y aliena a la humanidad en lo individual y en su conjunto; por lo que, es urgente comprender esa "cuestión social" a la que se refiere Castel, la cual consiste en *tomar conciencia* de que esa fractura central lleva a la disociación del conjunto de la sociedad.

Realizar actividades económicas en donde no se tiene seguridad social ni beneficio laboral (aguinaldo, prestaciones, vacaciones) y donde la plusvalía sólo queda en manos de una clase social provoca mayor crecimiento de la desigualdad social. Con ello, no basta con proponer alguna(s) reforma(s) a la normatividad vigente, sino más bien se requiere una toma de conciencia de que unos necesitan de los otros y viceversa.

No basta con sólo tener datos estadísticos a nivel territorial en donde se dé cuenta de la informalidad laboral, sino transformar cualitativamente su realidad. Para lo cual se requiere hacer estudios con perspectiva crítica y decolonial, en donde se destaquen otros indicadores basados en la territorialidad; asimismo, se requiere de análisis interseccionales e interculturales que permitan reconocer y reivindicar esas relaciones económicas.

La idea de *justicia laboral* se percibe como una *reinserción laboral*, la cual se torna poco transparente, endeble, frágil y hasta falsa, no obstante, es lo que hoy en día se reproduce en las normas como la "prosperidad" laboral.

VI. FUENTES DE INVESTIGACIÓN

Althusser, L., Ideología y aparatos ideológicos del Estado. Freud y Lacan, Nueva Visión, Buenos Aires, 2003.

Bauman, Z., Trabajo, consumismo y nuevos pobres, Gedisa, Barcelona, 1998.

Bertranou, F., "Reexaminando la informalidad laboral y las políticas para su reducción en América Latina" en Bertranou, F. y Marinakis, A. (Eds.), Reflexiones sobre el Trabajo, Visiones desde el Cono Sur de América Latina en el Centenario de la OIT, Santiago de Chile, 2019.

Bobbio, N., Liberalismo y democracia, FCE, México, 1998.

Castel, R., La metamorfosis de la cuestión social. Una crónica del salario, Paidós, Francia, 1997.

Chen, M.A., Rethinking the informal economy: Linkages with the formal economy and the formal regulatory environment. Economic and Social Affaire, Working Paper (46), 2007.

Cimoli, M., A. Primi, y M. Pugno, Un modelo de bajo crecimiento: la informalidad como restricción estructural, *Revista de la CEPAL l88*, Santiago de Chile, 2006.

Corte Internacional de Justica (CIJ). Estatutos de la Corte Internacional de Justica, 12 de enero de 2023, en https://www.un.org/es/documents/icjstatute/

Durkheim, E., La división del trabajo social, Colofón, México, 2007.

Espejo, Andrés, Informalidad laboral en América Latina, Propuesta metodológica para su identificación a nivel subnacional, Documentos de Proyectos (LC/TS.2022/6), CEPAL, Santiago, 2022.

Gaceta del Senado, Iniciativa con proyecto de Decreto para la expedición de la Ley del fomento del comercio informal, México, 2021.

Kelsen, H., "¿Qué es la justicia?" en Tribunal Superior de Justicia del Distrito Federal, Lecturas de Filosofía del Derecho, Vol. II, México, 2001.

Levy, S., Good Intentions, Bad Outcomes: Social Policy, Informality and Economic Growth in México, Brookings Institution Press, Washington D.C., 2008.

Maruani, M., De la sociología del trabajo a la sociología del empleo, Iresco, París.

Marx, C. (1990). El Capital, Editorial Progreso, URSS, 2000.

Maurizio, R. y A. Monsalvo, Informality, labour transitions, and the livelihoods of workers in Latin America. United Nations University World Institute for Development Economics Research (UNU-WIDER), Working Paper 2021/19, 2021.

Morín, Edgar, Introducción al pensamiento complejo, Gedisa, México, 2004.

Organización de las Naciones Unidas (ONU), Carta de las Naciones Unidas, 1945, 10 de enero de 2023, en https://www.un.org/es/about-us/un-charter

Organización Internacional del Trabajo (OIT), Employment, Incomes and equality, A strategy for increasing productive employment in Kenya, OIT, Ginebra, 1972.

Organización Internacional del Trabajo (OIT), Directrices sobre una definición estadística del empleo informal, CIET/17/2003/R, Ginebra, 2003.

Organización Internacional del Trabajo (OIT), Economía informal, 20 de marzo de 2023, https://www.ilo.org/global/topics/dw4sd/themes/informal-economy/lang–es/index.htm#33

Organización Internacional del Trabajo (OIT), Misión e impacto de la OIT, 15 de enero de 2023, en https://www.ilo.org/global/about-the-ilo/mission-and-objectives/lang–es/index.htm

Organización Mundial del Comercio (OMC), Misión e impacto de la OIT, 17 de enero de 2023, en https://www.wto.org/spanish/thewto_s/whatis_s/whatis_s.htm

Organización Mundial del Comercio (OMC), Misión e impacto de la OIT, 17 de enero de 2023, en https://www.wto.org/spanish/thewto_s/whatis_s/what_stand_for_s.htm

Perry, G., O. Arieas, O. Fajnzylber, W. Maloney, A. Mason y J. Saavedra Chanduvi, Informalidad: escape y exclusión, Banco Mundial, Washington D.C., 2007.

Pound, R. "¿Qué es justicia?" en Tribunal Superior de Justicia del Distrito Federal, Lecturas de Filosofía del Derecho, Vol. II, México, 2001.

Rawls, J., Teoría de la justicia, FCE, México, 2012.

Tokman, V., Las dimensiones laborales de la transformación productiva con equidad. CEPAL, Santiago, 2004.

Tubino, F., "La interculturalidad crítica como proyecto ético-político", En: Encuentro continental de educadores agustinos. Lima, 24-28 de enero de 2005. Disponible en: http://oala.villanova.edu/congresos/educación/lima-ponen-02.html.

Valqui, C., Marx vive, Derrumbe del capitalismo, Complejidad y dialéctica de una totalidad violenta, EÓN-UAGro, México, 2012.

Wallerstein, I., El capitalismo ¿qué es? Un problema de conceptualización, UNAM, México, 1999.

Retos del reconocimiento y la inclusión social de las y los trabajadores informales en la economía circular

JESSICA CRISTINA ROMERO MICHEL*
CARLOS ALBERTO PEDROZA JIMÉNEZ**

I. INTRODUCCIÓN

Una de las preocupaciones mundiales que aumentó considerablemente por los efectos sociales, económicos y culturales de la pandemia derivada del COVID- 19, y que está generando

---

* Profesora Investigadora de Tiempo Completo de la Universidad de Colima (U de C). Coordinadora por la U de C e integrante del NA del Doctorado Interinstitucional en Derecho programa consolidado en el PNPC-CONAHCYT. Integrante del Sistema Nacional de Investigadores nivel 1, CONAHCYT México. Doctora en Derecho. Correo electrónico: jessica_romero@ucol.mx, ORCID: 0000-0002-1347-5887.

** Estudiante del Doctorado Interinstitucional en Derecho adscrito a la Universidad de Colima (U de C), programa consolidado en el PNPC-CONAHCYT. Correo electrónico: cpedroza2@ucol.mx

una alarma por la creciente discrepancia especialmente en la distribución del ingreso, es la pobreza de las y los trabajadores del sector informal, ya que "la forma en que se distribuyen los recursos materiales está en el corazón de la desigualdad y de la exclusión"[294] que incide directamente en la falta de oportunidades y la imposibilidad de acceder y materializar determinados derechos que impactan en su calidad de vida.[295]

Dicha vulnerabilidad económica se une a otras desigualdades permanentes que las y los separan en distintas categorías sociales[296] y que pone a un gran número de personas en condiciones de precariedad, no solo por los bajos ingresos y la falta de seguridad en percibirlos, sino porque les priva de la protección de los servicios públicos básicos, como la educación, la salud, la vivienda, entre otros.

En una economía mixta como la de México, el mercado no distribuye, pero si requiere de las decisiones que toma el Estado para mejorar la distribución equitativa del ingreso nacional y la ampliación en la igualdad de oportunidades para garantizar el derecho al bienestar material en condiciones de

---

294 Muñoz-Pogossian, Betilde y Barrantes, Alexandra, *Desigualdad e Inclusión Social en las Américas: Superando Desigualdades hacia Sociedades más Inclusivas,* Washington, D.C., Organización de los Estados Americanos, 2017, p. 14, http://www.oas.org/docs/inclusion_social/equidad-e-inclusion-social-entrega -web.pdf

295 Negro, Dante, "Pobreza, desigualdad, sectores vulnerables y acceso a la justicia", en Muñoz-Pogossian, Betilde y Barrantes, Alexandra, *Desigualdad e Inclusión Social en las Américas: Superando Desigualdades hacia Sociedades más Inclusivas,* Washington, DC, Organización de los Estados Americanos, 2017, p. 97, http://www.oas.org/docs/inclusion_social/equidad-e-inclusion-social-entrega -web.pdf

296 Muñoz-Pogossian, Betilde y Barrantes, Alexandra, *Desigualdad e Inclusión Social en las Américas: Superando Desigualdades hacia Sociedades más Inclusivas,* Washington, DC, Organización de los Estados Americanos, 2017, p. 15, http://www.oas.org/docs/inclusion_social/equidad-e-inclusion-social-entrega -web.pdf

libertad, dignidad y seguridad económica. "De ahí que la tarea de la política sea encontrar, de la mejor manera posible, un adecuado equilibrio, en el marco del Estado de Derecho, entre el crecimiento y la reducción de la desigualdad".[297]

De ahí que las y los trabajadores informales adicionalmente se encuentren dentro del plano de desigualdad al encontrarse en un limbo legal por estar fuera de una regulación que les permita acceder a derechos humanos, colocándolos en una situación que coarta su desarrollo, por ello, la importancia de que el Estado genere instituciones y un adecuado marco normativo en la búsqueda de un reajuste estructural.

Una propuesta se encuentra en la regulación de la economía circular, que además busca promover el desarrollo sostenible, compromiso adquirido por México en los *Objetivos de Desarrollo Sostenible* (ODS), y que se encuentra previsto en forma implícita en el primer párrafo del artículo 25 de la *Constitución Política de los Estados Unidos Mexicanos,* obligando al Estado a regular el derecho al desarrollo como un derecho indispensable para proteger, como lo expresa el propio ordenamiento supremo "la dignidad de las personas", los intereses de la vida, la satisfacción de las necesidades fundamentales y la tutela de una justicia que busca una sociedad menos desigual.

Regular la economía circular propicia avances en todas las dimensiones, esto es, la social, la económica y la ambiental. Sin embargo, para ello se requiere cambiar el actual modelo de producción y diseño de los productos, hacer sostenibles los patrones de consumo e impulsar mejoras en la prevención, la

---

297 Muñoz-Pogossian, Betilde y Barrantes, Alexandra, *Desigualdad e Inclusión Social en las Américas: Superando Desigualdades hacia Sociedades más Inclusivas,* Washington, DC, Organización de los Estados Americanos, 2017, pp. 23-24, http://www.oas.org/docs/inclusion_social/equidad-e-inclusion-social-entrega -web.pdf

reutilización, el reciclado, la recuperación de energía y la disposición final de los residuos.

Al respecto, la Organización Internacional del Trabajo calculó que en 2030, se habrán creado 24 millones de nuevos empleos relacionados con la economía circular.[298] En América Latina, se considera que habrá una creación de cerca de 3 millones de puestos de trabajo, si se implementa este nuevo modelo de producción y consumo.

México no será la excepción, pues, aunque en las últimas décadas el reciclaje ha cobrado relevancia entre la sociedad como una de las estrategias de preservación de recursos y cuidado del ambiente, en general no se ha estudiado el rol de los distintos actores que participan en el proceso, particularmente el de las y los trabajadores informales, quienes son un elemento clave, toda vez que esta actividad es realizada por estas personas, y con la reciente incorporación de disposiciones de economía circular en distintos estados del país, ya se comienzan a prever mecanismos que permitan dar seguimiento a los flujos de materiales o residuos recuperados y reciclados.

Motivo por el que, en este capítulo, a partir de la perspectiva del Derecho al desarrollo,[299] con sustento en el *derecho como libertad* de Amartya Sen, es que se pretende analizar de manera analítica y comparada a las y los trabajadores informales y su falta de reconocimiento jurídico, para dar respuesta a ¿Cuál es la función de la economía circular en relación a las personas y

---

298 OIT, *Perspectivas sociales y del empleo en el mundo 2018: Sostenibilidad medioambiental con empleo, 2018.*

299 Que establece que las instituciones (reglas-del juego-) son elementos clave que intervienen en el rendimiento del mercado dependiendo de su funcionalidad, ya que afectan a los elementos que constituyen el costo total: los costos de producción y los costos de transacción. North, Douglass, *Institutions, Institutional Change and Economic Performance*, Estados Unidos, The Press Syndicate of the University of Cambridge, 1990.

grupos en riesgo o situación de exclusión social? ¿Cómo generar la inclusión de este sector en las dinámicas de la economía circular? ¿Qué estrategias compartidas se pueden generar en el contexto de otros sistemas jurídicos que la están implementando? y ¿Cuáles son los retos de la inclusión social de los trabajadores informales bajo esta nueva modalidad económica?

El tema es relevante, pues la implementación de la economía circular como modelo de producción, puede verse como un instrumento de inclusión social de las y los trabajadores informales, además porque se trata de una posibilidad para analizar la desigualdad derivada de la pobreza pues, los beneficios que genera a la sociedad, se deben repartir de manera justa, otorgando a todos sus miembros el goce pleno de los derechos humanos y en la que cada persona aporte de acuerdo con su capacidad y que todas las personas reciban de acuerdo con sus necesidades, para construir un mundo más justo.

II. TRABAJADORES INFORMALES Y SU FALTA DE RECONOCIMIENTO JURÍDICO

Para conocer el contexto del reconocimiento jurídico de los trabajadores informales en el sistema jurídico, en particular en el ámbito federal del sistema mexicano, es necesario establecer algunas bases teóricas que circunscriban los alcances conceptuales.

Con la revolución mexicana de 1910, el entonces denominado sector obrero demandaba el respeto y prerrogativas mínimas hacia un trato igualitario, particularmente en las prestaciones laborales como una jornada máxima, un salario mínimo, etc., que fueron consagradas en la Constitución en el artículo 123.

Posteriormente, la generación de un andamiaje tanto jurídico, como institucional en defensa de los derechos en favor de la clase trabajadora fueron surgiendo, así se pueden mencionar derechos como: el acceso a un salario mínimo, igualdad de salario, a la vivienda, a una jornada máxima, de asociación sindical, a la seguridad social, reparto de utilidades, huelga, entre otros.

De igual manera, en 1966 pero en el ámbito internacional, los derechos de protección, nuevamente a la clase formalmente trabajadora fueron reconocidos en el Pacto Internacional de Derechos Económicos, Sociales y Culturales, previendo que: "no puede realizarse el ideal del ser humano libre, liberado del temor y de la miseria, a menos que se creen condiciones que permitan a cada persona gozar de sus derechos", contemplándose así la protección de la clase trabajadora con derechos como: la libertad de trabajo, la remuneración mínima, el descanso y disfrute del tiempo libre, la libertad sindical, el derecho de huelga, de seguridad social, etc., que a pesar de pregonar su universalidad, dada su naturaleza, se encuentran vinculados a un contrato o relación laboral bajo un esquema formal.

En la década de los 70´s, el dinamismo social provocó un surgimiento de una nueva forma de trabajo no prescrita en la legislación, y un estudio realizado por Hart[300] observó que había un flujo migratorio del campo a las ciudades, que tenía como consecuencia una sobre oferta de mano de obra que el mercado laboral era incapaz de absorber, obligando a las personas a dedicarse a una actividad independiente a la que llamó trabajo informal, estableciendo que: "la diferencia entre el sec-

---

300 Hart, *Informal Income Opportunities and Urban Employment in Ghana*, Revista The Journal of Modern African Studies, Vol. 11, núm. 1 (Mar., 1973), pp. 61-89, https://www.sv.uio.no/sai/english/research/projects/anthropos-and-the-material/Intranet/economic-practices/reading-group/texts/hart-informal-income-opportunities-and-urban-employment-in-ghana.pdf

tor formal e informal se basa esencialmente en la distinción entre trabajo asalariado e independiente".[301]

El referido estudio motivó un nutrido debate para la conceptualización del fenómeno, así como de diversas teorías que pretendían explicar cómo la dualista de Hart de 1973; la Estructuralista de Moser de 1978; de Castells y Portes de 1989; la legalista de De Soto de 1989 y la Voluntarista de Chen del 2012. La Organización Internacional del Trabajo define al trabajo informal como:

> Todo trabajo remunerado (...) que no está registrado, regulado o protegido por marcos legales o normativos, así como también trabajo no remunerado llevado a cabo en una empresa generadora de ingresos. Los trabajadores informales no cuentan con contratos de empleo seguros, prestaciones laborales, protección social o representación de los trabajadores.

Situación ante la que el derecho se ha rezagado, quedando un paso atrás de la realidad por la ausencia en la regulación y protección de este sector social, incluso en el ámbito federal del sistema jurídico mexicano, nada o casi nada se puede encontrar en relación con este sector, lo que evidencia un verdadero problema de exclusión a pesar de los principios constitucionales del bloque económico, previstos en los artículos 25, 26 y 28, imponen al Estado la obligación de garantizar el desarrollo.

O bien, porque como Estado miembro de la Organización de las Naciones Unidas (ONU) y la Organización de Estados Americanos (OEA), ha asumido el compromiso de tutelar los

---

301 . Hart, "*The distinction between formal and informal income opportunities is based essentially on that between wage-earning and self-employment*", p. 68.

principios de igualdad de oportunidades e inclusión social, así como con la eliminación de la pobreza, previstos en los Objetivos de Desarrollo Sostenible de la Agenda 2030, la Carta de la OEA, la Carta Democrática Interamericana y la Carta Social de las Américas.

Por citar algunos compromisos, los Objetivos de Desarrollo Sostenible, tienen como objetivo general erradicar la pobreza, así como la creación de las condiciones necesarias para que las personas accedan a empleos de calidad, estimulando la economía sin dañar el medio ambiente, además de señalar que deben darse oportunidades laborales para toda la población en edad de trabajar, con condiciones de trabajo digno y decente.[302]

La Carta de la OEA, tiene como propósito "erradicar la pobreza crítica, que constituye un obstáculo al pleno desarrollo democrático de los pueblos del hemisferio".[303] Proclamando la igualdad de oportunidades y la inclusión social, en el que "Convienen en que la igualdad de oportunidades, la eliminación de la pobreza crítica y la distribución equitativa de la riqueza y del ingreso, así como la plena participación de sus pueblos en las decisiones relativas a su propio desarrollo, son, entre otros, objetivos básicos del desarrollo integral".[304]

Además, se señala que para alcanzar esos objetivos, los Estados convienen en dedicar sus máximos esfuerzos a la consecución de varias metas básicas, entre ellas la distribución equitativa del ingreso nacional, sistemas impositivos adecuados y equitativos, para que todos los seres humanos tengan derecho

---

302 Objetivo 8 de los Objetivos de Desarrollo Sostenible de la Agenda 2030 del PNUD.

303 Carta de la Organización de los Estados Americano (OEA), Artículo 2, inciso g, 1948.

304 Carta de la Organización de los Estados Americano (OEA), Artículo 34, 1948.

al bienestar material y a su desarrollo, en condiciones de libertad, dignidad, igualdad de oportunidades y seguridad económica.[305]

También convienen en "la incorporación y creciente participación de los sectores marginales de la población, tanto del campo como de la ciudad, en la vida económica, social, cívica, cultural y política de la nación, a fin de lograr la plena integración de la comunidad nacional, el aceleramiento del proceso de movilidad social y la consolidación del régimen democrático".[306]

Sin embargo, no se observan esfuerzos por cumplir con estos compromisos, únicamente se puede mencionar que en 2013 se aprobó la Ley de Economía Social y Solidaria que al menos enuncia a las y los trabajadores informales, señalando que el sector informal estará integrado por "todas las formas de organización social para la producción, distribución y consumo de bienes y servicios socialmente necesarios".[307]

A pesar de esta norma, las y los trabajadores informales no son contemplados como actores en la construcción de políticas económicas, pues incluso las autoridades encomendadas *expro-feso* para la atención y fomento del desarrollo de este sector, como lo es el Instituto Nacional de Economía Social, es omisa en hacerlo.[308]

---

305 Carta de la Organización de los Estados Americano (OEA,)Artículo 45, inciso a, 1948.

306 Carta de la Organización de los Estados Americano (OEA), Artículo 45, inciso f, 1948.

307 Ley de Economía Social y Solidaria, Artículo 4°, fracción VI, México, 2022.

308 En 2023, se dirigió una solicitud de información quien, al cuestionarse cuáles son las políticas en específico que fomentan el desarrollo de las y los trabajadores informales, se limitó a responder: el Instituto Nacional de la Economía Social (INAES) es un órgano desconcentrado de la Secretaría de Bienestar que tiene como objeto

Se puede corroborar que las y los trabajadores informales carecen de un reconocimiento jurídico que sea el sustento para que la autoridad implemente políticas públicas que promuevan la inclusión social, garantizándoles el acceso y la materialización de sus derechos humanos.

III. INCLUSIÓN SOCIAL Y DERECHOS HUMANOS DE LAS Y LOS TRABAJADORES INFORMALES

Para comenzar a explicar la inclusión social, se requiere comprender ¿qué es la desigualdad? y analizarla como un presupuesto de la inclusión, ya que en el ámbito social la desigualdad se configura cuando personas que pertenecen a categorías distintas reciben un tratamiento y beneficios diferentes, ya sea desde el punto de vista legal o material durante períodos muy largos.

"La desigualdad es, entonces, categórica; afecta a una categoría de seres humanos y es de naturaleza durable, no transitoria ni incidental".[309] Otro elemento es, que como producto

---

fortalecer la inclusión productiva, financiera y al consumo así como el encadenamiento productivo de los Organismos del Sector Social de la Economía (OSSE) mediante el desarrollo de sus capacidades para contribuir a la construcción del bienestar desde las prácticas y los principios de la Economía Social y Solidaria. Con base en lo anterior, hacemos de su conocimiento que el INAES, dentro de sus atribuciones y responsabilidades, no tiene la función de conocer qué políticas y acciones se toman en específico para garantizar el desarrollo del sector de los trabajadores informales, por lo tanto, se considera que la solicitud de información no es ámbito de su competencia.

309 Charles Tilly, Durable Inequality, University of California Press 1998. Véase también, del mismo autor, Democracy, Cambridge University Press 2007, especialmente sobre la incompatibilidad entre democracia y desigualdad categórica.

de esa desigualdad, se genera una discriminación que afecta el bienestar material de una persona o un grupo de personas y como consecuencia el acceso a oportunidades y el ejercicio de sus derechos.

En cambio, la inclusión social es el proceso de empoderamiento de personas y grupos, en particular las que se encuentran en condición de pobreza y marginación, para que puedan participar en sociedad y obtener oportunidades para gozar de igual acceso a los mercados, los servicios y los espacios políticos, sociales y físicos.[310]

En ese sentido, la falta de reconocimiento jurídico puede ser traducida como una exclusión social que padecen las y los trabajadores informales, y ser entendida desde una perspectiva multidimensional, y no únicamente en cuanto a la exclusión legal, pues tiene un impacto trascendental en el respeto de sus derechos humanos, poniéndolos en una situación de vulnerabilidad.

En estos términos, las interrogantes a responder en el presente capítulo son ¿Cuál es la función de la economía circular en relación a las personas y grupos en riesgo o situación de exclusión social? y ¿cómo generar la inclusión de este sector en las dinámicas de la economía circular? Para comprender este fenómeno, Rizo refiere que se trata de un proceso con el cual "se rompe el aislamiento para asegurarse una participación en las decisiones y en la distribución de los productos materiales o inmateriales, por lo que podemos apreciar una correlación clara entre la integración social y la ciudadanía".[311]

---

310 Banco Mundial, Social Gains in the Balance: A Fiscal Policy Challenge for Latin America and the Caribbean, Washington, D.C., http://www.worldbank.org/en/topic/socialdevelopment/ brief/social-inclusion.

311 Rizo López, Ana Esmeralda, "¿A qué llamamos exclusión social?", Polis, *Revista de la Universidad Bolivariana,* vol. 5, núm. 15, Universidad de Los Lagos, Santiago, Chile, 2006.

De esta manera, al reconocerse jurídicamente a las y los trabajadores informales puede concretarse un mejoramiento del respeto, promoción, y acceso de sus derechos humanos. Para confirmar el porqué de tal aseveración, se debe recordar que las *Teorías de los Derechos Humanos,*[312] señala a los mismos como una relación de derechos y obligaciones que surgen entre Estado y su población, como prerrogativas mínimas se encuentra el respeto, obligando al Estado a un deber de actuar positivo (hacer) o de abstención (no hacer).

En esos términos, si bien es cierto, los derechos humanos se muestran como una panacea bajo los principios de universalidad (en cuanto aplicación subjetiva para todas las personas), indivisibilidad (toda vez que el disfrute de uno se interviene con los demás) e interdependencia (debido de la relación existente entre los derechos humanos), que se traduce en un trato digno para todas las personas por su condición de humanos, no menos cierto es, que desde la realidad muchos de estos, no se materializan en especial para este sector social.

Pues a pesar de que estos se encuentran consagrados por diversos ordenamientos generales tanto a nivel nacional como a nivel internacional, los derechos de los que son destinatarios como la vivienda, la seguridad social, el acceso al crédito, la salud, de escaparate político ante la heterogeneidad de la actividad, entre otros, se encuentran vulnerados ante la falta de una legislación específica que les permita de manera fehaciente su disfrute.

El problema de la exclusión, es que priva a las y los trabajadores en términos de lo que Amartya Sen llama como "capacidades, esto es, en lo que estas personas pueden hacer y ser, dadas sus preferencias".[313] Una realidad es, por ejemplo, que

---

312 Nino, 1984, Bobbio, 1991, Ferrajoli, 2006, entre otros.

313 Sen, Amartya, "¿Igualdad de qué?", en *Libertad, igualdad y derecho, las conferencias Tanner sobre filosofía moral,* 1988, p. 152.

en términos del artículo 4° Constitucional, todas las personas tienen derecho a la vivienda, pero la operativización de ese derecho se ve claramente promovida, respetada y garantizada para los trabajadores formales, previstos en el artículo 123, inciso A, quienes cuentan con todo un andamiaje institucional y jurídico que les permite materializar ese derecho, y no así para los trabajadores informales, los cuales carecen de un ordenamiento o institución que genere políticas económicas para garantizar su derecho a la vivienda.

Lo mismo se puede señalar de los demás derechos enunciados ya que carecen de instituciones para ser garantizados. Esta exclusión legal, puede, como lo menciona el Banco Mundial "conducir a una posición social más baja, acompañada a menudo por menores resultados en cuanto a ingreso, aportes de capital humano, acceso al empleo y servicios, y menos voz en la toma de decisiones tanto nacional como local"[314] lo cual es evidente ante el impedimento estructural para el mejoramiento de sus condiciones o el acceso a oportunidades ¿cómo acceden a vivienda sin una institución que les brinde crédito, cómo tienen crédito si la mayoría de sus ingresos no son comprobables para que una institución bancaria confíe en ellos, como dedicarse al cuidado de los menores y del trabajo sin una seguridad social que les brinde el derecho de guarderías o un sustento en caso de imposibilidad de contar con un seguro de invalidez, propios de la seguridad social?

Este problema hace evidente la necesidad de una creación de instrumentos jurídicos a fin de poderse incluir a este sector social en el campo de la economía, que les permita participar en y para el desarrollo, de una legislación que las y los haga visibles y que atienda sus necesidades.

---

314 Banco Mundial, *Inclusión Social: Clave de la para todos*, 2014, p. 9, http://documents.worldbank.org/curated/en/175121468151499527/pdf/8174 80WP0Spani0IC00InclusionMatters.pdf

Para lograr este objetivo y generar la inclusión de este sector, es propio tener en cuenta determinados elementos, es decir, la habilidad, la oportunidad y la dignidad, en donde:

1. Habilidad, tiene que ver con una cuestión del entorno social en el que la persona se desarrolla, que merma o facilita su integración;
2. Oportunidad, que tiene a bien el establecer políticas económicas que permitan a los sectores excluidos su integración, el gran problema de este elemento se relaciona con la cuestión presupuestaria para fomentar políticas en las inversiones de las oportunidades del ciclo de vida; y
3. Dignidad, desde el aspecto de un trato igualitario por conducto de sus instituciones y normas, en el que las culturas y los procesos dominantes logran que se respete a las personas y a los grupos de forma general.[315]

En ese sentido, para lograr la inclusión de los trabajadores informales, la labor debe de atender los tres aspectos antes mencionados y partir del entendimiento de que las y los trabajadores informales no cuentan con la habilidad para disfrutar sus derechos humanos, ya que al no contar con derechos sustantivos específicos, ni adjetivos, ante la ausencia de un andamiaje institucional propio, se puede concluir que no cuentan con la habilidad. A la par no tienen acceso a una oportunidad, pues dada su heterogeneidad, carecen de un escaparate político como colectivo que defienda sus derechos a fin de que pre-

315 Banco Mundial, *Inclusión Social: Clave de la para todos*, 2014, pp. 14 -16, http://documents.worldbank.org/curated/en/175121468151499527/pdf/8174 80WP0Spani0IC00Inclusion-Matters.pdf

sionen la generación de políticas en beneficio de sus intereses y de sus derechos humanos.

Por último y con especial vinculación a los derechos humanos, es el aspecto de la dignidad, relacionada en cuanto a un trato igualitario de las personas, como de las normas que los rigen. Si comenzamos del supuesto *a priori* de que todas las personas somos iguales y que por ende merecemos el mismo trato ¿por qué los trabajadores informales no cuentan con garantías para la protección y disfrute de sus derechos humanos?

Y es que, una vez que se alcance la verdadera inclusión de estos trabajadores informales, se debe atender a la inclusión normativa que tiene a bien "la conformidad de la conducta a las normas, el intercambio de significados en el grupo, que eviten el aislamiento y la interdependencia debida a los intercambios de servicios dentro de la división del trabajo".[316]

Es decir, la postura no normativista de forma llana, sino una inclusión holística que incluya todos los aspectos sociales que tiene como resultado la exclusión de este grupo tanto social, como económica, cultural, etc., la cual comenzará desde un reconocimiento expreso de índole normativista que facilite el cambio de paradigma que viven.

IV. LA ECONOMÍA CIRCULAR Y SU REGULACIÓN

La economía circular surgió como una alternativa de la economía lineal[317] observándose como una propuesta sostenible

[316] Rizo López, Ana Esmeralda, "¿A qué llamamos exclusión social?" *Polis, Revista de la Universidad Bolivariana*, vol. 5, núm. 15, Universidad de Los Lagos, Santiago, Chile, 2006.

[317] Los procesos industriales se caracterizan por un flujo unidireccional de materiales, con materias primas que se transforman en un producto final y, por último, en un elemento desechable.

en la correcta gestión de los recursos materiales y energéticos, así como en la reducción de las externalidades negativas, como emisiones de contaminantes y residuos.

Esta economía busca la recuperación y valoración de los residuos, permitiendo reutilizar los materiales en la cadena de suministro, desvinculando el crecimiento económico de las pérdidas medioambientales.[318] Por tanto, es un modelo cerrado en el que los materiales y productos se revalorizan durante el mayor tiempo posible, evitando regresar a la naturaleza la mayor cantidad posible de desechos, logrando que estos se reintegren al sistema productivo para su reutilización.[319]

Entonces ¿Cuál es la función de la economía circular en relación a las personas y grupos en riesgo o situación de exclusión social? y ¿cómo generar la inclusión de este sector en las dinámicas de la economía circular?

Para responder es indispensable saber que la economía circular conlleva un cambio de paradigma social, cultural y económico, así como una responsabilidad compartida entre instituciones, personas y agentes económicos para cambiar el modelo económico actual hacia otro más sostenible, en el que se vincula lo material y lo social con los recursos naturales, es un sistema productivo en el que se insertan tanto el factor humano que participa en la multitud de procesos complejos de las sociedades, como la participación de la misma sociedad para obtener oportunidades y gozar de igual acceso al mercado, esto es de inclusión social.

Este modelo económico, además intenta imponerse como un instrumento de cambio social brindando oportunidades de emprendimiento o

---

318 Ghisellini, P., C. Cialani, y S. Ulgiati, "A review on circular economy: the expected transition to a balanced interplay of environmental and economic systems", *Journal of Cleaner Production*, Vol. 114, 2016, pp. 11-32, https://doi.org/10.1016/j.jclepro.2015.09.007

319 Ellen MacArthur Foundation, 2013.

creación de negocios para las y los trabajadores informales, por citar un ejemplo, en la Unión Europea y en Estados Unidos cada año se tiran a vertederos o incineran 20 millones de toneladas de tejidos, de los que el 95 % son valorizables económicamente.[320]

En México el reciclaje comenzó por un producto que requiere un manejo especial, y en 1990 la compañía de acumuladores LTH, inauguró una planta destinada a cerrar el círculo ecológico en materia de reciclaje en el municipio de Ciénega de Flores, Nuevo León, la cual tuvo por nombre Transformadora de Materiales, S. A.[321] Actualmente, en el país se encuentran registradas 4,528 empresas recicladoras, 284 que reutilizan, 121 que recuperan y 71 que reducen y reparan.[322] Actividades que son realizadas por diversos actores sociales que participan en el proceso, es decir, de las y los trabajadores informales, quienes forman parte como un elemento clave y que es frecuentemente ignorado, pues el acopio informal sostiene en gran medida la recuperación de residuos post consumo.

De ahí, la participación de este sector social en el manejo de residuos, como un sistema complejo que incluye a recolectores urbanos, trabajadores voluntarios, perifoneadores y pepenadores, que de forma individual o a través de agrupaciones, obtienen los residuos como materiales con valor, entre plásti-

---

320 *Cerantola, Nicola, ¿Cómo rediseñamos el modelo actual para que los cambios que necesitamos urgentemente no tengan efectos negativos sobre la situación laboral?,* 2023, https://www.accioncontraelhambre.org/es/te-contamos/blog-testimonios/economia-circular-unicornios-e-inclusion-sociolaboral

321 Lugo, E., C. Ramos, A. Cid y M. Quevedo, *Reciclar, la falacia de la industria en la lucha contra la contaminación plástica,* 2019, https://bit.ly/3XKHNrA

322 INEGI, 2022, citado por Sandoval García, Edgar, Ramos Rodríguez, Guadalupe Graciela, Correa Torres, Adrián, "Midiendo la economía circular en México", *Realidad, datos y espacio Revista Internacional de estadística y geografía,* Vol. 14, Núm. 1, 2023.

cos, metales, papel, cartón y textiles, que son vendidos incluso como productos de segunda mano o a las empresas que recolectan y reciclan.

Aunque no se encontraron datos sobre el tema, la SEMARNAT reconoce que la pepena se realiza en los sitios de disposición final o llamados rellenos sanitarios, así como en los sistemas de recolección, constituyendo la principal fuente de recuperación de residuos valorizables.[323]

Es así como en este modelo económico, las y los trabajadores informales son reconocidos como la base o el origen del proceso, desafortunadamente las condiciones a las que se enfrentan diariamente, las y los coloca en una situación de vulnerabilidad, no sólo por obtener bajas ganancias, sino porque generalmente trabajan en condiciones de riesgo, sin el acceso a derechos laborales y, además expuestos a una discriminación, que atenta directamente contra su bienestar económico y social y a cualquier posibilidad de desarrollo.

Escenario que suma al mercado laboral, que tiene como característica su altísima segmentación, y que, además, es considerada como una de las principales causas de la desigualdad, pues muchas de las actividades apenas permiten la subsistencia de las personas, con la mínima posibilidad de que estén protegidas por la seguridad social.[324]

Sin embargo, no todo se trata de la vulneración, ya que recientemente en algunos Estados del país están comenzando a entrar en vigor disposiciones en materia de Economía Circu-

---

323 SEMARNAT, *Diagnóstico Básico para la Gestión Integral de los Residuos*, 2020.

324 Sandoval García, Edgar, Ramos Rodríguez, Guadalupe Graciela, Correa Torres, Adrián, "Midiendo la economía circular en México", *Realidad, datos y espacio Revista Internacional de estadística y geografía*, Vol. 14, Núm. 1, 2023, https://rde.inegi.org.mx/index.php/2023/01/04/midiendo-la-economia-circular-en-mexico/

lar, incluso el Senado de la República aprobó la Ley de Economía Circular,[325] reconociendo el servicio que brindan las y los trabajadores informales al evitar la llegada de residuos a sitios de disposición o a los ecosistemas, coadyuvando al mismo tiempo a disminuir el consumo de recursos naturales.

Es verdad que falta mucho para lograr que este modelo se imponga como parte del acceso a oportunidades, pues continúa habiendo desconocimiento y falta de seguimiento a los flujos de materiales, lo que impide una debida cuantificación de los residuos recuperados y reciclados.

Lo destacable es el reconocimiento jurídico de las y los trabajadores informales como parte del modelo económico, permitiendo el acceso a oportunidades como una valoración e integración a nuevas modalidades de trabajo y como parte de los procesos de participación en el progreso y el desarrollo, en los que, más allá de una visión asistencialista, se generan mecanismos de integración, atendiendo las necesidades reales de este sector, lo que promete una garantía en el acceso principalmente a sus derechos laborales.

Mejorar las condiciones propias de la actividad, así como el proyecto de vida de las y los trabajadores informales, sin duda es una consecuencia de la inclusión social y del reconocimiento del derecho al bienestar material en condiciones de libertad, dignidad, igualdad de oportunidades y seguridad económica. El siguiente paso es pues, la aprobación definitiva de la Ley de Economía Circular que ofrezca un marco legal y sirva como sustento para la construcción de políticas económicas.[326]

---

325 Esta disposición tiene como propósito reducir el impacto ambiental derivado de las actividades económicas, minimizar el desperdicio de materiales y disminuir el consumo de materias vírgenes a través de la reutilización, el reciclaje y el rediseño.

326 Cerantola, Nicola, ¿Cómo rediseñamos el modelo actual para que los cambios que necesitamos urgentemente no tengan efectos nega-

V. RETOS DE LA INCLUSIÓN SOCIAL DE LAS Y LOS TRABAJADORES INFORMALES EN LA ECONOMÍA CIRCULAR

Crear las condiciones necesarias para que las personas accedan a empleos de calidad, estimulando la economía sin dañar el medio ambiente, además de generar nuevas oportunidades que permitan el acceso a derechos humanos para todas las personas en edad de trabajar, es un reto, pero como ya se señaló, son compromisos internacionales y obligaciones estatales.

Por ello, lograr el reconocimiento jurídico y la formalización del mercado de trabajo es fundamental en la búsqueda de la igualdad, especialmente en las personas que viven en condiciones de pobreza y de quienes perciben menos ingresos y trabajan durante jornadas extenuantes.

Sin duda para conseguirlo, es necesaria la voluntad política, a fin de que se pueda promover una legislación en Economía Circular que impulse la inclusión, además de garantizar la eficiencia del mercado de trabajo, la protección de las personas más vulnerables y contribuya a lograr mejores condiciones no solo laborales, sino de calidad de vida de las y los trabajadores informales.

La experiencia en otros sistemas jurídicos a partir de que se incorporaron leyes de Economía Circular ha demostrado no solo la efectividad de los derechos del trabajo decente, sino las mejoras en la relación entre productividad e ingresos laborales.

Además, les ha permitido que, en un contexto laboral complicado, trabajadores, organizaciones y empresas, logren re-

---

tivos sobre la situación laboral?, 2023, https://www.accioncontraelhambre.org/es/te-contamos/blog-testimonios/economia-circular-unicornios-e-inclusion-sociolaboral

convertir los residuos en materias primas, fomenten la inclusión social al contratar y formar, por ejemplo, a personas con discapacidad y a jóvenes en situación de riesgo, y promover a que personas con dificultades de empleabilidad tengan otras oportunidades de trabajo.

Cabe destacar, que la inclusión social forma parte del modelo económico, como una característica de los países en desarrollo, al ser un factor determinante para lograr mejores tasas de recuperación, como ejemplo de esto, en España, a través de un modelo de Formación Profesional Dual, la empresa SAEMA (con más de 25 años) ha estado trabajando con personas con discapacidad, quienes además de haber aprendido sobre la práctica y la experiencia adquirida, les fueron incorporando a programas para capacitar a nuevos trabajadores.

En Argentina, el Ministerio de Justicia y Derechos Humanos implementó el *Programa Argentina Recicla* con el propósito de promover la inclusión social y la materialización de derechos laborales de aquellos trabajadores y trabajadoras informales que ya realizaban actividades de recolección y recuperación de residuos sólidos urbanos, garantizándoles condiciones mínimas de seguridad en el trabajo, a través de infraestructura y equipamiento para fortalecer espacios que potencien las capacidades de recuperación, procesamiento y comercialización de materiales reciclables.

Así entonces, los retos que deben tomarse en cuenta por obtener impactos similares se encuentran:

1. Calidad de vida y conservación: el reconocimiento, formalización y valoración de las y los trabajadores informales, permite mejorar sus condiciones de vida, dado que promueve su participación formal en los sistemas de gestión de residuos, un mayor acceso al material reciclable y facilita mejoras en las condiciones laborales como infraestructura y

equipamiento, transporte, capacitación, acceso a seguridad social y crédito;

2. Políticas públicas: que tienen como sustento la ley (de economía circular) permitiendo que su diseño sea de manera permanente y sin perder el efecto de inclusión social, con ello se genera la institucionalidad, gobernanza (con un control efectivo y supervisión constante), además de fomentar las capacidades y recursos en favor de las personas que se dedican a esta actividad;
3. Redes de formación, educación y aprendizaje: estas disposiciones incluyen programas de capacitación para las personas que forman parte de la economía circular, además de promover la certificación de competencias laborales, para que el sector productivo pueda contar con una fuerza laboral técnicamente preparada y productiva, con una estructura administrativa eficiente.
4. Participación del desarrollo en el mercado: las leyes regulan principios para que se cuente con la participación de los recicladores en los mercados de materiales, vinculando a gestores ambientales en las cadenas de logística reversa para sistemas de responsabilidad extendida del productor, así como mediante la certificación de competencias laborales y capacitación técnica. Así todos los involucrados estarán en mejores condiciones para competir en el mercado de la economía circular;
5. Cambios en las relaciones de poder: las disposiciones en materia de economía circular evita la concentración de los residuos o materia en pocas empresas, favoreciendo a que organizaciones de la economía social y solidaria, como los trabajadores informales mejoren su participación en la cadena productiva o de negocio a través de la comerciali-

zación directa con la industria y la formalización mediante convenios;

6. Inclusión social permanente: un modelo circular debería dar paso a la incorporación de trabajadores y trabajadoras que por ahora están en la informalidad. Con ésta se reconoce y valora la innovación en los ámbitos social y organizacional, alineando las políticas de gestión y manejo de residuos con acciones sociales que permitan la inclusión social de personas como los recolectores y recicladores, formalizando la economía informal del sector y aprovechando el conocimiento existente y las buenas prácticas.
7. Conservación de recursos naturales: estas leyes priorizan la conservación de recursos naturales al impulsar la reutilización y el reciclaje de residuos, lo que disminuye la demanda de materias primas, su extracción y transporte.

VI. CONCLUSIONES

Para lograr una reducción de la desigualdad, se requiere que las disposiciones en materia de Economía Circular instituyan la construcción e implementación de políticas económicas que generen el acceso a oportunidades de las y los trabajadores informales.

Como se señaló la Economía Circular, además de ser un modelo que tiene un impacto en lo económico, en lo social y en lo cultural, *contribuye a resolver problemas de sustentabilidad al reducir los residuos que se generan*, disminuyendo la contaminación en los procesos de producción de bienes y servicios, pero también promoviendo la inclusión social, porque supone una oportunidad para generar empleos, además de ofrecer posibilidades para emprender.

Se ha demostrado en otros sistemas jurídicos, que también promueve la inclusión social no solo de las y los trabajadores informales, sino de personas con discapacidad, mujeres y jóvenes en situación de vulnerabilidad y riesgo, y de todas aquellas personas que quieren y pueden formar parte de este modelo económico.

El Estado mexicano comienza a dar muestras de voluntad política con la aprobación de la Ley de Economía Circular por parte del Senado de la República, así como por la incorporación estatal de nuevas disposiciones, en la búsqueda de garantizar la eficiencia del mercado de trabajo, la protección de las personas más vulnerables y el logro de mejores condiciones no solo laborales, sino de calidad de vida de las personas y grupos sociales.

VII. FUENTES DE INVESTIGACIÓN

Banco Mundial, *Inclusión Social: Clave de la para todos*, 2014, http://documents.worldbank.org/curated/en/175121468151499527/pdf/817480WP0Spani0IC00InclusionMatters.pdf

Camacho, María Claudia, "Desigualdad en el empleo y el trabajo", en Muñoz-Pogossian, Betilde y Alexandra Barrantes, (coords.), *Desigualdad e Inclusión Social en las Américas: Superando Desigualdades hacia Sociedades más Inclusivas*, Washington, DC: Organización de los Estados Americanos, 2017, http://www.oas.org/docs/inclusion_social/equidad-e-inclusion-social-entrega -web.pdf, pp. 255-274.

Comisión Económica para América Latina y el Caribe (CEPAL), *Economía circular en América Latina y el Caribe: Oportunidad para una recuperación transformadora*, 2021, https://www.cepal.org/es/publicaciones/47309-economia-circular-america-latina-caribe-oportunidad-recuperacion-transformadora#:~:text=pdf,Descripci%C3%B3n,coronavirus%20(COVID%2D19)

Hart, Informal Income Opportunities and Urban Employment in Ghana, revista The Journal of Modern African Studies, Vol. 11, np, 1 (Mar., 1973), pp. 61-89, https://www.sv.uio.no/sai/english/research/projects/anthropos-and-the-material/Intranet/economic-practices/reading-group/texts/hart-informal-income-opportunities-and-urban-employment-in-ghana.pdf

Negro, Dante, Pobreza, "Desigualdad, sectores vulnerables y acceso a la Justicia", en Muñoz-Pogossian, Betilde y Alexandra Barrantes, (coords.), *Desigualdad e Inclusión Social en las Américas: Superando Desigualdades hacia Sociedades más Inclusivas,* Washington, DC: Organización de los Estados Americanos, 2017, http://www.oas.org/docs/inclusion_social/equidad-e-inclusion-social-entrega -web.pdf, pp. 97-118.

Organización Internacional del Trabajo, Trabajo informal, s/f, https://www.oitcinterfor.org/taxonomy/term/3366

Rizo López, Ana Esmeralda ¿A qué llamamos exclusión social? Polis, Revista de la Universidad Bolivariana, vol. 5, núm. 15, Universidad de Los Lagos, Santiago, Chile, 2006.

Robert, Maryse, Desigualdad e inclusión social en las Américas: elementos clave, tendencias recientes y caminos hacia el futuro, en Muñoz-Pogossian, Betilde y Alexandra Barrantes, (coords.), *Desigualdad e Inclusión Social en las Américas: Superando Desigualdades hacia Sociedades más Inclusivas,* Washington, DC: Organización de los Estados Americanos, 2017, http://www.oas.org/docs/inclusion_social/equidad-e-inclusion-social-entrega -web.pdf, pp. 35-54.

Sandoval García, Edgar, Ramos Rodríguez, Guadalupe Graciela, Correa Torres, Adrián, "Midiendo la economía circular en México", *Realidad, datos y espacio Revista Internacional de estadística y geografía,* Vol. 14, Núm. 1, 2023, https://rde.inegi.org.mx/index.php/2023/01/04/midiendo-la-economia-circular-en-mexico/

Sen, A. ¿Igualdad de qué?. Libertad, igualdad y derecho, las conferencias Tanner sobre filosofía moral, 133-156, 1988.

Legislación

Constitución Política de los Estados Unidos Mexicanos, 1917.

Ley Federal del Trabajo, 1970.

Ley de Economía Social y Solidaria, 2012.

Instrumentos internacionales

Carta de la Organización de los Estados Americanos, 1948.

Carta Democrática Interamericana, 2001.

Carta Social de las Américas, 2012.

Objetivos de Desarrollo Sostenible de la Agenda 2030 del PNUD.

Pacto Internacional de Derechos Económicos, Sociales y Culturales.

Retos y avances para la inclusión y la cultura de paz en los juzgados familiares: etnografía mexicana

JAZMÍN A. FLORES-MONTES*
BÁRBARA MANCERA AMEZCUA**

Sumario: I. Introducción. II. Inclusión social. III. Cultura de paz y su relación con la justicia de los Métodos de Solución de Conflictos. IV. Cultura de paz e inclusión social en la justicia familiar en Colima desde los estudios etnográficos. V. Conclusiones. VI. Fuentes de investigación.

* Doctora en Métodos de Solución de Conflictos y Máster en Derecho Constitucional y Gobernabilidad por la Universidad Autónoma de Nuevo León, Mx. Licenciada en Derecho por la Universidad de Colima, Integrante del Sistema Nacional de Investigadores nivel Candidato, CONAHCYT México. Actualmente es Investigadora y Profesora en la Facultad de Derecho de la Universidad de Colima; y Especialista Certificada Privada de MSC en Colima, Mx., Correo electrónico; jazmin_7_7@hotmail.com ORCID: 0000-0001-8197-6782

** Doctora en Derecho por la Universidad de Guanajuato, Mx. Maestra en Juicio de Amparo por la Universidad del Valle de Atemajac, Mx. Licenciada en Derecho por la Universidad de Colima, Integrante del Sistema Nacional de Investigadores nivel Candidata, CONAHCYT México., actualmente Profesora e Investigadora de Tiempo Completo de la Facultad de Derecho de la Universidad de Colima, Mx., Correo electrónico: bmancera@ucol.mx ORCID: 0000-0002-2177-0683.

I. INTRODUCCIÓN

Este capítulo tiene como finalidad exponer los retos y avances para la inclusión social y la cultura de paz presentes en los juzgados familiares en Colima con motivo de los trámites de pensión alimenticia, custodia y divorcio, descubiertos a partir de los resultados etnográficos desarrollados sobre el cotidiano de la justicia.

Se inicia definiendo a las mujeres cuidadoras como grupo para la inclusión social a partir de la desventaja económica en que suelen encontrarse cuando acuden a la justicia familiar. Esto permite avanzar hacia la identificación de herramientas propuestas para la inclusión social para acceder a la justicia.

En un segundo apartado se plantea la relación entre la cultura de paz y los métodos de solución de conflictos describiendo sus principales paradigmas en la justicia familiar y los componentes de la misma propuestos por la irenología.

En un tercer apartado se presentan los principales resultados de la etnografía desarrollada en los juzgados familiares de los que se desprenden retos y avances identificados sobre cultura de paz e inclusión social en el cotidiano de la justicia.

Este capítulo permite reconocer los avances más significativos para la consolidación de una cultura de paz a pesar de los retos aún presentes en las prácticas judiciales por parte de autoridades y otros operadores de la justicia familiar.

II. INCLUSIÓN SOCIAL

II.1. Inclusión social de las mujeres cuidadoras

En este apartado se plantea identificar a las mujeres que dedican la mayor parte de su tiempo y espacio a realizar actividades de cuidado no remunerado que las condiciona a permanecer en situación de pobreza. Esto condiciona el ejercicio de sus derechos, como el acceso a la justicia familiar, de ahí que se debe plantear una serie de herramientas para su inclusión.

Cuando se hace referencia a la inclusión social necesariamente es relevante observar la pobreza, entendida no sólo como la carencia de recursos económicos sino un enfoque multidimensional que necesariamente se vincula con la reducción en el acceso al ejercicio de los derechos que tienen las personas. *Poner fin a la pobreza en todas sus formas en todo el mundo* es el primero de los Objetivos del Desarrollo Sostenible (ODS) y si bien se han dado avances significativos para su reducción, es innegable a través de diversos estudios que aún existe una importante prevalencia de pobreza en las mujeres. [329]

La prevalencia de la pobreza femenina está íntimamente vinculada a que las mujeres suelen tener menos posibilidades para enfrentar las carencias económicas, pues con frecuencia son las últimas en alimentarse, las últimas en acceder a la atención sanitaria, regularmente están atrapadas en tareas domésticas no remuneradas y muy laboriosas. Además de tener menores opciones de trabajar y emprender negocios.[330] De ahí que es relevante identificar a las mujeres que dedican la mayor parte de su tiempo y espacio a realizar actividades no remuneradas como el cuidado de otros, que las condiciona en su experiencia familiar y, eventualmente, en los reclamos ante tribunales familiares.

Sobre el cuidado de terceros como actividad no remunerada es importante reconocer los cuidados directos y evidentes, junto con los cuidados pasivos y que suelen quedar invisibiliza-

---

329 Pinget Batista, Y., "Feminización de la pobreza y mujeres rurales" en Tello Sánchez, F. y Falú, A., El Enfoque de género en las políticas públicas locales: de la teoría a la igualdad sustantiva como meta, Unión Iberoamericana de Municipalistas, 2018, pp. 169-178.

330 Ibidem, p. 173.

dos. El cuidado directo refiere al trabajo doméstico, de cuidados y voluntario al que las mujeres en México le destinan un promedio de 12.3 horas a la semana, mientras que los varones apenas 5.4 horas;[331] si a ese tiempo se le agregan los cuidados pasivos como aquellos que se realizan al estar alerta o pendiente de alguien, sin desplegar otra actividad, y que se obtienen cuando se pregunta "mientras hacía otra cosa, ¿los cuidó o estuvo al pendiente?", las mujeres destinan 28.8 horas a la semana frente a los hombres que apenas destinan 12.9 horas.[332]

En México, el número de mujeres que dedican su tiempo exclusivamente al cuidado de terceros es 6.8 veces mayor que en los hombres; brecha que se incrementa en Colima hasta alcanzar 8 veces más.[333] Cuando se contrasta el uso del tiempo por ubicación, se encuentra que la brecha se incrementa cuando se trata de mujeres rurales en los poblados de menos de 10 mil habitantes,[334] como ocurre en seis de los diez municipios del estado de Colima.

La participación de las mujeres que tienen un trabajo remunerado, en las actividades del hogar es dos veces mayor a la de los hombres que también desarrollan un trabajo remunerado en el hogar. La brecha de género en el promedio a nivel nacional es de -14.6 horas; para el caso de Colima la brecha se incrementa hasta llegar a -15.7 horas semanales.[335] A estas mujeres cuidadoras activas y pasivas les rodean diversos factores socioeconómicos y estructurales que impactan necesariamente en su cotidianeidad familiar y, eventualmente en su experiencia cuando acuden a los tribunales a demandar por sus derechos o los de sus hijas e hijos.

---

331 Instituto Nacional de Estadística y Geografía (INEGI), *Encuesta Nacional sobre Uso del Tiempo ENUT 2019*, 2019.

332 Ídem.

333 Ídem.

334 Ídem.

335 Ídem.

Las barreras que enfrentan las mujeres rurales van desde el diseño arquitectónico y ubicación de los juzgados, el costo en tiempo y traslado, la falta de redes de apoyo y espacios para el cuidado de sus hijas e hijos, el desconocimiento de sus derechos, la carencia de recursos para acceder a una asesoría especializada, la burocracia originada por la falta de organización y la excesiva carga de trabajo en las oficinas de defensoría y juzgados; así como los discursos y estereotipos que suelen rodear a las mujeres solicitantes de pensión alimenticia.[336] Estas barreras representan obstáculos que inhiben la decisión de acudir a los juzgados familiares o, incluso, de mantenerse firmes durante el procedimiento.

Por su parte las mujeres cuidadoras que además realizan actividades remuneradas, aunque no necesariamente bien remuneradas, enfrentan barreras como la del tiempo disponible para acudir a los tribunales; esto las orilla a recurrir a servicios profesionales privados costosos, que no siempre les garantiza una defensa especializada o ética; algunas de ellas corren el riesgo de perder acceso a su expediente y el contenido del juicio por algunas prácticas monopólicas presentes en el gremio de litigantes.[337]

Las barreras de acceso a la justicia familiar se pueden identificar según el trayecto, al inicio durante la toma de decisiones sobre si acudir o no a los tribunales; durante el procedimiento sobre si continuar o desistir cuando, por motivo del juicio, las violencias se exacerba; o incluso si ejecutar o no las determinaciones judiciales por temor al agresor perdedizo.[338] Estas barreras han sido reconocidas como obstáculos constantes que

---

336 Mancera Amezcua, Bárbara, "Acceso de las mujeres a la justicia familiar en Colima" en Rodríguez Luna (Ed.), *Acceso a la Justicia en el Centro Occidente de México: retos y oportunidades,* Tirant lo Blanch, pp. 87-88.

337 Ibidem, p. 73-78.

338 Ibidem, p. 87.

enfrentan las mujeres en su caminar por la justicia. En el caso particular de ellas, además habrán de considerarse las interseccionalidades presentes e incluso las diferencias existentes en el cotidiano de algunas mujeres que pertenecen a diferentes grupos vulnerables considerando el momento en su trayecto de vida. En este caso las mujeres cuidadoras adolescentes tendrán una experiencia distinta a las mujeres cuidadoras jóvenes en edad para trabajar e insertarse laboralmente, con o sin grado de estudios, así como las mujeres cuidadoras adultas mayores que tienen a su cargo a nietas y nietos, y que además por su edad o condición de salud no pueden insertarse ya en el mundo laboral que las discrimina.

De ahí que se plantea la implementación una serie de herramientas sensibles al género que favorezcan la inclusión de las mujeres cuidadoras considerando interseccionalidades y trayectoria de vida para enfrentar las carencias económicas y la falta de acceso a sus derechos, específicamente el de acceso a la justicia que se detalla en las siguientes líneas.

II.2. Herramientas para la inclusión de las mujeres cuidadoras a la justicia familiar

En el ámbito internacional la Convención de las Naciones Unidas contra la Eliminación de Todas las Formas de Discriminación de la Mujer también conocida como la CEDAW por sus siglas en inglés, reconoce que la discriminación contra las mujeres en razón de su sexo es aquella que tiene como objeto o resultado menoscabar o anular el reconocimiento de los derechos de las mujeres. A esta afirmación se han incorporado otros elementos de análisis en los que se afirma que incluso entre el grupo de mujeres, existen otras características que condicionan la experiencia femenina en el goce de los derechos fundamentales. Las trayectorias y cotidianos son tan diversos como la experiencia local y situacional de cada una de ellas.

El derecho de acceso a la justicia no se escapa a esa experiencia local y situacional. Las mujeres, todas diversas, experimentan su trayecto por los tribunales según las barreras añadidas que obran sobre sus cuerpos, de forma particular la justicia familiar que pudiendo ser el espacio para desafiar las relaciones jerarquizadas de género, suelen consolidar la discriminación y violencias de género sobre las mujeres a través de lo que se denominan barreras institucionales y jurídicas. Para mitigar esas barreras el Comité de las Naciones Unidas para la Eliminación de todas las Formas de Discriminación contra la Mujer (Comité CEDAW) a través de la Recomendación número 33 sobre Acceso a la Justicia desde el 2015 ha propuesto herramientas de inclusión que se enfocan en diversos componentes de la justicia, como la accesibilidad, la disponibilidad, la buena calidad, suministro de recursos y rendición de cuentas. En este apartado, se abordarán aquellos que guardan mayor relación con la cultura de paz.

En consideración de los estándares internacionales, para alcanzar la inclusión social en la justicia se debe avanzar hacia la accesibilidad a través de la eliminación de barreras arquitectónicas que dificultan el acceso a mujeres con discapacidad o con movilidad limitada; además se debe considerar el establecimiento de juzgados y oficinas de atención en lugares de fácil acceso o itinerantes cercanos a las comunidades en donde la información sobre los derechos de las mujeres y los mecanismos para acceder a ellos suele ser escasa.[339]

Otra herramienta útil para la inclusión social es la disponibilidad de mecanismos judiciales y cuasi judiciales eficaces con perspectiva de género que desafíen las relaciones generizadas

---

[339] Comité de las Naciones Unidas para la Eliminación de todas las Formas de Discriminación contra la Mujer, *Recomendación general No. 33 -61° período de sesiones, 2015-sobre el acceso de las mujeres a la justicia,* 2015. p. 6

y la inequidad de género en el que suelen encontrarse las mujeres cuidadoras, centrando los esfuerzos en el resultado y no en el procedimiento; para ello es necesario contar con autoridades capaces de identificar, prevenir, sancionar y eliminar aquellas prácticas jurídicas que tienden a exacerbar la violencia preexistente[340] que permitan desafiar las relaciones jerarquizadas de género en el que suelen encontrarse en desventaja las mujeres cuidadoras.

III. CULTURA DE PAZ Y SU RELACIÓN CON LA JUSTICIA DE LOS MÉTODOS DE SOLUCIÓN DE CONFLICTOS

III.1. Paradigmas generadores de sociedades incluyentes que contribuyen a la Cultura de Paz a través de los Métodos de Solución de Conflictos en la Justicia Familiar

Para que la impartición de justicia sea incluyente, es trascendental dotarla de herramientas pacíficas que le permitan consolidar una cultura de paz. Para robustecer esta afirmación, en seguida se hará mención de algunas de las principales aportaciones teóricas que proponen los Métodos de Solución de Conflictos, en adelante MSC, como herramientas de paz en la impartición de justicia, como antesala para avanzar hacia su inclusión en la Justicia familiar.

Jorge Pesqueira y Francisco Gorjón Gómez[341] que la paz es base para que toda sociedad esté en acuerdo, y para conseguirla se necesita de la intervención de los MSC, ya que constituyen

---

340 Gender Equality Comission GEC, *Feasibility Study Equal Access of Women to Justice*, Council of Europe, 2013, párr. 50, p. 17

341 Gorjón Gómez, Francisco & Pesqueira, Jorge, *La ciencia de la mediación*. Ciudad de México, Tirant lo blanch, 2015, p.30.

un instrumento para la paz. Agregan que en ellos se favorece el involucramiento directo de las personas para poner fin a los conflictos en los que se ven involucrados. Además, exponen que desde la mediación y los MSC, la paz puede implementarse con un espectro amplio de paz positiva: para prever, hacer, concertar.

Por su parte, Francisco Javier Gorjón Gómez[342] propone sobre la impetración de la justicia, por una parte, ubicar los factores que explican la necesidad de implementar los MSC, así como su importancia en la impartición y la administración de justicia en favor de la actualización de esta, con ello avanzar hacia un sistema de justicia alternativa y restaurativa, alejada de la visión tradicional de la justicia en la que se suele colocar los formalismos como piedra angular de la impartición de justicia. Además expresa que los mismos MSC sean considerados como herramienta de paz con la intervención de la ciudadanía en los procesos de justicia.[343]

Guillermo Pacheco Pulido[344] manifiesta que, debido a que la sociedad está en constante cambio, derivado de la existencia de una gran multiculturalidad -y diversidades- de personas que integran determinado entorno social, se generan mayor número de conflictos y desacuerdos. A esto se agrega el reciente reconocimiento de derechos humanos a grupos históricamente invisibilizados, con la implementación de nuevos paradigmas de inclusión social, como el enfoque de género, interseccional y diferencial, que permiten humanizar la justicia más allá

---

342 Gorjón Gómez, Francisco, "Teoría de la Impetración de la justicia. Por la necesaria ciudadanización de la justicia y la paz", *COMUNITANIA Revista Internacional de Trabajo Social y Ciencias Sociales,* España, año 10, 2015, p. 141. doi:http://revistas.uned.es/index.php/comunitania/article/view/18913.

343 Ibidem, p. 116.

344 Pacheco Pulido, Guillermo, *Mediación. Cultura de Paz,* Ciudad de México, Porrúa, 2004, p. 51.

de los formalismos procesales. Esta nueva visión refuerza el planteamiento de Pacheco Pulido sobre la necesidad social de nuevas elecciones y técnicas para poder cohabitar en armonía, que creen el respeto a la vida, a los derechos humanos y la depreciación de prácticas violentas y antisociales. Se requiere además del impulso de su aplicación en contextos de no-violencia por conducto de la educación, el diálogo y la cooperación. Como se señaló en apartados anteriores, la justicia debe entonces colocar a las personas y sus necesidades al centro de la impartición de justicia, y los métodos de solución de conflictos son herramientas idóneas para ello.

El reto no es menor, pues implica que la ciudadanía sea consciente de otras alternativas a la justicia tradicional para poner fin a sus controversias, que puestas en práctica en sus días cotidianos pueden generar bienestar, paz y la inclusión social.

En congruencia con lo anterior, María Munné y Pilar Mac Cragh[345] encuentran en la conciliación, la mediación, negociación y la justicia restaurativa una forma de pacificación apoyados en el entendimiento y cooperación mutua, que tiene como propósito el desenlace pacífico de los conflictos, conservando los vínculos interpersonales en todas las categorías sociales.[346] Además, son una perspectiva distinta de conocer las relaciones del ser humano en sociedad, pues poseen los elementos esenciales para ser catalizadores que conviertan el conocimiento y las costumbres de nuestras sociedades, ligado a la cultura de paz[347] y al acceso al derecho humano de acceso a la justicia familiar.

---

345 Munné, María y Mac Cragh, Pilar, *Los 10 principios de la cultura de mediación*, Barcelona, Grab, 2006.

346 Carmona Valdés, Sandra E., et al., *Cultura de paz. México*, México, Patria, 2017, p. 66.

347 Ídem.

Del mismo modo Sandra Emma Carmona Valdés y otros declaran que los Métodos de Solución de Conflictos son vistos como herramientas necesarias para la construcción de sociedades inclusivas de colaboración, democráticas, tolerantes y aseguradoras de los Derechos Humanos, pues causan y fomentan el diálogo, la solidaridad, la cooperación y la empatía, así como otros factores que robustecen las relaciones pacíficas de entre las personas intervinientes de ese conflicto.[348]

Cuando sus aportaciones se trasladan a la justicia familiar, resalta la imperiosa necesidad de conservar los vínculos socio afectivos de las personas involucradas directa a indirectamente en el conflicto, además de la necesidad de establecer soluciones duraderas que permitan a las partes el pleno respeto a sus derechos humanos y el cumplimiento de las obligaciones de cuidado sin estereotipos de género.

De ahí que los MSC representan una perspectiva distinta de la justicia al reconocer y abordar las relaciones humanas, en contextos específicos que se adecúen al cotidiano de las personas en los espacios rurales y urbanos. Son herramientas necesarias para la construcción de sociedades inclusivas de colaboración, democráticas, tolerantes y aseguradoras de los derechos humanos, pues causan y fomentan el diálogo, la solidaridad, la cooperación y la empatía, así como otros factores que robustecen las relaciones pacíficas de entre las personas intervinientes de ese conflicto.[349] Así mismo Paris Cabello Tijerina en la teoría que presenta sobre la Irenología, encuentra a la mediación y los métodos de solución de conflictos, como el canal ideal para su fortalecimiento e impulso, ya que como sabemos la mediación y los MSC son considerados como un

---

348 Ídem.

349 Cabello Tijerina, Paris A., "La irenología como pilar de la ciencia de la mediación", en F. J. Gorjón Gómez, *La ciencia de la mediación*, Ciudad de México, Tirant lo blanch, 2015, p. 231.

instrumento de paz que contribuye a desarrollar un ambiente Pacífico, que transforma los conflictos en ideas, impulsa el diálogo, la empatía, solidaridad, no violencia, la comprensión, integración, creatividad, elementos que son considerados fundamentales para la paz.[350]

Incluso es calificada como unas de las vías irenológicas importantes para la cimentación de sociedades inclusivas más ecuánimes, al fundamentarse como una táctica eficaz para la transformación pacífica de los conflictos del siglo XXI, donde prevalezca el diálogo y la razón en lugar de la violencia y la denuncia, y la implementación de políticas sociales que consideren el uso de la mediación y los MSC para la transformación pacífica de conflictos, así se contribuirá a la cimentación de la cultura de paz, erigiendo sociedades más participativas en la toma de decisiones, comprometidas con su entorno y la sociedad,[351] impactando directamente en el bienestar subjetivo de las personas que viven en México y en la generación de sociedades que fomenten la paz.[352]

Así es como se puede entender la relevancia de los MSC como herramientas para la pacificación de las relaciones familiares de las mujeres cuidadoras rurales y urbanas, adolescentes, jóvenes y adultas, considerando su participación activa que catalice su inclusión social en su tránsito por la Justicia familiar, construyendo cualidades para el fortalecimiento propio, que

---

350 Ibidem, p. 129.

351 Cabello Tijerina, Paris A., "La mediación como vía Irenológica", en P. A. Cabello Tijerina & Moreno Aragón, Jorge, *Diversas miradas, un mismo sentir: comunicación, ciudadanía y paz - como retos del siglo XXI*, Ciudad de México, Plaza y Valdés, 2015, pp. 38-39.

352 Flores-Montes, Jazmín A., "La desconfianza en los sistemas de impartición de justicia mexicana, prospección y evaluación desde la perspectiva del Conflict Analysis Tipology (CAT)", *MSC Métodos De Solución De Conflictos*, 2021, p. 77, https://doi.org/10.29105/msc1.1-6.

genera paz, proporcionando resultados positivos que recaen también sobre otras personas, teniendo sociedades más participativas, incluyentes, colaborativas, solidarias y humanas.

III.2. La irenología como componente de la cultura de paz y su relación con la justicia de los métodos de solución de conflictos

El movimiento de investigación para la paz nació en Estados Unidos, en el año de 1957 con el surgimiento de la *Revista Journal of Conflict Resolution*, y para el año de 1959 se estableció el *Center for Research on Conflict Resolutions*. Ambos considerados como los primeros antecedentes de estudios y movimientos para la paz; pero sería en Europa donde verdaderamente se desarrollaron teorías y corrientes en pro de la Irenología desde su comienzo, aparición y hasta la actualidad. Así pues, Johan Galtung, científico noruego aborda la paz a través del estudio de las violencias, exponiendo la categorización de la violencia en directa, cultural y estructural, frente a ellas la paz en negativa, positiva y la cultura de paz. Esta clasificación ha servido a los estudios feministas para identificar las violencias en las que suelen estar las mujeres, y que representan obstáculos para el acceso a la justicia familiar, mencionados en el apartado anterior. De ese modo se intenta explicar que las relaciones de género entre mujeres y hombres suelen estar jerarquizadas, de tal manera que lo masculino suele considerarse como ideal, preferible y superior frente a lo otro no masculino, representado por lo femenino y que tradicionalmente corresponde a las mujeres. Esa jerarquización desemboca en las violencias directa, cultural y estructural en las que las mujeres, en este caso las cuidadoras, desarrollan su cotidianidad.

De tal manera que como precisó Galtung, la paz es la ausencia de todos los tipos de violencia,[353] entendida en un sentido negativo o de ausencia de conflicto y la paz positiva entendida como la presencia de justicia social, siendo esta última sobre la que se aboca este texto para avanzar hacia la relación existente entre la Irenología para la inclusión en la justicia familiar.

Cabello Tijerina[354] expone que durante los años 60 y 70 se extendió el término de paz, transformándolo en un concepto vasto, rico y con mayor dinamismo, donde interactúan los elementos de colaboración, confianza, empatía, cooperación e inclusión, de ahí el nacimiento de la paz positiva. Esto marca un punto de partida para el impulso de las investigaciones que intentan dotar a la paz de componentes que refuercen su significación, lo que permite su mejor entendimiento e implementación con mayor eficacia en la sociedad para erradicar las violencias y trascender hacia el nuevo paradigma de la cultura de la paz.

Galtung supone que se alcanza la paz en la medida en que se desarrolla la capacidad para transformar los conflictos en colaboración, de forma efectiva y creadora, destacando a quienes contienden y empleando el método del diálogo.[355] También expone que la finalidad no es la desaparición de los con-

---

353 Rubio, Ana, *Presupuestos teóricos y éticos sobre la paz,* Granada, Universidad de Granada, 10993, pp. 47-52 en Herrera Rico, Sofía, "La Investigación para la Paz IP", *La Educación para la Paz desde la Filosofía para hacer las paces: El Enfoque REM (Reconstructivo- Empoderador),* Castellón, España, 2012, pp.111, https://www.tdx.cat/handle/10803/119538

354 Cabello Tijerina, Paris, A., La mediación como política social aplicada al fortalecimiento de la cultura de paz en México y España, Tesis, Repositorio Académico Digital de la UANL 2012, pp. 97 y 111, http://eprints.uanl.mx/4389/1/tesis.pdf.

355 Fisas, Vincent, Cultura de paz y gestión de conflictos. Barcelona, Icaria Antrazyt-UNESCO, 2006, p. 19.

flictos, sino su transformación para que se conviertan en vías de pacificación que fomenten la inclusión social para alcanzar un efectivo acceso a la justicia.[356]

Del mismo modo las aportaciones de Cabello Tijerina a la irenología, presuponen ser innovación de la Teoría de la irenología de los métodos de solución de conflictos, con la que se procura robustecer la creación de una Cultura de paz bajo ejes conductores de actuación para la indagación de conclusiones a la Impetración de la justicia, la materialización de investigaciones irenológicas y polemológicas, el análisis de los conflictos y su multidimensionalidad; presentando opciones científicas para la transición de culturas violentas hacia culturas más interactivas, democráticas, inclusivas y pacíficas[357]. Además ofrece el medio para transformarlos de manera positiva, pero sobre todo da la apertura para el reconocimiento de derechos las personas participantes, emplea el diálogo para lograr acuerdos y con ellos contribuir a la colaboración e interés en la búsqueda de soluciones que satisfagan a las partes involucradas.[358]

Como se puede observar es posible contribuir a la cultura paz desde diferentes enfoques teóricos como la irenología y la polemología, considerando los movimientos sociales, las guerras, los actos de bondad y los procesos de integración; que permiten avanzar hacia el acceso a la justicia en cualquiera de sus ámbitos, por ejemplo, el derecho familiar que es el que ahora nos ocupa.

---

356 Cabello Tijerina, Paris, A., La mediación como política social aplicada al fortalecimiento de la cultura de paz en México y España, op cit, p. 114.

357 Cabello Tijerina, Paris, A., "Aportes a la escuela de pensamiento de los MASC" en F. J. Gorjón Gómez, Francisco J., et. al. *Escuela de pensamiento de los Métodos Alternos de Solución de Conflictos,* Monterrey, Tendencias, 2014, pp. 136-137.

358 Cabello Tijerina, Paris A., "La mediación como vía Irenológica", op. cit., p. 39.

IV. CULTURA DE PAZ E INCLUSIÓN SOCIAL EN LA JUSTICIA FAMILIAR EN COLIMA DESDE LOS ESTUDIOS ETNOGRÁFICOS[359]

Los espacios de interés para el estudio fueron los juzgados familiares de primera instancia en el Primer Partido Judicial del Estado de Colima. En ellos se suelen tramitar juicios relativos a las relaciones matrimoniales y familiares. De los trámites familiares, los que importaron a esta investigación son los que tienen vinculación con las relaciones de pareja y familia de las mujeres cuidadoras, como los relativos al juicio de divorcio y las controversias familiares, de estos últimos, los de custodia y alimentos para sus hijas e hijos. Los juzgados familiares donde se realizó esta investigación fueron el 1°, 2°, 3° y 4°, ubicados en el edificio central del Poder Judicial en el Palacio de Justicia en la ciudad de Colima, México. En la misma sede se ubican las oficinas de Defensoría Pública.

El estudio etnográfico presentado para esta sección se divide en dos partes, dentro de la primera se podrán conocer los retos que enfrenta la cultura de paz y la inclusión social, mientras que en la segunda mostrará los avances que convergen con la cultura de paz y la inclusión social, a través de narraciones, descripciones de historias escuchadas y percibidas por las suscritas en los juzgados y en la Defensoría Pública Estatal.

Las autoridades observadas principalmente fueron autoridades titulares de tres de los cuatro juzgados, personal de las secretarías de acuerdos y actuaría de los cuatro juzgados. Además, se observó al personal de defensoría pública que participa en los cuatro juzgados familiares, litigantes particulares, usuarias y usuarios de los cuatro juzgados.

---

359 *cfr.* Mancera, Bárbara, Notas de campo y Registro de entrevistas 2020-2021.

En el siguiente apartado se muestran elementos observados en los expedientes y en los encuentros con motivo de la celebración de audiencias de conciliación que permiten identificar los retos y los avances para la cultura de paz en la justicia familiar en Colima.

IV.1. Retos para la cultura de paz e inclusión social en la justicia familiar en Colima

Los retos que enfrenta la cultura de paz para las usuarias en la justicia familiar van desde la trivialización de la violencia familiar por parte de autoridades, litigantes y defensores, la falta de criterios uniformes para prevenir, sancionar y erradicar la violencia en contra de las mujeres, los prejuicios sobre las intenciones de las mujeres solicitantes de pensión alimenticia, la exacerbación de la violencia con motivo del trámite y la institucionalización de la misma. Estos retos pudieron observarse en el contenido de los escritos presentados por las partes en juicio, conocidos procesalmente como promociones, y algunas de las respuestas de las autoridades en lo que se conoce como acuerdos.

Resalta que en aquellos expedientes en los que se hizo mención de existencia de violencia intrafamiliar entre las partes, en su gran mayoría, no se detallaba con precisión elementos de tiempo, modo o lugar sobre los hechos los actos que constituyeron la violencia, incluso pocas veces se nombraban los tipos de violencia presentes en la relación de pareja o hacia las y los hijos. Esto mostraba la poca habilidad de quienes la planteaban para identificar y nombrar las violencias presentes en la relación o en el entorno familiar de las partes. Además, en muchos casos la violencia sólo se mencionaba de manera superficial, pocas veces constituía el punto central de la controversia. Cuando se hacía, planteaban narrativas sobre hechos constitutivos de violencia en contra de alguna de las partes, la respuesta de la autoridad familiar era distinta en cada juzgado, explicado por la falta de uniformidad en los criterios judiciales en relación con las expresiones de violencia en contra de las mujeres y las infancias. La falta de criterios uniformes y que algunas autoridades sólo brinden credibilidad a aquellas narrativas que se encuentran acompañadas de denuncias penales, provoca que las mujeres deban activar diversos mecanismos para la concesión de algún derecho o establecimiento de medidas cautelares en el ámbito civil o familiar, lo que genera que las usuarias denuncien no buscando una sanción o castigo al agresor, sino como acto de defensa para repeler la agresión y cumplimiento del requisito para acceder a otros derechos.[360]

Esto representa un reto para la cultura de paz en la justicia familiar, pues algunos criterios judiciales tienen como resultado la activación de diversos mecanismos de defensa previo a la presentación de la demanda por pensión alimenticia, lo que a su vez recrudece la violencia de pareja y la fractura de lazos afectivos que permitan, al llegar la audiencia de conciliación, una toma de conciencia para la construcción de acuerdos que perduren en el tiempo.

Cuando se indagó con mayor profundidad en los expedientes y discursos de la autoridad, se observó que el mayor esfuerzo para dar impulso procesal al expediente por parte de ellas era al inicio con la presentación de la demanda y hasta que se decretaba y materializaba la pensión alimenticia. En algunos expedientes se observó que ellas reactivaron el trámite después de cierto tiempo de inactividad procesal, aduciendo incumpli-

---

360 Larrauri, E, "Cinco tópicos sobre las mujeres víctimas de violencia… y algunas respuestas del feminismo oficial", en Laurenzo et. al (coords.), *Género, violencia y derecho,* Valencia, Tirant lo Blanch, 2008, pp. 314-316 en Cubells, J., Calsamiglia, A. et. al., El ejercicio profesional en el abordaje de la violencia de género en el ámbito jurídico-penal: un análisis psicosocial, *Anales de Psicología, vol. 26 núm. 1,* Barcelona, 2010, p. 374.

miento en el pago de pensión alimenticia. Según el dicho de algunos informantes, esta situación es común en la mayoría de los casos, ellas activan el trámite, pero lo abandonan cuando se decreta provisionalmente pensión alimenticia; regresan hasta que la recurrencia en el incumplimiento de pago de la pensión o la problemática con su expareja se vuelve insostenible y eso las orilla a retomar el trámite y dar seguimiento al juicio familiar. Este comportamiento de las mujeres suele motivar el discurso en los informantes de que sólo lo hacen por interés económico y no por un interés genuino por el bienestar de sus hijas e hijos, discurso que suele colocar sobre ellas la falsa etiqueta de que son mujeres instrumentales que utilizan de manera deliberada el aparato judicial para su propio beneficio.[361]

El estereotipo de género que suele operar sobre las mujeres cuidadoras, de quienes se espera que realicen los cuidados sin pedir nada a cambio ni exigir la colaboración económica del progenitor ausente, representa un reto para la cultura de paz en la construcción de soluciones entre las partes involucradas, que además propicia el rompimiento de lazos afectivos y de respeto en los entornos familiares.

Otro reto identificado en la cultura de paz fue que, en diversos encuentros con autoridades conciliadoras, fue la afirmación que la actitud de defensores y litigantes particulares en relación con los procesos de conciliación son distintos. Los primeros tienen por política favorecer la conciliación entre las partes, aunque no les brindan a las partes información detallada sobre los momentos, consejos y alcances de la conciliación por lo que algunas personas llegan sin saber a qué van al juzgado. Según el dicho de la autoridad, existen litigantes particulares que, por política de trabajo, nunca concilian, sin considerar las particularidades del asunto. Algunos testimonios señalan lo siguiente: "Desde que vemos el autorizado en sus escritos más

361 Ídem.

o menos nos damos cuenta si el asunto es conciliable o no. Hay abogados que nunca concilian, incluso les dicen a sus clientes que no vengan o que no accedan a nada." "A veces los abogados les aconsejan que no acepten y que no vengan."

Algunos datos recabados de los informantes versaron sobre la recurrencia de no celebración de las audiencias conciliatorias por inasistencia de las partes, las autoridades observadas solían culpar a los litigantes que no favorecen la conciliación por cuestiones económicas: "Yo entiendo que los abogados cobran por eso, por sus asuntos, pero hay ocasiones en que las partes sí quieren o están dispuestas a conciliar."

Asimismo, no se encontró la existencia de criterios o lineamientos específicos utilizados por las autoridades para determinar si un asunto era conciliable o no, a la luz de la prohibición expresa en la Ley General de Acceso de las Mujeres a una Vida Libre de Violencia[362] de celebrar convenios en el caso en que se exista violencia en contra de las mujeres por ser inviables en una situación de sometimiento entre agresor y víctima en la que se compromete la igualdad de circunstancias para convenir; tampoco se observó que quienes estuvieron a cargo de la mediación valoraran el posible entorno de violencia, pues en esos casos la o el agresor suele incumplir el convenio como una forma de control y violencia sobre su víctima. También se observaron algunas prácticas de litigantes particulares, hombres y mujeres, autorizados por la contraparte masculina, que tenían como resultado la exacerbación de la violencia en contra de las mujeres cuidadoras y sus hijas e hijos con el empleo de amenazas directas sobre las usuarias y su familia de hacer uso de todos los medios legales para "hacerla pagar" por haber presentado la demanda.

---

362 H. Cámara de Diputados del Congreso de la Unión, "Ley General de Acceso de las Mujeres a una Vida Libre de Violencia", Diario Oficial de la Federación, núm. 14, México, 2022.

En este caso particular, se observaron prácticas nocivas de la contraparte masculina y su litigante que tuvieron como efecto institucionalizar la violencia preexistente, lo que recrudeció la situación de violencia de forma relevante, motivada por tres principales factores: a) El tiempo que suele transcurrir entre la presentación de escritos de las partes y respuesta de la autoridad se prolonga por varias semanas, lo que implica un atraso en la impartición de justicia fuera de los términos señalados por el norma por omisión en la gestión, lapso de tiempo en el que los actos de violencia suelen generar efectos irreversibles antes de que la autoridad familiar intervenga; b) la usuaria no combatía eficazmente las solicitudes de la contraparte y la respuesta obtenida por la autoridad, lo que se explica por una falta de conocimiento de sus derechos, la falta de seguimiento y acompañamiento de su defensora para reclamarlos y brindar asistencia legal efectiva y/o por el cansancio provocado por el desgaste emocional que representa la situación; y c) la omisión de la autoridad para prevenir, sancionar y erradicar de manera eficaz la violencia evidenciada en el contenido de las narrativas de los expedientes. Todos estos factores ejemplifican las barreras para el acceso a la justicia que suelen enfrentar las mujeres cuidadoras y que representan un reto para la cultura de paz.

Cuando se cuestionó a la autoridad sobre las amenazas y actitudes del litigante en cuestión, ella lo normalizó e incluso señaló que "hay quienes cobran más si el juicio continúa y no quieren conciliar". Este discurso da cuenta de la capacidad de la autoridad judicial para sí detectar prácticas que pueden exacerbar la violencia en contra de las usuarias, pero es incapaz de prevenir, sancionar o erradicar la violencia en contra de la mujer solicitante de pensión alimenticia. Omisión que puede constituir una forma de victimización secundaria que alimenta la violencia estructural en la que las mujeres pierden confianza en las autoridades reduciendo las posibilidades de salir de la violencia.

También se pudieron identificar retos que enfrenta la cultura de paz en la mayoría de los encuentros judiciales entre las partes con motivo de las audiencias conciliatorias, las audiencias de pruebas y alegatos y las audiencias orales para ratificación de convenio de divorcio.

En general, estas audiencias están diseñadas para favorecer la inmediatez de la autoridad con las partes, sin embargo, en la práctica son pocas las ocasiones en que esto se cumple. Por ejemplo, del total de audiencias para conciliación observadas sólo en el 28% de ellas acudieron ambas partes y se pudo celebrar. Del total de audiencias de pruebas y alegatos observadas, sólo el 20% se celebraron, aunque no necesariamente con la asistencia de ambas partes. Únicamente en las audiencias orales de ratificación en los juicios de divorcio asistieron las partes en el 80% de los casos.

En las audiencias para conciliación observadas se pudo observar que todos los hombres asistentes mantenían una disposición corporal a la defensiva, descalificando las manifestaciones de la mujer contraparte y centrando su discurso sobre aspectos económicos de las obligaciones hacia los hijos, sin que hicieran señalamientos sobre aspectos de seguridad o bienestar emocional de sus hijas e hijos. Elementos que fueron pasados por alto por la autoridad, quien mantenía una postura de aparente neutralidad que generaba que la usuaria no sólo debía defenderse del agresor durante la audiencia, sino que también debían preocuparse por convencer a la autoridad de la veracidad de su dicho. Actitud que representó un reto a superar durante las audiencias, algunas de ellas concluían sin acuerdos, mientras que otras lo hacían con acuerdos endebles con pocas posibilidades de perdurar en el tiempo.

Sobre la intervención de la autoridad, se observó que el secretario de acuerdos explicó ampliamente a las partes la importancia de evitar actos de molestia entre ellos de forma directa o indirecta, y a través de medios electrónicos; hizo referencia a la importancia de que ambos progenitores participen de forma igualitaria en la educación y formación; se les exhortó a evitar la intervención de otras personas sobre la forma de educar a sus hijas de 5 y 2 años. Finalmente, la autoridad y la representante de Fiscalía hicieron referencia a la libertad de cada uno de tener una nueva pareja cuando, en la conversación, surgió la discusión sobre el contacto que tenían las hijas con la nueva pareja de una de las partes.

En varios de los eventos percibidos se observó que las autoridades intervinientes eran capaces de distinguir entre los hechos narrados y la realidad de las situaciones planteadas, incluso de visualizar los posibles impactos de las actuaciones judiciales en la vida de las personas; aunque esa situación no necesariamente se tradujo en la implementación ex oficio de mecanismos efectivos para el acceso a la justicia o la prevención de la violencia. Por ejemplo, en uno de los expedientes revisados se observó que las partes habían ratificado un convenio para poner fin al conflicto. Sobre ello, a puerta cerrada, la secretaria de acuerdos refirió

> "no creo que lo cumplan, incluso estamos haciendo apuestas para ver cuanto tardan en regresar al juzgado... ese mismo día que ratificaron el convenio aquí, el señor le debió entregar 120 mil pesos de lo que ya le debía atrasado; no creo que se lo haya dado. Pobre señora, el señor no tiene bienes a su nombre, está todo a nombre de su nueva esposa; además si no cumplió todos estos años [existía un convenio previo desde el 2011], mucho menos lo hará ahora."

Sobre las audiencias de juicio oral con motivo del trámite de divorcio voluntario observadas, la legislación procesal señala que, para su celebración, se cita a los cónyuges solicitantes con el objetivo de ratificar su intención de disolver el matrimonio y los acuerdos ya tomados previo a la intervención judicial. Una vez aprobado, se eleva el convenio a categoría de sentencia definitiva, todo en la misma audiencia.

El desarrollo de estas audiencias suele hacerse bajo mucha formalidad y uso de tecnicismos jurídicos alejados del lenguaje cotidiano. Sólo existe un espacio de 10 minutos en el que la autoridad da el uso de la voz a las partes para manifestarse acerca del convenio, a partir de sus planteamientos la autoridad interviene para aclarar dudas y alcances acerca del convenio, ese es el único momento en que se observa a una autoridad cercana a las partes, paciente y tolerante. Confirmada la voluntad de las partes sobre el contenido del convenio celebrado, se realiza el dictado de la sentencia; acto seguido se daba intervención por única ocasión al autorizado legal presente, quien regularmente solicita la devolución de originales y emisión de oficio a la oficina del Registro Civil para la inscripción. Terminada la audiencia, se cierra la grabación y se recaba la firma de las partes en el acta de la sesión que en ese momento se imprimía. Toda la audiencia, de inicio a fin, dura aproximadamente 30 minutos. En este tipo de audiencias se puede observar que la conciliación se realiza de forma extrajudicial y la intervención judicial es a *posteriori* y con fines únicamente de validación. Esto representa un reto porque traslada el proceso conciliatorio a otros intervinientes sin que se tenga información que permita identificar quiénes y bajo qué características lo realizan.

Sobre los retos para la inclusión social en la justicia familiar se encuentran por una parte la falta de información estadística desagregada por sexo sobre personas intervinientes en los juicios, la falta de accesibilidad a los espacios judiciales y de atención, la falta de criterios claros sobre el sistema de turnos para la conducción de las audiencias de conciliación y la institucionalización de la violencia de género que opera sobre las mujeres cuidadoras. Retos que se explican en las siguientes líneas.

En una búsqueda en el portal de internet y en la plataforma nacional de transparencia no se encontró información que permita conocer el perfil de las personas que solicitan los servicios judiciales. Con esto se invisibilizan las demandas focalizadas de justicia y necesidades específicas considerando las interseccionalidades que atraviesan a las mujeres y niñas. Al no contar con información estadística de los usos y necesidades judiciales de la población, difícilmente se podrá avanzar para garantizar el acceso a la justicia. Esta omisión del Estado impacta de forma diferenciada tratándose de las mujeres y hombres de zonas rurales. Es decir, la falta de información desagregada por sexo, edad, origen étnico, escolaridad, entre otros elementos demográficos impide descubrir las interseccionalidades que atraviesan a las mujeres y niñas que solicitan justicia. Esto genera la permanencia y normalización de la violencia estructural en los espacios y contextos judiciales, reto no menor para la inclusión social de las mujeres cuidadoras.

En lo que toca a la falta de accesibilidad, se observó que para ingresar a las oficinas de Defensoría Pública, es complicado pues su ubicación es en la segunda planta del edificio del Palacio de Justicia, sin que existan rampas o vías de acceso para personas con discapacidad o de edad adulta. Ya en la segunda planta no existe señalética suficiente que distinga las oficinas de la defensoría del resto de las oficinas administrativas del lugar. Para ingresar se debe transitar por un pasillo estrecho y poco iluminado.

Para la atención se cuenta con una ventanilla única en el mismo espacio de sala de espera en que convergen diversas personas mujeres y hombres solicitantes del servicio. Como primer filtro, las usuarias deben narrar brevemente su problemática con la finalidad de que el personal de ventanilla pueda identificar el tipo de trámite solicitado y si cumple o no con los requisitos para la atención de defensoría pública. La entrevista filtro se realiza en la misma ventanilla sin que se cuiden elementos de privacidad de la información.

Si la usuaria es candidata para recibir los servicios, se le señala fecha y hora para acudir a asesoría con un defensor y defensora del lugar. Ese encuentro se realiza en una oficina compartida por varios defensores quienes suelen estar atendiendo sus propios asuntos y usuarios al mismo tiempo en que transcurre la entrevista. Esta atención sin privacidad, en el que la usuaria debe narrar su historia una y otra vez ante diversas personas antes de iniciar el trámite representan retos para la inclusión social de aquellas mujeres cuidadoras, sobre quienes se recrudecen los efectos de las barreras sociales, culturales e institucionales señaladas en apartados anteriores.

Del contenido de los expedientes y de los encuentros entre usuarias y personal del juzgado se registraron narrativas y discursos que referían a la preocupación de ellas sobre la seguridad, la salud, los cuidados que recibían sus hijas o hijos por parte del progenitor o sus familiares convivientes. Es decir, se trata de mujeres que dedican la mayor parte de su tiempo y espacio a realizar actividades no remuneradas como el cuidado de otros; circunstancia que les coloca en situación de desventaja para enfrentar las carencias económicas.

Además, de los discursos observados se identificó que las usuarias hacían referencia a la opinión que previamente habían recibido de alguna figura masculina cercana, como su pareja actual, su papá, sus hermanos, su litigante hombre o, incluso, la propia autoridad hombre que dirigía la audiencia. Esto representa el condicionamiento social en que suelen encontrarse estas mujeres cuidadoras, que les impide desafiar el androcentrismo presente en sus relaciones familiares.

Por su parte, en las audiencias conciliatorias y las de pruebas y alegatos, se celebran en las oficinas de la Secretaría de Acuerdos de cada juzgado; la mayoría de los espacios con poca iluminación, sin accesos adecuados para personas con discapacidad y movilidad limitada y, algunos, con falta de mantenimiento. En las audiencias participan las partes involucradas sin sus litigantes, la o el secretario de acuerdos y el personal de Fiscalía adscrito. En el lugar, por lo general también se encontraba el personal del juzgado realizando sus actividades en silencio, sin interrumpir la audiencia. Esta atención sin privacidad, en el que las partes intervienen para narrar sus historias, preocupaciones y dudas representa otro reto para la inclusión social de las mujeres cuidadoras.

En estas audiencias, una vez que eran presentadas las autoridades y explicado el objetivo de la sesión, en la mayoría de las ocasiones se daba la palabra primero a la mujer y en otros daba la libertad a las partes para elegir quién haría la primera intervención, en ambos casos sin expresión de los motivos para hacerlo. Situaciones que generan falta de claridad sobre los criterios de la autoridad para la determinación de turnos, lo que puede poner en riesgo la confianza de las partes sobre la neutralidad de la autoridad durante el proceso de conciliación.

Finalmente, en algunos encuentros se observó que ante las narrativas sobre el cuidado de hijas e hijos, la autoridad solía hacer referencia a la carga exclusiva a las mujeres sobre el cuidado de las hijas e hijos, situación que tuvo como resultado la institucionalización de la violencia de género como barrera de acceso a la justicia para las mujeres, pues al producirse por una autoridad dentro del proceso judicial, las mujeres y hombres intervinientes encontraron un refrendo de los discursos de género probablemente existentes en su entorno familiar y social.

IV.2. Avances para la Cultura de paz e Inclusión social en la Justicia familiar en Colima

Al lado de los retos señalados con anterioridad, es importante resaltar los importantes avances que presenta la justicia familiar para la cultura de paz y la inclusión social. Destacan la predisposición de la autoridad y defensoría pública para favorecer la conciliación, el uso de lenguaje menos técnico por parte de algunas autoridades para dirigirse a las partes, la aplicación de un sistema de turnos confiable para la intervención en el uso de la voz durante algunas audiencias, explicación amplia sobre los derechos de las mujeres y las infancias por parte de la autoridad a las partes y el uso de algunos espacios amplios, accesibles y con adecuada iluminación.

Los avances hacia una cultura de paz pudieron percibirse cuando una autoridad informante señaló que los litigantes que suelen favorecer la conciliación pertenecen principalmente al personal de Defensoría Pública, o bien, se trata de litigantes que tienen hijas o hijos y se vuelven más sensibles a los asuntos pues son "conscientes del daño que pueden sufrir los menores". Esta afirmación de la autoridad propone que la experiencia familiar de las y los operadores tiene efectos en los consejos legales que puedan brindar a sus clientes. En esta investigación, no se encontró información que pudiera corroborar dicha afirmación, pero puede servir de hipótesis para nuevas líneas de investigación.

En otros eventos observados, todos de audiencia oral, se abría un espacio de aproximadamente 15 minutos en el que la Jueza o Jjuez intervenía cuidando utilizar lenguaje menos técnico -en apariencia- para formular preguntas dirigidas a conocer las posibilidades de cumplimiento de los acuerdos formulados y procuraba cerciorarse que las partes entendieran los alcances de ellos. En ese momento algunas personas intervinientes resolvían dudas en relación al trámite y sus alcances. Concluida esa etapa, entonces la autoridad cerraba la intervención de las partes y preguntaba al personal de Fiscalía adscrito si deseaba manifestarse sobre el contenido del convenio; en una ocasión intervino para hacer aclaraciones a las partes sobre las obligaciones respecto de la menor.

Por su parte los avances para la inclusión social en la justicia familiar en Colima en las audiencias de conciliación observadas, en una ocasión se observó que la autoridad estableció y explicó a las partes el orden de participación, considerando primero al solicitante de la audiencia conciliatoria; el resto de la audiencia se desarrolló siempre con la explicación de la autoridad anticipando lo que sucedería y las razones para ello.

Sobre la comunicación de las autoridades con las usuarias, las autoridades observadas procuraban utilizar un lenguaje menos técnico cuando se dirigían a las usuarias, sin embargo, no se tiene evidencia que permita calificar dichos términos como lenguaje llano o ciudadano. En los casos observados, la utilización de términos menos técnicos para explicar a las usuarias pudo ampliar las posibilidades de las usuarias para expresar sus inquietudes y obtener información directa de la autoridad sobre sus derechos y obligaciones.

En otro evento, las partes solicitantes señalaron en audiencia que, una vez determinado el divorcio, ellos continuarían habitando en la misma casa-habitación, aunque en cuartos separados. La autoridad judicial y ministerial realizaron un importante esfuerzo en explicar a las partes sobre los riesgos de dicha propuesta, cuidando el empleo de lenguaje menos técnico. A pesar de los esfuerzos de la autoridad, las partes insistieron en la celebración del convenio en esos términos y, al no existir hijas e hijos menores de edad, la autoridad no tuvo otra opción que autorizar el contenido del convenio.

En una de las audiencias orales, la mujer usuaria hizo referencia a situaciones recientes de violencia por parte de su aún cónyuge, a lo que la autoridad judicial y ministerial intervinieron explicando con detenimiento conceptos como custodia, patria potestad, posesión y propiedad del inmueble involucrado. Se le informó a la mujer la existencia de mecanismos para su defensa en casos de violencia y hostigamiento, advirtiéndole que ella tampoco debía hostigar ni molestar al señor. Esta explicación extendió la duración del encuentro y brindó la posibilidad de que la usuaria pudiese conocer sus derechos y los procedimientos legales o cómo acceder a la asistencia legal. Esta práctica mitigó la posible barrera sociocultural que enfrentaba la usuaria.

Finalmente destaca que las audiencias orales se desarrollan en una sede separada de los propios juzgados familiares. En espacios destinados exclusivamente para ese fin, con dimensiones amplias y accesibles para personas con discapacidad, muy iluminados tanto por luz natural como artificial. En el lugar únicamente se encuentran las partes divorciantes, sus autorizados, la o el juez titular, personal de la Secretaría de Acuerdos y de Fiscalía. Estos espacios permiten la accesibilidad y un entorno de mayor privacidad para el encuentro entre las partes y la autoridad.

V. CONCLUSIONES

Los retos para la cultura de paz y la inclusión social de las mujeres cuidadoras en su incursión por la justicia familiar parten de la falta de información sobre la participación y necesidades de las mujeres cuidadoras que acuden a los tribunales. Antesala para reconocer las barreras de acceso a la justicia familiar que enfrentan las mujeres cuidadoras.

A esto se suma la falta de capacidades de algunas autoridades y operadores intervinientes para identificar la violencia, el establecimiento de criterios uniformes para prevenirla y sancionarla, así como la falta de mayor número de espacios accesibles que garanticen la inclusión social para alcanzar una cultura judicial para la paz.

De manera específica de las autoridades observadas, se distingue entre las juezas que sí suelen contar con mayores conocimientos y habilidades para la aplicación de los MSC durante las audiencias orales en las que intervienen. Sin embargo, la mayoría de los encuentros y oportunidades para la construcción de acuerdos para la solución de fondo se encuentran en las denominadas audiencias de conciliación, que siempre están a cargo de las secretarías de acuerdos quienes en la mayoría de sus intervenciones no favorecen la Cultura de paz y la inclusión social de las mujeres cuidadoras.

La clave para la cultura de paz, se dijo, radica en la descentralización de la justicia en los aparatos de la propia y las formalidades judiciales. Poner a las personas, en especial a las mujeres cuidadoras, como protagonistas de la justicia representa un cambio de paradigma que comienza a darse en los tribunales familiares, como se pudo evidenciar en los avances observados.

VI. FUENTES DE INVESTIGACIÓN

Cabello Tijerina, Paris A., "La irenología como pilar de la ciencia de la mediación", en F. J. Gorjón Gómez, La ciencia de la mediación, Ciudad de México, Tirant lo blanch, 2015.

Cabello Tijerina, Paris A., "La mediación como vía Irenológica", en P. A. Cabello Tijerina & Moreno Aragón, Jorge, Diversas miradas, un mismo sentir: comunicación, ciudadanía y paz - como retos del siglo XXI, Ciudad de México, Plaza y Valdés, 2015.

Cabello Tijerina, Paris, A., La mediación como política social aplicada al fortalecimiento de la cultura de paz en México y España, Tesis, Repositorio Académico Digital de la UANL 2012, http://eprints.uanl.mx/4389/1/tesis.pdf.

Cabello Tijerina, Paris, A., "Aportes a la escuela de pensamiento de los MASC" en F. J. Gorjón Gómez, Francisco J., et. al. Escuela de pensamiento de los Métodos Alternos de Solución de Conflictos, Monterrey, Tendencias, 2014.

Carmona Valdés, Sandra E., et al., Cultura de paz. México, México, Patria, 2017.

Comité de las Naciones Unidas para la Eliminación de todas las Formas de Discriminación contra la Mujer, Recomendación general No. 33 -61° período de sesiones, 2015-sobre el acceso de las mujeres a la justicia, 2015.

Cubells, J., Calsamiglia, A. et. al., El ejercicio profesional en el abordaje de la violencia de género en el ámbito jurídico-penal: un análisis psicosocial, Anales de Psicología, vol. 26 núm. 1, Barcelona, 2010.

Fisas, Vincent, Cultura de paz y gestión de conflictos. Barcelona, Icaria Antrazyt-UNESCO, 2006.

Flores-Montes, Jazmín A., "La desconfianza en los sistemas de impartición de justicia mexicana, prospección y evaluación desde la perspectiva del Conflict Analysis Tipology (CAT)", MSC Métodos De Solución De Conflictos, 2021, https://doi.org/10.29105/mscl.

Gender Equality Comission GEC, Feasibility Study Equal Access of Women to Justice, Council of Europe, 2013.

Gorjón Gómez, Francisco & Pesqueira, Jorge, La ciencia de la mediación. Ciudad de México, Tirant lo blanch, 2015.

Gorjón Gómez, Francisco, "Teoría de la Impetración de la justicia. Por la necesaria ciudadanización de la justicia y la paz", COMUNITANIA Revista Internacional de Trabajo Social y Ciencias Sociales, España, año 10, 2015, p. 141. doi:http://revistas.uned.es/index.php/comunitania/article/view/18913.

Cámara de Diputados del Congreso de la Unión,"Ley General de Acceso de las Mujeres a una Vida Libre de Violencia", Diario Oficial de la Federación, núm. 14, México, 2022.

Herrera Rico, Sofía, "La Investigación para la Paz IP", La Educación para la Paz desde la Filosofía para hacer las paces: El Enfoque REM (Reconstructivo- Empoderador), Castellón, España, 2012, https://www.tdx.cat/handle/10803/119538.

Instituto Nacional de Estadística y Geografía (INEGI), Encuesta Nacional sobre Uso del Tiempo ENUT 2019, 2019.

Larrauri, E, "Cinco tópicos sobre las mujeres víctimas de violencia… y algunas respuestas del feminismo oficial", en Laurenzo et. al (coords.), Género, violencia y derecho, Valencia, Tirant lo Blanch, 2008

Mancera Amezcua, Bárbara, "Acceso de las mujeres a la justicia familiar en Colima" en Rodríguez Luna (Ed.), Acceso a la Justicia en el Centro Occidente de México: retos y oportunidades, Tirant lo Blanch, 2021.

Mancera Amezcua, Bárbara, Notas de campo y Registro de entrevistas 2020-2021:

— Notas de campo de 05 de febrero del 2020 a las 12:00 horas, 2020.

—Notas de campo de 06 de febrero del 2020 10:00 horas, 2020.

—Notas de campo de 10 de febrero del 2020 10:30 horas, 2020.

—Notas de campo de 11 de febrero del 2020 10:10 horas, 2020.

—Notas de campo de 13 de febrero del 2020 10:30 horas, 2020.

—Notas de campo de 14 de febrero del 2020 10:30 horas, 2020.

—Notas de campo de 17 de febrero del 2020 10:38 horas, 2020.

—Notas de campo de 18 de febrero del 2020 12:08 horas, 2020.

—Notas de campo de 20 de febrero del 2020 10:00 horas, 2020.

—Notas de campo de 20 de febrero del 2020 12:00 horas, 2020.

—Notas de campo de 25 de febrero del 2020 11:00 horas, 2020.

—Notas de campo de 26 de febrero del 2020 09:00 horas, 2020.

—Notas de campo de 28 de febrero del 2020 10:00 horas, 2020.

—Notas de campo de 04 de marzo del 2020 11:00 horas, 2020.

—Notas de campo de 06 de marzo del 2020 09:00 horas, 2020.

—Notas de campo de 06 de marzo del 2020 10:00 horas, 2020.

—Registro de entrevista de 15 de octubre del 2020 con usuaria, 2020.

—Registro de entrevista de 16 de octubre del 2020 con litigante particular, 2020.

—Registro de entrevista de 05 de noviembre del 2020 con Defensoría Pública, 2020.

—Registro de entrevista de 25 de noviembre del 2020 con agente del Ministerio Público adscrito a juzgados familiares, 2020.

—Registro de entrevista del 12 de enero del 2021 con Secretaría de Acuerdos de juzgado familiar, 2021.

—Registro de entrevista de 12 de enero del 2021 con Titular de juzgado familiar, 2021.

—Registro de entrevista de 21 de enero del 2021 con usuaria, 2021.

—Registro de entrevista de 27 de enero del 2021 con Secretaría de Acuerdos de juzgado familiar, 2021.

—Registro de entrevista de 07 de febrero del 2021 con litigante particular, 2021.

— Registro de entrevista de 18 de marzo del 2021 con litigante particular, 2021.

—Registro de entrevista del 06 de abril del 2021 con Secretaría de Acuerdos de Juzgado Familiar, 2021.

Munné, María y Mac Cragh, Pilar, Los 10 principios de la cultura de mediación, Barcelona, Grab, 2006.

Pacheco Pulido, Guillermo, Mediación. Cultura de Paz, Ciudad de México, Porrúa, 2004.

Pinget Batista, Y., "Feminización de la pobreza y mujeres rurales" en Tello Sánchez, F. y Falú, A., El Enfoque de género en las políticas públicas locales: de la teoría a la igualdad sustantiva como meta, Unión Iberoamericana de Municipalistas, 2018.

Rubio, Ana, Presupuestos teóricos y éticos sobre la paz, Granada, Universidad de Granada, 1993.

Inclusión social y derecho penal, el conflicto de la reinserción penal

VÍCTOR MANUEL ARCOS VÉLEZ*

SUMARIO: I. Introducción. II. ¿En verdad se justifica el legítimo derecho de castigar? III. La justificación del castigo para sancionar el delito. IV. El sistema de ejecución penal actual. V. Reglamentación carcelaria y medidas de seguridad. VI. El fracaso de la política pública para la inclusión social de los reos liberados a la vida en sociedad. VII. Conclusiones. VIII. Fuentes de investigación.

I. INTRODUCCIÓN

La construcción del derecho, tiene la finalidad de salvaguardar la estructura social, para ello se estableció en una sociedad, en un lugar y tiempo determinados, una serie de reglas que prohíben las conductas que resulten dañinas a las personas, a sus bienes y sus derechos, para ello se estableció como la última ratio, el derecho sancionador penal.

El delito como consecuencia de la conducta del individuo, que conociendo las consecuencias realiza los actos necesarios para obtener un resultado deseado, la cual le es demostrada

---

* Dr. en Derecho, Integrante del Sistema Nacional de Investigadores nivel Candidato, CONAHCYT México., PTCI Integrante del NAB de Doctorado en el SNP en la Facultad de Derecho de la Universidad Autónoma de Guerrero, Integrante del CAC "Sistemas de Justicia en México". ORCID: 0000-0002-1642-6570 Correo electrónico: 09442@uagro.mx.

ante la autoridad en el modo, tiempo, lugar y circunstancia, su mecanismo de realización, el móvil de su acción voluntaria y el nexo causal con la consecuencia, que destruya la presunción de inocencia y que le hace responsable del resultado, aplicándole una pena, la cual debe estar prevista y sancionada con anterioridad y que debe ser retributiva al daño causado, proporcional al medio de ejecución y ejemplificativa para disuadir a otros para que no la realicen.

La evolución en nuestro derecho, fundado en el sistema mixto (inquisitorio-garantista) vigente de 1931 a 2008[364] con término de gracia para su vigencia total en el país en junio de 2016,[365] adoptó la doctrina del garantismo penal, pero sólo para los delitos comunes y de bajo a mediano impacto con la aplicación del Código Nacional de Procedimientos Penales, más no así a los delitos de alto impacto en que se aplica la doctrina del derecho penal del enemigo en la legislación que sanciona la comisión de conductas de delincuencia organizada y la legislación para prevenir y sancionar el secuestro, los cuales tienen distintas disposiciones pero que se complementan al final en un mismo sistema.

Es por ello que se establecen distintos parámetros, existen una serie de beneficios y salidas alternas en el sistema penal nacional, tratando de que solo lleguen a juicio las conductas que causan mayor daño social, pero a la vez, coexiste con un sistema de mayor severidad que se aparta del garantismo y se acerca al sistema inquisitivo, en donde se establecen mecanismos con medidas inconvencionales para sancionar a los delitos de alto impacto, que reflejan una indecisión institucional, heredada del anterior sistema que se sigue añorando, pero que fue tan duramente criticado.

---

364 Código Penal Federal de 1931. https://www.diputados.gob.mx.

365 Código Nacional de Procedimientos Penales. https://www.diputados.gob.mx/LeyesBiblio/pdf/CNPP.pdf

Es así que, agotamos las etapas del proceso penal (primera instancia, Segunda Instancia y Amparo Directo; para pasar a la ejecución de las sanciones), entonces la finalidad del derecho penal sancionador es ejemplificar con el castigo, para provocar la reducción de las conductas delictivas, pero al sujeto antisocial, darle el tratamiento necesario para lograr su resocialización y reinserción social, una vez que ha pagado el costo de su conducta, con su internación, con el pago de la reparación integral del daño causado y garantizar que no exista el peligro de que reincida en sus conductas antisociales.

Pero, ¿en verdad se tiene en claro que se necesita? Después de haber cumplido su sentencia y haber pagado su deuda con la sociedad ¿se asegura su inclusión social como reo que ha compurgado se deuda con la sociedad?

Ante esta duda es que iniciamos este breve estudio para analizar, cuál es la política pública previsible para estas personas y después de explorar el tema deducir hasta donde sería la eficacia de dichas medidas y si como sociedad estamos preparados para un sistema garantista, para admitir dentro de nuestras relaciones a quienes provienen egresados del sistema sancionatorio penal.

II. ¿EN VERDAD SE JUSTIFICA EL LEGÍTIMO DERECHO DE CASTIGAR?

La teoría del garantismo penal, cuyo exponente es Luigi Ferrajoli, que es la orientación jurídica y filosófica que se pretende establecer en nuestro sistema de justicia penal acusatorio y adversarial, por considerar que es la que más brinda protección tanto a las víctimas como a los infractores de la ley y acorde con el principio de reinserción social de estos, veamos algunos de sus postulados;

"La pena como sanción pos delictum ...es aplicable cuando se haya cometido un delito...no es un prius sino un posterius, no una medida preventiva...sino una sanción retributiva...que en sus criterios de validez y criterios de justicia ...¿Cuándo castigar?...¿cómo castigar?...la pena necesaria y el respeto a la persona...bajo el criterio de proporcionalidad, equidad y certeza.."[366]

Este modelo se aplica a partir de 2016 en todo el país, en el Código Nacional de Procedimientos Penales, tanto para las causas penales locales como para las federales.

Por otra parte el estado mexicano ante la presión de los delitos de alto impacto y la molestia social derivada del aumento de la delincuencia, toma la obra "El Derecho Penal del Enemigo" de Gunter Jakobs,[367] como modelo cuando en los asuntos principalmente federales llamados de delincuencia organizada, nos refiere que la pena de prisión en el derecho penal, es la de discernir cómo tratar al autor del delito sentenciado, como persona y/o como fuente de peligro.

"El derecho vincula a personas que son los titulares de derechos y deberes ...mientras que la relación con un enemigo no se determina por el derecho sino por la coacción...y la coacción más intensa es la del derecho penal.."[368]

Analizando las dos posiciones jurídico filosóficas recordemos que en el país el 18 de junio del año 2008, se reformó la Constitución estableciendo la vigencia del sistema acusatorio penal, que entre sus características doctrinarias se encuentra precisamente el garantismo penal para los asuntos no graves y con la finalidad de eliminar el estigma de ser un derecho

---

366 Ferrajoli, Luigi. y Bobbio, Norberto, Derecho y Razón, Teoría del Garantismo Penal, Ed. Trotta, Madrid, España, 1995, p. 353.

367 Jakobs Günter, y Cancio Melia, Manuel, "Derecho penal del Enemigo", Ed. Civitas Madrid, España, 2003. p. 24.

368 JAKOBS Günter, Ibdem.

que solo se interesa en castigar, sino aquel que ofrece penas reducidas si el individuo colabora, prefiriendo alternativas que favorezcan penas menos severas, sí reconoce el daño causado por su injusto penal, buscando mecanismos alternativos de ejecución de sanciones, esperanzado en la resocialización del sentenciado.

Pero en ese esfuerzo se encuentra enfrentada la teoría del derecho penal del enemigo, que inspira a la Ley Delincuencia Organizada[369] y la Ley para Prevenir y Sancionar el Delito de Secuestro,[370] en el mismo ámbito de validez territorial, que establece mecanismos.

Esto se notará con claridad cuando se trate de armonizar ambos sistemas con la Ley 847 de Ejecución Penal, vigente en Guerrero desde el 02 de diciembre de 2011[371] y la Ley Nacional de Ejecución Penal de 16 de junio de 2016.[372]

III. LA JUSTIFICACIÓN DEL CASTIGO PARA SANCIONAR EL DELITO

Los castigos siempre han existido, la diferencia son las distintas formas de ejecutarlos, la pena consiste en "*segregar social-*

369 Ley Federal de Delincuencia Organizada. https://www.diputados.gob.mx/LeyesBiblio/pdf/LFCDO.pdf

370 Ley para Prevenir y sancionar el Delito en materia de Secuestro. https://www.diputados.gob.mx/LeyesBiblio/pdf/LGPSDMS_200521.pdf

371 Ley de Ejecución Penal del Estado de Guerrero, https://congresogro.gob.mx/legislacion/ordinarias/ARCHI/LEY-DE-EJECUCION-PENAL-DEL-ESTADO-DE-GUERRERO-847-2021-03-10.pdf

372 Ley Nacional de Ejecución Penal. http://www.diputados.gob.mx/LeyesBiblio/pdf/LNEP_090518.pdf

mente, sin preocuparse por la suerte del recluso"[373] en este sentido se puede observar que las ejecuciones de las penas era un martirio porque no se aseguraba a las personas una garantía para reintegrarse a la sociedad.

Las penas en el siglo XVII, se caracterizaban por su enorme crueldad como: "*torturas, mutilaciones y pena de muerte, tomando en consideración la comprobación de la culpabilidad a través de sus confesiones de los inculpados que a esa prueba le daban mayor valor probatorio*".[374]

Históricamente la sociedad ha reaccionado de diferentes maneras a las distintas formas de ejecutar las penas, así podemos observar las sanciones que se les imponía a los reos condenados; la crucifixión, la lapidación, mutilación y exposición pública, trabajos forzados, expatriación, maceramiento y una diversidad de formas de causarle la muerte.

La historia de las penas nos lleva a observar que siempre existía una forma de cómo hacerlo, afirma el autor Jiménez de Usúa "*los delincuentes convictos no quedaban confinados en prisiones, sino que eran sometidos con penas aflictivas corporales o pecuniarias*"...[375] en efecto se advierte que siempre ha existido una forma de penalizar el delito: la muerte, la confiscación, el destierro, son penas trascendentes, inhumanas, inmorales, por ello al avanzar la civilización de la sociedad, estas formas de castigo se consideraron injustas, por ello las penas crueles se vinieron a sustituir con medidas más humanitarias como la prisión, al inicio en forma de la mazmorra o el calabozo, pero evoluciona a la forma del centro de readaptación social, dando tratamiento como si el delito fuera una enfermedad, las pri-

---

[373] Jiménez de Asua, Luis, Tratado de Derecho Penal. Tomo II Ed. Losada Buenos Aires Argentina. 1950, p. 82.

[374] Palop R. José M, *Delitos y Penas en la España del Siglo XVIII,* Ed. Instituto Valenciano de Estudios Históricos, Valencia, España 1917.

[375] Ibídem, Jiménez de Asua.

siones a inicios de siglo se siguieron considerando como lugar de castigo y expiación, pero llegamos hoy a las prisiones modernas, con servicios sanitarios, alimentos, áreas de deporte, áreas de capacitación para el trabajo, actividades educativas y medidas tendientes a respetar la dignidad humana, dentro de la prisión, pero hace falta todavía alcanzar la reinserción del individuo a la vida social una vez que ha pagado su culpa y extinguido su condena, pero esto, aún no se ha logrado.

En ese orden de ideas para dar una adecuada respuesta, que desde hace siglos el espíritu humano se viene preguntando, sobre si el Estado posee un legítimo derecho de castigar a quienes han infringido las normas de convivencia social.

Se puede decir que se tiene que justificar el castigo como la consecuencia de que a una persona se le comprueba su culpabilidad y en consecuencia que se ha hecho acreedor a una sanción a modo de castigo, es decir, se le impondrá una pena, el Estado tiene que hacer su trabajo y ejecutar esa pena, no puede delegar esa función a ninguna persona o corporación, puede eso si contratar con particulares la construcción de edificios para establecer centros de reclusión, como parte de la obra pública a su cargo, pero no puede hacer contratos para delegar la internación, permanencia y tratamiento como parte de los actos de la ejecución de la pena, pero el estado no puede negarse a concluir el proceso, que hacer para que el ex convicto se integre a la sociedad, como un ente resocializado.

IV. EL SISTEMA DE EJECUCIÓN PENAL ACTUAL

Nuestra Constitución como máxima ley, establece la facultad de uno de los poderes del estado para imponer sanciones, el Poder Judicial, pues se dispone en el artículo 101 de la Constitución Política de los Estados Mexicanos;

> ***Artículo 17***.*- Ninguna persona podrá hacerse justicia por sí misma, ni ejercer violencia para reclamar su derecho. Toda persona tiene derecho a que se le administre justicia por tribunales que estarán expeditos para impartirla en los plazos y términos que fijen las leyes, emitiendo sus resoluciones de manera pronta, completa e imparcial......* ***Artículo 21***.*-La investigación de los delitos corresponde al Ministerio Público y a las policías, las cuales actuarán bajo la conducción y mando de aquél en el ejercicio de esta función. El ejercicio de la acción penal ante los tribunales corresponde al Ministerio Público. La ley determinará los casos en que los particulares podrán ejercer la acción penal ante la autoridad judicial. La imposición de las penas, su modificación y duración son propias y exclusivas de la autoridad judicial....* ***Artículo 101***.*-Corresponde al Ministerio Público de la Federación la persecución, ante los tribunales, de todos los delitos del orden federal; y, por lo mismo, solicitará las medidas cautelares contra los imputados; buscará y presentará las pruebas que acrediten la participación de éstos en hechos que las leyes señalen como delito; procurará que los juicios federales en materia penal se sigan con toda regularidad para que la impartición de justicia sea pronta y expedita; pedirá la aplicación de las penas, e intervendrá en todos los asuntos que la ley determine.*[376],

entonces se advierte que el Poder Judicial tiene suficiente autonomía y facultad para ejecutar las penas,[377] que la "*pena es coacción portadora de la respuesta al hecho y además de que la pena*

[376] Constitución Política de los Estados Mexicanos, Artículos 17, 21 y 101, 1917, https://www.diputados.gob.mx/LeyesBiblio/pdf/CPEUM.pdf

[377] Constitución Política de los Estados Unidos Mexicanos, Artículo 21, 1917.

significa físicamente algo, es decir un reo no puede cometer delitos fuera de un centro penitenciario"[378] para estos autores la pena es el deber que tiene el Estado a imponer a las personas que cometen algún delito, siempre y cuando se comprueba su culpabilidad para efectos de que se les imponga dicha sanción.

La finalidad de la pena es establecer una retribución de una culpabilidad, la dice el juez, pero al llegar al lugar en donde ha de compurgar la, no se requiere entrar en un estudio de individualización de penas porque ello ya existe una resolución judicial, en este sentido únicamente es hacer cumplir lo que se establece en los 24 del Código penal federal, 32 del Código Penal del Estado de Guerrero y 17, 21 y 101 de la Constitución Federal".[379]

Para establecer la evolución de la teoría del castigo en la pena del derecho penal, analizamos la obra de Álvarez Díaz, Germán y Montenegro Núñez María y Otros, quienes citan los aportes de Enrico Ferri que nos señala; "*es la Sociología Criminal, la que toma a su cargo el estudio científico del delito y el delincuente considerados como el producto de factores individuales y sociales (endógenos y exógenos) estudio que se realiza para sistematizar la defensa social contra el delito*".[380]

Al considerar esto como una disciplina que estudia al criminal podemos advertir que esto se puede definir no solo es un auxiliar del derecho sino más bien una ciencia exacta para el estudio del delincuente.

---

378 Ibídem Jakobs Gunter.

379 Código Penal del Estado de Guerrero, Artículo 32; Código del Penal Federal, Artículo 24; Constitucional Política de los Estados Unidos Mexicano, Artículos 17, 21 y 101.

380 Álvarez Díaz Germán, Et.al. Apuntes de Dos Escuelas de Derecho, Clásica y Positivista. Ed. UNAM, México, 2012.

Se resalta el aporte de la escuela clásica con Cesare Beccaria,[381] es decir que cuando se creó esta escuela se empezaron a terminar las crueles ejecuciones de la penología como la barbarie y la injusticia, al reconocer las garantías individuales, además la limitación al poder absoluto del Estado, tomando en consideración de que antes de esto no se reconocía y no existía la igualdad entre los ciudadanos.

Así también los aportes de Giovanni Carmignani, "*el castigo que se le impone a un criminal por un delito que cometió, no se hace con el ánimo de tomar venganza, sino de prevenir que en un futuro no realice otros delitos semejantes*"[382] al tenor de esto, el autor refiere que el castigo no tiene ningún fin malo o más bien ningún sinónimo de venganza sino para reducar la persona para que ya no vuelvan delinquir, solo que sea por esa razón porque se advertía la desigualdad hacia los ciudadanos que se les imponía la pena.

Ante lo anterior, en la actualidad como sociedad nos obliga reflexionar este tema porque el artículo 18 de la Constitución Política de los Estados Unidos Mexicanos,[383] establece como una de las la reinserción social del sujeto antisocial, esto no solo confinarlo separado de la sociedad, con respeto a su dignidad humana, sino ir más allá a convencerlo que su acto es reprochable y que debe cambiar su conducta para ser integrado a la vida en sociedad.

En el año del 2016 fue creada la Ley Nacional de Ejecución Penal,[384] su finalidad es la contrarrestar el grave problema de los Centros Penitenciarios, evitando la formación de privilegios, autogobierno de los internos y sujeción estricta a los prin-

---

381 Ibídem, Álvarez Díaz Germán, Et.al.

382 Ibídem, Álvarez Díaz Germán, Et.al.

383 Constitución Política de los Estados Unidos Mexicanos, Artículo 18, 1917.

384 Ley Nacional de Ejecución Penal, 2017.

cipios, que el derecho establece para la remisión de su delito con respeto a sus derechos pero con obediencia a los derechos, obligaciones y restricciones administrativas que las leyes de la materia establezca.

Esta ley de ejecución penal, establece la figura del Juez de ejecución, en este sentido se les faculta para vigilar el cumplimiento, a modificar las penas tal como lo establece el artículo 21 Constitucional,[385] a resolver sus quejas sobre incumplimiento de condiciones, términos o cualquier conflicto que considere le afecta en el cumplimiento del plazo de su sentencia.

El artículo 18 Constitucional en su primer párrafo ...*que solo por el delito que merezca pena habrá una prisión privativa de libertad*[386]... *la corte ha establecido que solo debe aplicarse la prisión preventiva justificada, terminado el proceso habrá la sentencia y que habrá un lugar donde compurgarán a todas las personas que han concluido su proceso y que serán distintos los lugares en donde compurgaran las penas, tanto hombres como mujeres*[387], y agregamos de adolescentes en conflicto con la ley, aun cuando esto no resulte de todo cierto y la mayoría de las penales en las instituciones estatales, de mediana peligrosidad, conviven hombres, mujeres y en ocasiones a adolescentes de alta peligrosidad, en prisión preventiva y sentenciados, con lugares determinados para cada uno de ellos en la noche, pero mezclados todos durante el día.

En los Penales del Sistema federal, en los de alta peligrosidad, los reos están en celdas individuales, en confinamiento de 20 horas, una hora para desayuno, comida y cena y una hora para hacer ejercicio y tomar el sol, en estas condiciones en ambos casos no es posible alcanzar la finalidad constitucional de alcanzar la reinserción.

---

385 La imposición de las penas, su modificación y duración son propias y exclusivas de la autoridad judicial, Artículo 21.

386 Constitución Política de los Estados Unidos Mexicanos, 1917.

387 Ley Nacional de Ejecución Penal, Artículo 5, 2016.

En nuestro sistema Mexicano, según las fuentes de la Secretaría de Gobernación existen CEFERESOS (Federales de Alta Peligrosidad), CERESOS Estatales (de mediana Peligrosidad), e incluso existen cárceles Municipales, 17 Federales, 278 Estatales, 71 Municipales y 13 Ciudad de México haciendo un total de 379 Centros de Reclusión con una Población interna de 210,810 personas privadas de libertad estas cifras en el año 2016,[388] en una población nacional de 126, 000,000 (Ciento Veintiséis Millones de Mexicanos), lo que nos indica que son muy pocos los delitos que se cometen o son muy pocos los delitos que se castigan, deducimos entonces que es lo segundo, tomando en consideración que se cometen al año:[389]

Delitos denunciados año 2021	*Víctimas relacionadas*	*Delincuentes en Centros de reclusión*	*Índice de Impunidad*
2,868,605 *31.2%*	*1,170,916*	*220,500* *Hombres 94.3%* *Mujeres 5.7%*	*94%*

Pero esto no es lo preocupante; sino la cifra negra es decir los delitos no denunciados, que se establecen en:

Delitos no denunciados	*Cifra negra de delitos*	*Total de delitos cometidos*	*Delincuentes en detención y proceso*
68.8 %	*9,704,505*	*12,572,605*	*220,500*

Entonces, tenemos que son cifras muy elevadas tomando en consideración los fenómenos que se dan dentro de la sociedad, por lo que podemos afirmar que el problema de la de-

---

388 Secretaría de Gobernación, Bases del Programa Nacional para la Prevención Social de la Violencia y Delincuencia e Instalación de la Comisión Intersecretarial, México, Secretaría de Gobernación, 2013.

389 INEGI, ENPOL 2021, Encuesta Nacional de Población Privada de Libertad en los Centros de reclusión, 2021, https://www.inegi.org.mx/contenidos/programas/enpol/2021/doc/enpol2021_presentacion_nacional.pdf

lincuencia está ahogando a México, que los delincuentes sean detenidos, procesados e internados en un centro de reclusión, es una solución, pero...

En los centros de reclusión, se contabiliza: sobrepoblación, corrupción, riñas, abusos, suicidios, motines, autogobierno, consumo de drogas, plataformas de extorsión, fugas, y todo tipo de cosas reprochables.

V. REGLAMENTACIÓN CARCELARIA Y MEDIDAS DE SEGURIDAD

El ordenamiento de Reglamento de los Centros Federales de Readaptación Social, éste entró en vigor el 30 de agosto del 1991, hace referencia en su artículo 3 que únicamente su competencia será para los Centros de Reinserción Federales, además hasta la fecha este reglamento no habido una disposición legal que lo haya sustituido, precisamente porque tal como lo establece la Constitución Política de los Estados Unidos Mexicanos en su artículo 18, en la cual la finalidad de este reglamento regular la organización, administrar, asimismo el funcionamiento del sistema integrado de cada uno de los centros de reinserción social del país, esto únicamente por lo que respecta el fuero Federal, en el artículo 4 del Reglamento de los Centros Federales de Readaptación Social,[390] entonces, tenemos que la base para alcanzar una reinserción se tenía que cumplir con lo acordado en el artículo del dicho reglamento.

Ahora bien, en los centros de reinserción social, Estatales, por cuanto hace nuestro Estado de Guerrero, existe un Reglamento de los Centros de Readaptación Social en el Estado de

---

390 Reglamento de los Centros Federales de Readaptación Social, Artículo 4°, 2006.

Guerrero que se publicó en el periódico oficial del gobierno estatal el 21 de julio de 1987.

Tanto en los centros de reinserción social estatal o federal había una autoridad dentro sistema penitenciario a quien vigilaba, además como se hizo referencia en los párrafos anteriores estas autoridades dependían de la Secretaría de Gobernación, los centros del fuero Federal; y a través de la Secretaría de Seguridad Pública del Gobierno del Estado los centros del fuero común, ahora referencia en su artículo 2, que además de la autoridad antes citada quien vigilará será, la Dirección General de Prevención y Readaptación Social[391] al tenor de esto se advierte que bajo esta autoridad estarán otras figuras públicas en la cual serán los encargados de llevar el control de los centros penitenciarios.

La reinserción vino a sustituir la readaptación, por un lado la readaptación buscaba curar a los reos para que puedan reintegrarse a la sociedad tienen que curarse según esa era la finalidad de la readaptación, sin embargo la reinserción social buscaba que los sentenciados para poder reintegrarse a la sociedad dejaran de ser un enfermo social.[392]

La reinserción social de igual manera tiene su base en el artículo 18 constitucional, solo que se agregaron otros aspectos más para que la persona pueda reintegrarse a la sociedad tenemos que son: trabajo, salud, educación y deportes estos cuatros aspectos de forma obligatorio tendrán que cumplir los sentenciados para que vuelvan a la sociedad.

Ahora bien, de los cuatros aspectos que se mencionó en el párrafo anterior será una vez que el imputado es ingresado al

---

391 Reglamento de los Centros Federales de Readaptación Social y Reglamento de los Centros de Readaptación Social en el Estado de Guerrero

392 Sarre, Miguel, *Criminología Crítica, debido proceso y ejecución penal*, 2012.

centro de reinserción social, además tendrá un plan de actividades[393] en la cual elegirá de acuerdo a su comodidad del sentenciado, precisamente por eso la ley Nacional de ejecución advierte de cómo los sentenciados darán marcha a sus actividades.

Para un funcionamiento correcto del sistema penitenciario, más allá de los propósitos teóricos que deba cumplir la cárcel, es importante que la construcción y el funcionamiento de un sistema penitenciario estén guiados por las obligaciones y responsabilidades que el Estado tiene frente a la sociedad que gobierna, así como por los derechos que tienen los individuos que la conforman, independientemente de su estatus jurídico.

Las áreas que conforman para una instancia correcta de las personas privadas de la libertad primeramente es importante anunciar el plan de actividades que tiene cada persona privada de la libertad.

En todos los centros de reinserción social cuentan con áreas suficientes en el cual los internos puedan desarrollar su instancia de manera digna, con espaciamiento libre, pero lo más importante es tener un lugar donde descansar, es decir sus celdas, las cuales son diseñadas por dos literas para cuatro personas pero que son compartidas mínimamente con seis personas y en ocasiones por más, áreas para la higiene personal comunes y en batería, sanitarios y duchas, un comedor, aun cuando los sentenciados pueden prepararse sus propios alimentos, com-

---

393 Bases de Organización de la Ley Nacional de Ejecución Penal, Artículo 72, 2016.

Son bases de la organización del sistema penitenciario para lograr la reinserción social: el respeto a los derechos humanos, el trabajo, la capacitación para el mismo, la educación, la salud y el deporte.

Estas bases serán elementos esenciales del Plan de Actividades diseñado para las personas privadas de su libertad en los Centros Penitenciarios.

prar víveres en las "tienditas", una biblioteca, cancha deportiva, talleres entre otras áreas.

En los centros de reinserción social, las personas privadas de la libertad pueden realizar actividades en el transcurso de su instancia, bajo el plan de actividades que consiste en las horas de trabajo, educación, salud y deporte, que les contaran en su momento para aquellos que puedan solicitar un beneficio de pre libertad.

La reinserción social es un acto que suspende a la penalidad, y pueden abandonar el centro en tratamiento en libertad, pero hay quienes no participan en las actividades, aquellos reos que la ley misma prohíbe su libertad anticipada, entonces estos esperan el cómputo de la pena para reintegrarse a la sociedad.

Se advierte entonces que en la praxis, que muchas de las personas que obtienen su libertad no logran cumplir con lo requisitado es decir no cumplieron con el plan de actividades, sin embargo al no haber otra alternativa, pues una vez que se cumple el término de condena, no se puede retener al sentenciado más allá de la sentencia que ha compurgado y abandonan la prisión; ahora bien al no percibir la importancia del plan de actividades se les olvida que esto es la base para alcanzar la reinserción social, lo cual muchas de las personas que recuperaron su libertad vuelven a delinquir.

Después de que se analizó el fundamento legal de este Derecho Humano primordial, se tiene que verificar como es el apoyo de los familiares de los sentenciados, desde que la persona llega al Centro de Reinserción Social hasta su retorno a la sociedad, a pesar de que en muchos casos las personas privadas de la libertad son olvidadas por sus familiares y en consecuencia estas personas sufren problemas emocionales, se mezclan delincuentes de baja peligrosidad con delincuentes de alta peligrosidad, hacen asociaciones, se integran a bandas organizadas, escalan en la escuela del crimen y se gradúan con honores.

VI. EL FRACASO DE LA POLÍTICA PÚBLICA PARA LA INCLUSIÓN SOCIAL DE LOS REOS LIBERADOS A LA VIDA EN SOCIEDAD

Para concluir nuestro estudio, entonces tenemos que establecer que existe un problema gravísimo de impunidad en nuestro sistema, las estadísticas nos señalan un 94%, las prisiones tienen un 100% de sobrepoblación, por consecuencia es difícil hablar de que el sistema de prisiones logra a través el plan de reinserción (actividades educativas, trabajo, deporte y salud), aunado a lo anterior no todos aplican el plan de reinserción, pues aquellos cuya sanción penal señala que no aplicarán para beneficios de pre liberación simplemente no les interesa participar, pues no existe disposición legal que los incluya en beneficios, pero, al final todos saldrán, pues no se les puede retener más tiempo del señalado en la pena.[394]

El plan de reinserción social está funcionando en la mayoría de los centros de internamiento penal de nuestro país, pero existen estados en el que es inexistente, y según las evidencias podemos establecer que en la forma que está funcionando el sistema de prisiones en México, no garantiza de forma alguna la reinserción social de los reos liberados, tanto los preliberados como los que cumplen sus sentencias y no tuvieron derecho a los beneficios de la libertad anticipada, pero el problema es más grave aún, pues la finalidad de la reinserción social es garantizar la inclusión social de aquellos que tras pagar su deuda con la sociedad regresan a la vida en sociedad, pero al salir encontrarán que no existen programas de ayuda, para los reos excarcelados.

La liberación de personas, es anárquica, pues el Sistema penitenciario no reporta estadísticas de cuántos reos son libera-

394 INEGI, 2017, https://www.cdeunodc.inegi.org.mx/unodc/wpcontent/uploads/2018/01/en_numeros2.pdf

dos, solo de cuantos ingresan y el tipo de delitos que cometen, así señalan un 15% reincidencia, que no puede demostrarse, aunado a lo anterior existen actos de índole político como aquel que del año 2021 al año 2023, en nuestro país se han liberado sin que concluyan sus sentencias a 3, 359 personas, mediante decreto del Presidente en turno,[395]sin que exista evidencia alguna que recibieron tratamiento de resocialización.

Pero para aquellos que recobran su libertad y reciben su boleta para salir de la prisión se enfrentan al estigma de haber sido sentenciado por delito, es muy difícil de evadir esa situación, se nota en las características físicas, en las conductas, pero sobre todo en la carta de no antecedentes penales que le pedirán y que después de haber estado en un centro de reclusión por diez, veinte o treinta años o más, encontrarán que la sociedad ha cambiado, no se adaptan y los problemas emocionales y mentales son visibles, el señalamiento de tener antecedente penal será la causa para no ser aceptados en los centros de trabajo y son tratados con recelo, no son aceptados en las comunidades, no son aceptados por sus familias o estas ya no están en el lugar cuando fueron internados, fueron prisioneros dentro de la institución carcelaria, seguirán prisioneros de los prejuicios al salir a la vida social.

La vida de muchas personas que delinquen termina en el momento de ser ingresados, es una loza muy pesada cuando les comunican el tiempo que durara su sentencia, saben que no existe retorno, muchos delinquen para regresar al mundo que conocen, otros escapan por la puerta falsa del suicidio, muchos terminan alcohólicos, drogadictos o personas sin hogar.

---

395 AWI, 27 de octubre de 2022, https://www.swissinfo.ch/spa/m%C3%A9xico-justicia_son-3.359-los-reos-liberados-en-m%C3%A9xico-durante-el-mandato-de-l%C3%B3pez-obrador/48011330

El Estado, en sus políticas públicas, solo se refiere a la reinserción social en el plan de actividades del interno en el interior de los centros de reclusión, capacitación para el trabajo, estudio, salud y deporte, pero no existen programas de empleo para reos que han obtenido su carta de libertad, no existen programas de atención emocional y conductual, no existe vigilancia de donde viven, a que se dedican, con quien se relacionan, entonces, la reinserción social se convierte en un chiste gracioso.

El reo sale del centro sin dinero, sin amigos, sin esperanza, es el reflejo cruel de cuando "se ha hecho justicia" en la persona que fue sentenciada y ha pagado su deuda con la sociedad.

El Estado, no invierte en programas de atención de adicciones, bolsas de trabajo o convenios para contratar a los reos excarcelados, bien en empresas privadas o en dependencias de gobierno municipal, estatal o federal o cualquiera de las instancias derivadas de la administración pública como son los organismos descentralizados o constitucionales autónomos.

El INEGI tiene un análisis de su situación la cual reproducimos con la cita correspondiente, a sus autores:

Condición de consideración de actividades de vinculación dentro del programa post penitenciario de los centros penitenciarios estatales, por entidad federativa según tipo de actividad						
Entidad	Suscripción de convenios con instituciones públicas y/o privadas para conformar una bolsa de trabajo para la población egresada de los centros penitenciarios	Convenios con empresas para emplear a la población egresada de los centros penitenciarios	Asesoría y/o asistencia periódica a la población egresada de los centros penitenciarios	Continuación de tratamiento contra las adicciones	Creación, Organización y/o administración de albergues para la población egresada de los centros penitenciarios	Otros

Baja California	1	1	1	1	1	1
Colima	0	0	1	0	0	1
Chihuahua	1	0	1	1	0	0
Ciudad de Méx	1	1	1	1	0	0
Guanajuato	1	1	1	1	0	1
Jalisco	1	1	0	1	0	0
México	0	0	1	1	0	1
Michoacán	0	0	0	1	1	0
Querétaro	1	0	1	1	0	0
Sinaloa	1	0	0	1	0	1
Sonora	1	1	1	0	0	1
Tabasco	1	0	1	0	0	1
Tlaxcala	0	0	1	1	0	1
Veracruz	1	1	0	1	0	1
Yucatán	1	1	1	0	1	1
Total:	11	7	11	12	3	10

En los estados de Aguascalientes, Baja California Sur, Campeche, Coahuila de Zaragoza, Chiapas, Guerrero, Hidalgo, Morelos, Nayarit, Nuevo León, Puebla, Quintana Roo, San Luis Potosí y Zacatecas se reportó que no contaban con programa post penitenciario.

En los estados de Durango, Oaxaca y Tamaulipas se reportó no saberlo.

Fuente: INEGI. Censo Nacional de Gobierno, Seguridad Pública y Sistema Penitenciario Estatales 2017.[396]

Falta entonces mucho por hacer para que la finalidad del derecho sancionador penal, pueda alcanzar su objetivo de resocializar y garantizar la inclusión social de los reos liberados y que independientemente de la causa de su procesamiento y sanción penal aplicada, al fin y al cabo ha cumplido su sanción y tiene el derecho humano para reintegrarse a la sociedad, pero en condiciones dignas y no dejarlos abandonados a su suerte, que tarde o temprano y como hemos enunciado las causas volverán a delinquir porque no encontraron lo que tanto anhelaban, recuperar sus vidas en la normalidad que dejaron al entrar en prisión.

La libertad allá afuera donde están todos aquellos de los cuales un día de mala suerte tuvo la desgracia de ser separado e internado en un centro de reclusión, primero para castigarlo y después para resocializarlo y reinsertarlo a esa sociedad que lo acusó, lo sentenció y al tratar de regresar a la vida social, es nuevamente rechazado, negándole su inclusión social a la que tiene derecho.

VII. CONCLUSIONES

Las personas que un mal día tomaron una mala decisión, cometieron un delito y por ello se les llevó a juicio, se les encontró culpables, se les sentenció e internó en un centro de

396 INEGI, 2017, https://www.cdeunodc.inegi.org.mx/unodc/wpcontent/uploads/2018/01/en_numeros2.pdf

readaptación social, local o federal, fueron separados de la sociedad para que no resultaran un peligro social, después de ver pasada su vida, perderlo todo, amigos, familia, trabajo y conciencia de lo que sucede allá afuera de las altas bardas de su prisión, lo someten a reglas de disciplina, le toman lista tres o cuatro veces al día, solo obedece ordenes sin contestar, tiene la ilusión de un día salir a la libertad, pero, cuando sale no encuentra nada de lo que dejó, la sociedad lo rechaza no tiene dinero, ni amigos ni trabajo, ni esperanza, el estado se desentiende, fue un problema, un gasto, una vergüenza social, pero, él ya ha pagado.

Salir a la libertad fuera de los altos muros de su cárcel, ingresa en otra nueva prisión, la del abandono, la del olvido, la del rechazo, por ello debemos reivindicar su derecho a recuperar su vida, su libertad y su dignidad.

¿Cómo puede lograrse? a través de programas sociales que le permitan sentirse nuevamente orgulloso de pertenecer a la sociedad humana, pero las estadísticas nos indican que esas políticas públicas no son del interés del estado, ojala y estas reflexiones lleguen a buen destino y se establezca una nueva visión de qué hacer con los reos excarcelados, ¿acaso no merecen otra oportunidad?, como siempre dejaremos que la suerte decida su destino, aun cuando la queja sea siempre que son incorregibles y no vale la pena el esfuerzo de tratar de resocializarlos y mucho menos garantizarles su inclusión social, como un derecho ganado al cumplir su sentencia.

VIII. FUENTES DE INVESTIGACIÓN

Álvarez Díaz, Germán, Et.al. *Apuntes de Dos Escuelas de Derecho, Clásica y Positivista,* Ed. UNAM, México, 2012.

Ferrajoli, Luigi y Bobbio, Norberto, *Derecho y Razón, Teoría del Garantismo Penal,* Ed. Trotta. Madrid, España, 1995.

Jakosb, Günter, y Cancio Melina, Manuel, D*erecho penal del enemigo,* Ed. Civitas Madrid, España, 2003.

Jiménez de Asua, Luis, *Tratado de Derecho Penal,* Tomo II Ed. Losada Buenos Aires Argentina, 1950.

Palop R. José M., *Delitos y Penas en la España del Siglo XVIII.* Ed. Instituto valenciano de Estudios Históricos, Valencia, España 1917

Sarre, *Criminología Crítica, debido proceso y ejecución penal*

WEB

https://congresogro.gob.mx/legislacion/ordinarias/ARCHI/LEY-DE-EJECUCION-PENAL-DEL-ESTADO-DE-GUERRERO-847-2021-03-10.pdf

INEGI, ENPOL 2021. Encuesta Nacional de Población Privada de Libertad en los Centros de reclusión. https://www.inegi.org.mx/contenidos/programas/enpol/2021/doc/enpol2021_presentacion_nacional.pdf

INEGI.- Cuantos reos logran su libertad (estadísticas), 2017, https://www.cdeunodc.inegi.org.mx/unodc/wp-content/uploads/2018/01/en_numeros2.pdf

SWI, 2022, https://www.swissinfo.ch/spa/m%C3%A9xico-justicia_son-3.359-los-reos-liberados-en-m%C3%A9xico-durante-el-mandato-de-l%C3%B3pez-obrador/48011330

Legislación

Constitución Política de los Estados Unidos, 1917, Mexicanoshttps://www.diputados.gob.mx/LeyesBiblio/pdf/CPEUM.pdf

Código Penal Federal de 1931. https://www.diputados.gob.mx.

Código Nacional de Procedimientos Penales, 2014, https://www.diputados.gob.mx/LeyesBiblio/pdf/CNPP.pdf

Ley Nacional de Ejecución Penal, 2016, http://www.diputados.gob.mx/LeyesBiblio/pdf/LNEP_090518.pdf

Ley Federal de Delincuencia Organizada, 1996, https://www.diputados.gob.mx/LeyesBiblio/pdf/LFCDO.pdf

Ley para Prevenir y sancionar el Delito en materia de Secuestro, 2010, https://www.diputados.gob.mx/LeyesBiblio/pdf/LGPSDMS_200521.pdf

Código Penal del Estado de Guerrero, 1986, https://www.guerrero.gob.mx/wp-content/uploads/2022/02/CPEG.pdf

Código del Penal Federal, 1936, https://www.diputados.gob.mx/LeyesBiblio/pdf/CPF.pdf